講談社選書メチエ

740

現代民主主義
思想と歴史

権左武志

MÉTIER

はじめに

二〇二〇年は、米ソ冷戦が終結し、東欧民主化とドイツ統一を達成してから三〇周年に当たる。一九八九年以来、東欧諸国は、上からの改革と下からの民衆運動により、共産党の一党独裁を撤廃し、複数政党制と議会制民主主義を導入すると共に、個人の言動を監視する治安警察を解体し、思想と行動の自由を獲得して、西側諸国と同じ道を歩み始めた。そこでは、民主主義運動が、どんなに盤石に見える独裁体制をも終わらせ、自国の政府と体制を選び取ることができるという歴史の実例が劇的に示された。

約三〇年前の日本でも、長期保守政権が高度成長期に作り上げた利益配分政治を克服し、政権交代可能な二大政党制を目指す「政治改革」が政治家や学者により唱えられ、一九九三年から翌年にかけて衆議院の選挙制度改革が実現された。そして、二〇〇一年より小泉内閣が進めた「構造改革」、二〇〇九年の政権交代は、日本型利益政治を解体する「政治改革」の成果だと宣伝された。欧州と日本の間で同時代的文脈はかなり異なるとはいえ、そこには、東西冷戦が終結すると共に、一党独裁や一党長期政権に代わる民主主義の展望が新たに開かれたという将来への楽観的期待が共通して見られた。

だが、それから三〇年を経た現在、新たな民主主義への願望は、いかに色あせて悲観的に見えることだろうか。

第一に、過去数年間、市場のグローバル化がもたらす格差拡大への反発から、東欧諸国ばかりか、西欧諸国でも、自国中心のナショナリズム運動が高まってきた。二〇一六年には、英国の国民投票でEU離脱が選択され、欧州各地で反移民や反難民を掲げる排外主義的運動が高まり、自国優先を唱える大統領が誕生する動きが見られた。こうした現象は、民主主義運動がナショナリズム運動と結びつき、社会を二つに分断していくという意味で、「民主主義の危機」と言えるだろう。一九三〇年代初めに世界恐慌後の経済危機に直面した時も、民主主義の危機は、全体主義運動の急速な拡大と権力掌握を可能にした。

第二に、過去三〇年間、対外戦争や国際的テロ、ウィルス感染等の緊急事態に直面した時、政治指導者に権力を集中し、その「指導力」を強化しようとする傾向が繰り返し見られた。こうした現象は、一九九一年一―二月の湾岸戦争に始まり、二〇〇一年九月一一日の同時多発テロで大いに加速し、今日も、ウィルス感染のグローバル化を契機に再び高まろうとしている。それは、民主主義が前提する正常時の限界を、強力な指導者への権限委任により克服できると信じる「民主主義の逆説」と言えるだろう。民主主義の限界を論じる思想家は、プラトンの哲人統治者論からマックス・ヴェーバーの指導者民主主義論まで、西欧政治思想の歴史にも広く見られた。一九三〇年代にドイツやソ連で全体主義体制が誕生した時も、民主主義運動が一党独裁と結びつき、個人独裁を生み出すという民主主義の自己否定が大規模に見られた。

こうして冷戦終結時に見られた民主主義への楽観的期待は、三〇年後の現在、民主主義への悲観的幻滅に取って代わられたかに見える。民主主義の楽観論と悲観論の間のかくも大きな隔たりはどうして生じるのだろうか。これを理解するには、私たちは、民主主義とは何か、ナショナリズムとは何かという問いに真剣に向かい合う必要がある。

例えば、フランス革命を推進したルソーの弟子が考えたように、人民が自己支配する真の純粋な民主主義はあるのだろうか。もし純粋な民主主義があるならば、議会制民主主義は次善の民主主義にすぎないのだろうか。もし議会制が間接民主主義の限界を持つならば、論者が説くように、代表制を直接民主主義の運動や制度で補完すべきなのだろうか。これらの疑問に答えるには、民主主義の運動や制度の根底にある民主主義の思想にまで遡って考える必要がある。フランス革命後の欧州で見られた現代民主主義の思想は、民主主義の様々な運動や制度へ発展する可能性を秘めた宝庫であり、今日改めて振り返る価値がある。

またナショナリズムとは、近代革命が生み出した歴史的産物なのだろうか。それとも、近代以前の民族意識にまで遡るものだろうか。どんな条件の下で、民主主義はナショナリズム運動と結びつき、相乗作用を及ぼし、危機を高めるのだろうか。これらの疑問に答えるには、ナショナリズム思想が誕生し、ナショナリズム運動へと発展した欧州ナショナリズムの歴史を改めて辿る必要がある。フランス革命後の歴史は、ナショナリズム思想を生み出し、ナショナリズム運動を推進したばかりか、その暴走を飼い馴らそうとした歴史でもあり、改めて取り上げるに値する。

本書は、民主主義とナショナリズムの相互作用という観点から、フランス革命以来の現代民主主義の思想を統一的に把握し、欧州ナショナリズムの歴史の中で、現在見られる様々な現象を理解しようとする試みである。というのも、私たちの生きる現在をより良く理解し、現在の課題に取り組むためには、過去の歴史全体を統一的に把握し、歴史の中に現在を位置付ける必要があるからだ。

例えば、荒波を航海する船が、あてどなく大洋を漂流し続けないためには、船長に舵取りを一任するよりも、むしろ海図と羅針盤を持つ必要がある。海図（チャート）が、大洋を進んでいる船の現在位置や針路を教えてくれるとすれば、羅針盤（コンパス）は、大洋の中で船が目指している方向や目的地を教えてくれる。このうち海図に当たるのが、様々な可能性の束と選択の連鎖からなる過去の歴史だとすれば、羅針盤に当たるのは、普遍的理念や価値からなる過去の思想だと言える。

私たちは、過去の歴史という海図を手に広げ、過去の思想に含まれる普遍的理念という羅針盤を手に取って初めて、二一世紀の歴史という荒波を切り開いて進むことができるのだ。

目次

はじめに 3

序章 民主主義のパラドクス 11

第一章 近代民主主義とナショナリズムの誕生 25

第一節 フランス革命とルソー、シィエスの思想 26

第二節 ドイツ・ナショナリズムとフィヒテの思想 42

第二章　自由主義者の民主主義批判とナショナリズムの発展　63

第一節　民主主義革命とトクヴィル、ミルの思想　64

第二節　ナショナリズムの統一運動と民族自決権の思想　94

第三章　民主主義観の転換とナショナリズムの暴走　113

第一節　第二帝政期ドイツとヴェーバーの思想　114

第二節　ワイマール期ドイツとカール・シュミットの思想　143

第三節　民族自決権の適用とその帰結　174

第四章　民主主義の再検討とナショナリズムの封じ込め　191
第一節　全体主義批判と民主主義論の再構築　192
第二節　民族自決権の受容と回帰　213
結び　冷戦終結後の民主主義とナショナリズム　223
註　243
あとがき　285

序章

民主主義のパラドクス

ジャック＝ルイ・ダヴィッド《球戯場の誓い》
（1791年、ヴェルサイユ宮殿美術館所蔵）

民主主義とナショナリズムの結合

民主主義（デモクラシー）とは何だろうか。この問いは自明のように見えるが、実は一致した回答を見出すのがこれほど困難な問いはない。

例えば、アメリカの政治学者ダールの回答を見てみよう。ダールは、デモクラシーを、有権者の投票を獲得する政治的競争の過程と見る競争的デモクラシー論を批判し、多様な社会集団による政府の抑制・均衡の過程を重視する多元主義的デモクラシー論を唱えた。そこで、ダールは、現実に民主化された体制を分析し、政府に対し公的に異議を申し立てる権利と選挙に参加し政府の公職に就く権利という二つの民主主義の基準を引き出した。一方で、政府の政策に反対する権利が保障されていれば、与野党の間で政権獲得を目指し、政治的に競争する条件（自由化）が充たされている。他方で、選挙で投票し、自ら選出される権利が保障されていれば、政治に参加する条件（包括化）が充たされている。ダールは、自由化と包括化という両方の条件を備えたのが、現実に民主化された体制（「ポリアーキー」と呼ばれる）だと考えた。そして、どちらの基準が先行して実現されるかに応じ、欧州諸国の政治的発展のコースを、自由化の先行型（英国・スウェーデン）、包括化の先行型（ドイツ）、中間の均衡型（フランス）の三つに類型化できると考えた。[1]

だが、今日では、異議申し立てと政治参加という二つの形式的基準を使い、民主主義を定義しようとすれば、民主主義運動を排外的なナショナリズム運動から充分に区別できないことが分かる。例えば、最近の欧米諸国では、政府の移民・難民政策に異議を申し立てる運動や、反移民・反難民を唱えてEUからの離脱を訴える独立運動が高まっており、これに乗じた極右政治家の政権獲得が憂慮されている。これらの運動は、紛れもなく、外国人を敵視する排外主義的なナショナリズム運動でありながら、同時に政府の開放的政策に反対し、民衆を政治的に動員する民主主義運動でもあり、先の二つの条件を充たしている。つまり、民主主義運動は、一九八九年の東欧民主化による冷戦終結時に見られたように、長年続いた一党独裁体制を打ち倒す自由化の手段となるばかりでない。逆に、国内外のナショナリズム感情を高め、強力な指導者による独裁を打ち立てる反自由化の手段ともなりうる。

例えば、ドイツの政治学者カール・シュミットによる直接民主主義論を見てみよう。シュミットは、『現代議会主義の精神史的状況』（一九二三年）で、ワイマール期ドイツで議会制民主主義が充分に機能しない点を批判し、議会制なしで民主主義が成り立つ可能性を論じた。そして、シュミットは、『人民投票と人民請願』（一九二七年）で、街頭で直接に意志表明する民主主義運動の特徴をいち早く指摘した。シュミットによれば、人民の意志は、人民集会における「喝采（Akklamation）」に最もよく表明される。これは、集合した人民が、信頼する「指導者」の提案に対しイエスかノーの回答で答えるという、ルソー以来の「民主主義の根本現象」を表している。そこでは、人民が「敵と味方を区別できる」政治的本能を備えている限り、「その決定は常に正しい」と見なされる。こうしたシュミットの予言は、ナチス（正式には国民社会主義ドイツ労働者党）が、一九二九年のヤング賠償案に反対する人民請願運動を経て、一九三〇年九月の議会選挙で突如として第二党に進出したことで的中してしまう。[2]

これら現在と過去の事例に共通して見られるのは、民主主義を求める運動が、必ずしも自由主義的目標と結びつかず、ナショナリズム運動のエネルギーを解放し、独裁を助長してしまうという逆説である。こうした民主主義のパラドクスは、三〇年前の冷戦終結後にも、一〇〇年余り前のロシア革命後にも、二三〇年前のフランス革命後にも、歴史上繰り返し見られた現象である。そこで、本書では、フランス革命以後に見られた民主主義とナショナリズムの相互作用という一般的現象に注目し、一九世紀欧州まで遡り、民主主義がナショナリズムと結合するパラドクスとその克服策を明らかにしたい。というのも、ダールの単線的発展図式では、民主主義がナショナリズムと共鳴する現代史の逆説を充分に説明できないからである。

民主主義とナショナリズムの異なる見方

最初に、本書が民主主義を論じる立場は、次の三点で他の論者と異なることを断っておきたい。

第一に、本書は、民主主義を、永久革命により目指すべきユートピアと見てもっぱら称賛する立場とは異なる。もし民主主義を永久革命のユートピア的目標と見るならば、理想郷と信じた社会が、(英国の作家オーウェルの描くような)「反ユートピア(dystopia)」に転じる可能性に気づかず、(スターリン信奉者のように)知らないうちに暗黒郷に入り込む恐れがある。

第二に、本書は、民主主義のパラドクスを、民主主義の質が劣化する現象と見る立場とも異なる。もし民主主義の劣化を論じようとするならば、劣った民主主義と真の民主主義を区別する実質的基準が必要になってくる。だが、質の優劣の基準を民主主義の定義に導入すれば、ダールのような民主主義の形式的定義を大きく狭めてしまうばかりか、民主主義がナショナリズムと結合する可能性を見逃してしまう恐れがある。

第三に、本書は、民主主義の逆説現象を「ポピュリズム」の概念で説明しようとする立場とも異なる。「ポピュリズム」とは、本来は一九世紀末の北米農民政党や一九二〇年代以後の中南米政権を指すため使用された用語である。この歴史的用語を一般化し、民主主義の逆説を理解しようとする誘惑には、できるだけ慎重でありたい。

本書は、民主主義がナショナリズムの力を解放し、独裁を招くというパラドクスを、欧州の現代史に即して探究する試みである。これに対し、欧州中心の歴史観では、西欧の植民地支配を解体する脱植民地化ナショナリズムの意義を充分に理解できないという「オリエンタリズム」批判者の疑問もあるかもしれない。だが、帝国支配に挑戦する脱植民地化のナショナリズムも、同じ思想で対抗するという意味で、欧州ナショナリズムの所産である。そこで、植民地支配から脱した東アジア・中東諸国が、西欧や日本と同じ帝国主義的膨張の力学に駆られる事例が充分に考えられる。というのも、ナショナリズム思想は、自由主義や社会主義とも、ファシズムとも結合するばかりか、帝国主義とも、植民地解放とも結合するからである。つまり、ナショナリズムは、民主主義と同じく、任意の思想内容と結びつくのだ。例えば、二〇世紀を帝国支配の解体する過程と見るグローバル史観は、視点を中心から周辺へと拡大させる点で貴重な試みと言えるが、[3] 他方で、旧植民地国が西欧ナショナリズムを継承する連続面や、冷戦終結後に民主主義の逆説が回帰する現象を見えなくする盲点に注意しなければならない。

フランス革命後の民主主義を論じるには、思想・運動・体制という三つの側面を区別する必要がある。思想・運動・体制の区別とは、最初に日本ファシズム論で導入され、後に比較ファシズム論に適用された視点である。[4] 例えば、フランス革命に即して言えば、民主主義の思想とは、フランス啓蒙の思想家ルソーが古代共和主義の理念を取り入れ、社会契約説により根拠づけた人民主権の理論に由来する。この民主主義の理論・学説が、絶対王政を打倒し、封建制秩序を転覆する集団行動として現れたのが民主主義の運動である。そして、民主主義の実践・行動が、憲法制定作業を通じ共和国の機構に制度化されたのが民主主義の体制である。民主主義の思想が、われわれの行動を一方向に誘導する水路に当たるとすれば、民主主義の運動は、水路を流れて現実の地形を変えていく河川の激流に当たり、民主主義の体制は、運動の奔流が創り上げた新たな地形に当たるだろう。つまり、民主主義の思想・運動・体制とは、内的に密接に関連した一つの精神が、理論・実践・制度という三つの形で現れたものだと言える。

民主主義の運動——民主主義運動からナショナリズム運動へ

この三つの側面のうち、まず、民主主義の運動から見てみよう。

民主主義を求める運動は、国内分裂や対外戦争の危機に直面する時、ナショナリズムや独裁の魔力を解き放つ潜在的力を秘めている。例えば、フランス革命の民主主義運動は、一七九二年に革命戦争が始まると、人民主権を愛国心と結合させ、近代ナショナリズムを生み出したばかりか、山岳派やナポレオンの独裁をもたらした。第一次大戦末期のドイツやロシアで見られた民主主義革命は、敗戦国のナショナリズムを高め、ナチスやボリシェヴィキの一党独裁を経て、ヒトラーやスターリンの個人独裁に行き着いた。冷戦終結後の民主主義運動は、東欧・バルカン諸国でナショナリズム運動を高め、最初の難民危機を生んだばかりか、やがてロシアの個人独裁を招いた。

　では、なぜ民主主義運動は、ナショナリズム運動と結合し、独裁の誘惑を招きがちなのだろうか。大衆を担い手とする政治運動は、自然成長的に下から生じるのか、それとも目的意識的に上から創り出されるのか、という古典的論争が存在する。一方で、社会の不満や願望のような生活実感が、大衆運動に推進力とエネルギーを供給すると考えるならば、運動は自然成長的に発生すると言える。フランス革命を推し進めた運動の原動力は、絶対君主や封建領主の支配から脱し、（人権宣言にまとめられた）人間としての自由と平等を要求する根源的欲求だった。だが、革命では、国民全体の公共利益に奉仕し、祖国のために自己を犠牲に捧げる愛国心も、「政治的徳」として説かれた。他方で、民主主義を説く理論・学説が、大衆運動に目標と方向性を指し示すと考えるならば、運動は目的意識的に創出されると言える。フランス革命を主導した理論家シィエスは、聖職者や貴族が支配する身分制秩序に代わり、共通の代表と法を持つ「単一の国民」が主権を行使するという政治目標を掲げた。だが、内戦や戦争の危機が迫り、フランス国民の対内的統一と対外的独立が脅かされた時、民主主義の運動は、内外の敵に対し、「ある国民の統一・独立・発展を志向し、推し進める」思想または運動[5]という意味でナショナリズムの運動を生み出したのだ。

　ナショナリズム運動を制度化する上で大きな役割を果たしたのは、人民投票と民族自決権の教義である。「人民投票（plébiscite）」とは、一七九一年七月に革命フランスが南仏の征服地を併合する対外拡張手段として最初に実施し、後にナポレオンが権力獲得を正当化する国内政策的手段へと転用した。それは、住民自身でなく、征服者フランスにより提案された点で、住民の願望の自発的表明というよりも、権力関係を承認する正当化手段を意味した。[6] 二〇一四年三月にロシアがクリミア半島で住民投票を実施し、併合したのは、二世紀余り前と同様の手法なのだ。

人民投票は、一九世紀半ばのイタリア統一運動で再び実施される一方で、一八六〇年代に「民族自決権」の教義として表現されて、第一次世界大戦末期に合衆国大統領ウィルソンにより全世界に宣伝される。ナチスの党首ヒトラーは、政権獲得後に人民投票を国内政策的手段として活用したばかりか、民族自決権を対外的侵略の正当化手段として濫用した。本書では、不定形で捉えがたいナショナリズム運動の誕生と発展を、民族自決権の教義を中心に辿ることにしたい。

民主主義の思想——思想の発展史の見方

次に、民主主義の思想を見てみよう。

現代民主主義の思想は、フランス革命以後の民主主義の歴史から切り離すことができない。われわれは、歴史的存在である限り、自分の生きる時代に深く制約されざるをえない。そこで、抽象的に見える理論・学説も、ある時代に共通する生活体験を土台に創り出されるが、他方で学説・理論は、自分の時代体験を考えて、そこから一般命題を引き出す思考活動の産物である。例えば、戦後ドイツの思想は、ナチズムやスターリニズムの全体主義体験を思想化する努力、「過去の克服」の所産だと言われるが、思想化するには、生活体験の素材を加工し整序する思考の道具として様々な概念形式（カテゴリー）が必要となる。そこで、過去の学説が、自分の生活体験から創り出された思考活動の所産であるならば、これを新たな時代に適用し、将来の指針を引き出すこともできるし、理論を歴史の経験により検証し、誤りから学んで自己修正できる。そこから、歴史の発展に媒介された民主主義思想の発展史を再構成することもできるはずだ。

例えば、ドイツの哲学者ヘーゲルは、過去の哲学の歴史は「阿呆の画廊」か、つまり愚か者の意見の並べられた陳列室か、という問いを検討している。ヘーゲルによれば、過去の哲学は、様々な主観的意見の羅列でなく、それぞれが真理全体の一面をなす限り、全体の契機（構成要素）として保存されて、現在まで生きている。というのも、過去の学説は、必ず真理に照らして肯定と否定、真と偽の両面を持っており、真なる面は現在まで継承される一方で、偽なる面は新たな学説により修正され、克服されるからである。ここから、学説の継承と克服による発展史として哲学史や思想史も成立するのだ。[7]

こうした学説の発展史の見方を知らなければ、過去の学説・理論は、現在と関係なく脈絡を欠いたままで並存しているという学説の並存史の見方を当然だと思い込んでしまう。英国の思想史家Q・スキナーは、思想史の課題は、首尾一貫した教義の展開を探究することでなく、思想家の述べようとした主観的意図（発話の発語内的力）を歴史的文脈の中で捉えて再現することだと主張した。スキナーのようなケンブリッジ学派の方法論は、歴史の発展を否定する歴史相対主義を前提する限り、学説の並存史観に陥ってしまう根本的欠陥を免れない。[8] だが、過去の学説は、現在と無関係に重層的に堆積しているとイメージされるならば、プラトンやボダンのような古層に当たる学説が、突如として現在に思い出されるという悲劇も生じてくる。

われわれは、歴史の当事者である限り、しばしば自分の行為の意味を真に認識することができない。だが、当事者として行為した結果を、観察者の立場から距離を取って思考するならば、われわれは、当事者の時代的制約を脱して、高度な認識上の視点に移行することができる。例えば、フランス革命やロシア革命に加わった当事者は、自分の行為が、主観的意図を超えて、いかなる結果を生み出すのか、充分に予測できなかった。歴史家が近代革命という過去の出来事を観察者の立場から振り返るならば、当事者の行為の真の意味を歴史的文脈の中で正しく認識できるのだ。スキナーの方法論は、歴史を俯瞰する観察者の立場を否定しており、当事者の主観的意図と意図せざる結果の間の関係という（ヴェーバーが指摘した）社会科学的認識の根本問題を取り扱うことができない。

そこで、ルソー以後の民主主義の思想を、相互に脈絡なき学説の並存史に終わらせることなく、民主主義がナショナリズムと独裁の魔力をいかに解放したか、またナショナリズムの呪縛をいかに克服しようとしたか、という視点から統一的に再構成しようとするのが本書の課題である。もし断片的思想の集積を統一的視点から整序し、構造化できるならば、民主主義の逆説をもたらすナショナリズムの呪縛から解き放たれることもできるはずである。

民主主義の体制——民主主義の四つの類型

最後に、民主主義の体制に目を向けてみよう。フランス革命以後の民主主義を制度化する試みを振り返るならば、これを幾つかの類型に区分することができる。

フランス啓蒙の思想家モンテスキューは、ローマ共和政の歴史を念頭に置きつつ、民主政を初めとする共和政は、ギリシア都市国家のような小国にのみ相応《ふさわ》しいと洞察した。「小さな共和国」でのみ、公共利益が偶然に依存せず、容易に感じ取れるからである。そして、共和政の対内的利点と君主政の対外的力を兼ね備えた「連邦共和国」という別の政体が可能だと付け加えた。[9] フランス革命が大国で共和政を実現しようと試み、議会と政府の対立のため失敗して以来、モンテスキューの洞察をめぐって、二つの立場が存在した。一つは、大国では共和政でなく、制限君主政が相応しいと考え、英国にならう立憲君主政を構想するコンスタンらの立場である（英国型）。もう一つは、連邦制を取り入れれば、大国で共和政を実現できると考え、連邦共和国を構想するマディソンら米国フェデラリスト（連邦派）の立場である（米国型）。前者の英国モデルは、一八三二年以来の選挙法改正で選挙資格を拡大し、議会政を民主化する一方で、議院内閣制で議会と政府を媒介するバジョットの議会主義論に継承される。後者の米国モデルは、連邦制と立法・行政・司法の権力分立を地方自治や自発的結社と組み合わせて、多数派の暴政を防止するトクヴィルの民主主義論に継承される。

更に一九世紀末から労働者階級が政治的発言力を高め、大衆民主化が進むに従い、古典的議会政は変容し、独裁を正当化する新たな民主主義モデルが考案される。マルクスは、議会主義に代わり、立法権と執行権を兼ね備えたパリ・コミューンをモデルに民主主義を考えた。これを受け継いだレーニンらボリシェヴィキは、一九一七年のロシア革命で、労働者・兵士・農民の評議会（ソヴィエト）を下から上へ積み上げて意志決定するソヴィエト民主主義を提唱する。だが、革命後の内戦で、プロレタリアートの代表と称するロシア共産党の一党独裁を創り上げてしまう（ソ連型）。他方で、第一次大戦の敗戦で帝政と訣別したドイツのワイマール共和政は、米国型大統領制と英国型議院内閣制を混合し、直接公選された大統領が、議会の解散権と首相の任免権を持つという独自の大統領制モデルを採用するが、一九三三年三月の授権法以後、ナチスの一党独裁を創り上げてしまう（ドイツ型）。

こうして、一九世紀に結合したかに見えた民主主義と議会制は、一九三〇年代以後、常に緊張関係に入ることになった。そもそも、民主主義と議会制は、それぞれ古代ギリシアのポリスと中世欧州の身分制議会に由来するように、歴史上の由来が異なるばかりか、ギリシア語で言う「民衆の支配(dēmokratia)」と貴族身分の支配のように、理念・原理も異なっている。従って、フランス革命から第一次大戦にかけて、民主主義と議会制という異なる原理が融合したのは、身分制議会から国民議会への転換や総力戦への大衆動員という、多分に偶然的な歴史的事情の所産だと言える。日本で民主主義の使徒と見なされるルソーが、「英国人は、自分で自由だと思っているが、大間違いである。彼らが自由なのは議員を選挙する間だけで、議員が選ばれた後は奴隷となり、何物でもなくなる」と述べて、英国議会制を痛烈に批判した言葉は有名である。[10] そこで、第一次大戦の敗戦国で導入された議会制民主主義は、一九二〇年代末以来、反議会制的な直接民主主義運動の挑戦により絶えず試され続けた。そこから、民主主義運動が、敗戦後に高まったナショナリズム運動と共鳴し、そのエネルギーを増幅させる時、議会制への大衆の不満や願望を代弁し、異議を申し立てる「指導者」への喝采として現れるのでないかという仮説を引き出すことができる。

本書の構成

本書は、次のように構成される。

第一章では、まず、フランス啓蒙の思想家、特にルソーの人民主権理論とシィエスの国民理論を取り上げ、彼らの思想が、いかに一七八九年以後のフランス革命の経過を決定したか、いかにその内部から自発的にナショナリズム思想を生み出したか、検討する。次に、一八〇六年以後における占領期ドイツの思想家、特にフィヒテの国民理論を取り上げ、彼の思想が外部の衝撃に迫られてどのように異なる性格のナショナリズム思想を生み出したか、検討する。

第二章では、まず、二人の自由主義思想家トクヴィルとJ・S・ミルの民主主義批判を取り上げ、彼らの自由主義思想が、いかにルソー民主主義論の欠陥を克服し、修正された民主主義を構想したか、明らかにする。更に、英国の保守思想家バジョットの議会制民主主義論を取り上げ、彼の議会制論が、米国型大統領制に対し、どのように英国型議院内閣制を擁護したか、明らかにする。次に、一九世紀半ばにイタリア・ドイツの統一運動が進められる中で、いかに民族自決の教義が生み出され、一九世紀末の国際労働者運動や社会主義政党の中で「民族自決権」として定式化されたか、検討する。

第三章では、まず、第二帝政期ドイツの思想家ヴェーバーの民主主義論を取り上げ、彼が、支配の諸類型を論じる中で、いかにカリスマ的指導者の支配する指導者民主主義を構想したか、明らかにする。更に、ワイマール期ドイツの思想家カール・シュミットの民主主義論を取り上げ、彼が、指導者民主主義論を受容し、人民投票的民主主義を唱える中で、どのようにナチスの一党独裁を正当化したか、明らかにする。次に、レーニンの唱えた民族自決権が、第一次大戦後の中欧・東欧にいかに適用されて、少数民族問題と領土修正要求を生んだか、ヒトラーが、いかに人民投票と民族自決権の教義を濫用したか、検討する。

第四章では、まず、戦後ドイツの思想家アレントとハーバーマスによる全体主義批判を取り上げ、彼らが、指導者民主主義と異なる民主主義論をいかに構想したか、検討する。次に、戦後米国の思想家によるルソー民主主義論の批判を取り上げ、彼らが、ルソーと異なる多元主義的民主主義論をどのように構想したか、検討する。最後に、民族自決権が、第二次大戦後にいかに普遍的権利として受容されたか、そして、一九九〇年の冷戦終結により再び欧州に回帰し、新たなナショナリズムを解放したか、明らかにする。

結びでは、冷戦終結以後の時代を振り返り、今後の民主主義のあり方を展望する。特に、一九九〇年代日本で始まった政治改革の論議が、二〇世紀の歴史に即した検証作業を抜きに指導者民主主義論を適用しようとした間違った試みだったことを指摘する。

第一章

近代民主主義とナショナリズムの誕生

ルソー

シィエス

フィヒテ

本章では、まず、フランス啓蒙の思想が、いかにフランス革命の経過を左右し、内発的ナショナリズムの思想を誕生させたか、二人の啓蒙思想家ルソー、シィエスの思想を中心に見ていこう。次に、フランス占領下のドイツでどのように外発的ナショナリズムの思想が誕生し、内発型と異なるどんな特徴を示しているか、プロイセンの哲学者フィヒテを中心に見てみたい。

第一節　フランス革命とルソー、シィエスの思想

民主主義の二つの用法――民衆支配の政体と政治社会の構成原理

最初に民主主義という言葉は、狭義と広義の二つの用法がある点を断っておきたい。

民主主義（デモクラシー）とは、狭い意味では、古代ギリシアの都市国家ポリスに見られたような、立法・行政・司法の全てに民衆が直接参加する統治形態を指す。紀元前五世紀から四世紀にかけてアテネで完成された政治体制は、最初は政治的平等という意味で「イソノミア（isonomia）」と呼ばれ、後に反対者により民衆（dēmos）の支配（kratos）という意味で「民主政（dēmokratia）」と呼ばれた。[1]アテネの古典的民主政では、公民は、生産活動を奴隷に委ねる代わりに、民会に定期的に出席し、ポリスの立法活動に参加した。そして、抽選で選ばれれば、官職を交代で引き受けて、裁判にも加わり、戦争が起これば、自費で武装し、重装歩兵として戦場で戦った。[2]こうした古代的民主政は、アリストテレス以来、公民たちが互いに顔見知りで、中心の丘から一目で見渡せる人口の少ない国でのみ

実現できると見なされた。[3] 狭義の民主主義とは、古代ギリシア以来、小規模の政治共同体を前提とし、民衆が支配する政体を指して言う。

これに対し、一八世紀末の近代革命を経験した後、一九世紀に入ると、民主主義は、より広い意味で、自由で平等な公民からなる政治社会を新たに構成する原理として理解されるようになる。[4] こうした民主主義の近代的用法は、絶対王政に代わったフランス共和国や、英国の植民地から独立した合衆国に当てはまる。そこでは、民衆が自ら選んだ代表者を通じて憲法を制定し、立法に関与すれば、広い意味の民主主義に相応しいと見なされるから、人口の多い大規模な国でも、民主主義を実現できると考えられた。広義の民主主義とは、所与の政治共同体を前提せず、政治社会を新たに構成する近代の原理を指して言う。

近代民主主義の代表的思想家は、『社会契約論』（一七六二年）で人民主権を根拠づけたジュネーヴ出身の啓蒙思想家ジャン＝ジャック・ルソー（一七一二―七八年）である。ルソーは、英国思想家のTh・ホッブズ（一五八八―一六七九年）やJ・ロック（一六三二―一七〇四年）から社会契約説を継承し、公共利益を重視する古代共和主義の理念と結びつけた点で、フランス啓蒙の他の思想家をはるかに上回る影響作用を及ぼした。というのも、ルソーの民主主義思想は、中世以来の伝統的政治社会を解体し、政治社会を再構成する原理として作用したからである。

旧欧州の伝統的政治社会は、フランス革命が起こると、一七八九年九月一日に「旧体制（アンシャン・レジーム）」と呼ばれて否定されるが、一七九〇年二月一一日の立憲議会によれば、旧体制とは、一六世絶対王政、封建制、身分的特権と身分制議会からなっていた。[5] まず、フランスの絶対王政は、一六世紀末の宗教内戦を克服したブルボン王朝の下で、一七世紀以来の絶対主義を通じて確立された。宗教内戦期フランスの思想家J・ボダン（一五三〇―九六年）は、「主権（souveraineté）」を「国家の絶対的で永続的な権力」と定義し、主権者は、特権・慣習を寄せ集めた既存の法に制約されず、自由に法を改廃できるし（絶対性）、任期や権限も限定されない（永続性）と説いた。[6] 宰相リシュリューやルイ一四世は、ボダンの主権概念を取り入れ、伝統的な帯剣貴族や新興の法服貴族を弾圧し、国王の代理人を地方総監に任命して、政治的統一の理念を実現した。そして、王権を「神の代理人」「神の似姿」と呼び、聖書に由来する神権説で正当化した。更に欧州の封建貴族は、封土を授与されるのと引き換えに、主君に忠誠と奉仕を誓い、荘園領主として課税権や裁判権を行使した。だが、一八世紀のフランス貴族は、英国貴族に比べて、土地との結びつきを失い、地方政府の官職を奪われたため、平民と接触せず、免税特権のみを享受する特権身分と化していた。[7]

ホッブズからルソーに至る社会契約説は、いずれも自由で平等な個人からなる「自然状態」を最初に想定する。自然状態論は、絶対君主と貴族身分からなる旧体制を個人の集合体に解体し、白紙状態に還元するという革命的機能を果たした。彼らは、自然状態では、人間の自然本性に基づく法、「自然法」が支配すると論じた。ホッブズやロックは、自然法が、生命・自由・財産に対する生得の権利、「自然権」の相互尊重を命じると考えたが、ルソーは、『人間不平等起源論』（一七五五年）で、自然法が、他人への同情や憐れみに由来する平等の規則――感性に基づく「固有の意味の自然法」――を意味すると考えた。[8] ルソーの新たな自然法は、文明社会に見られる財産の不平等やこれを保護する専制政府を批判する役割を果たした。ルソーは、自然状態に還元された自由で平等な個人が、自然法に従い、社会契約を新たに結ぶならば、政治共同体を再構成できる、つまり、主権の担い手を君主の自然的人格から人民の集合的人格に移し替え、公共利益が支配する「共和国（république）」を設立できると論じた。

ルソーの社会契約説——共和国創立の論理

では、ルソーの社会契約説は、共和国の創立をいかに説明するのだろうか。

第一にルソーの社会契約は、自由で平等な個人が相互に契約を結んで、共和国という集合的団体を設立し、この団体に各人の自然権を全面的に譲渡するという内容を持つ。彼の社会契約の行為は、かつては個人が共同体との間で結ぶ契約だと解釈されたが、この解釈では、共同体が契約の産物であり、契約以前には存在しない論理との矛盾（「ずれ」）を説明できない。[9] 今日では、個々人が相互に契約を結んで、共和国を設立すると同時に、共和国に自然権を譲渡するという複合的契約だと解釈されている。[10] この意味で、ルソーの社会契約説は、政治社会を設立するロックの団体設立契約と第三者に「権限付与（authorize）」するホッブズの授権契約を総合したものだと言える。しかし、ホッブズの授権契約では、第三者の主権者に自然権を譲渡する範囲は部分的であり、自己保存の権利は譲渡されず、個人に留保されるから、徴兵命令を拒否し、死刑判決に抵抗することを正当化できる。[11] これに対し、ルソーの授権契約は、条件が全員に平等だという理由から、各人の自然権を主権者に全面的に譲渡するよう要求するため、「全員が必要ならば祖国のために戦うべき」であり、個人の生命は「国家からの条件付贈与」だと説いて、祖国のために戦う国民軍や徴兵制をも正当化できる。[12]

第二にルソーは、社会契約の行為から、共和国の成員である人民が、授権された主権者になるという人民主権論を導き出す。そこで、各人は、主権者を構成する限りでは「公民」と呼ばれ、主権者の立てた国家の法に服従する限りでは「臣民」と呼ばれる。[13] つまり、各人は、主権者の一員（公民）として立てた法に、主権国家の一員（臣民）として従うという意味で、人民の自己支配という論理が成り立つ。ここでは、同じ人が共和国を構成する一員でありながら、主権国家に服する一員でもある点で、人間共同体と権力機構という二つの国家の見方が総合されている。しかし、ルソーが、ホッブズの主権概念をそのまま継承し、主権は分割できず（不可分性）、譲渡できず（不可譲性）、基本法に制約されない（絶対性）と断定しているのは驚くべき点である。[14] フランス革命が旧体制の中央集権化を受け継いだように、ルソーの人民主権論は絶対主義の君主主権と連続しているのだ。

第三にルソーは、主権者が立法するには、人民の統一的意志を前提する必要があると考え、人民全体の共通利益を追求する意志を「一般意志」と呼んで、各人の特殊利益を追求する「特殊意志」からも、特殊意志の総計である「万人の意志」からも区別する。[15] フランス啓蒙の思想家D・ディドロ（一七一三―八四年）は、「全人類にのみ属する」意志を「一般意志」と呼び、特殊意志は疑わしいのに対し、一般意志は常に善であり、「決して誤ることがない」と説いた。ルソーは、ディドロの一般意志の用法を「世界市民」的だと批判し、政治体の単一の意志と定義し直す一方で、「一般意志は常に正しい」という一般意志の無謬性を継承した。[16] しかし、特殊意志と一般意志の関係に関する彼の説明は両義的である。ルソーは、部分的結社である党派が存在しなければ、特殊意志の一致から一般意志が自ずと生じると説明するが、他方で、一般意志に服従しない者は、服従し「自由であるよう強制される」と主張する。[17]

第四にルソーは、自ら課した法に服従する自由を「道徳的自由」と呼び、欲望に駆り立てられる「自然的自由」から区別した上で、自然的自由から道徳的自由へと人間性を変革する必要を説く。[18] かつてプラトンは、個人の魂にもポリスにも、共通する階層秩序があると考え、民主政を、不必要な欲望が解放された人間に例えて批判した。[19] ここでルソーは、プラトンの民主政批判に応えて、自分自身の主人という積極的な意味で自由を理解し直し、各人が自分の立てた法に従う「積極的自由」が人民の自己支配を支えると信じている。しかし、積極的自由の思想は、真の自我を人民の統一的意志（「共通の自我」）と同一視するから、ジャコバン派に利用されて、「自由への強制」の名で、個人が自分の欲することを行う「消極的自由」を侵害し、個人の自然権を犠牲にする結果となった。[20] 政治的自律のため個人の自律を強制できると考えるのは、良心の自由を理解できない「プラトンの呪縛」だと言える。

第五にルソーは、主権者に代わり、法を起草する「立法者」を要請し、立法者の政治学を展開する。ルソーによれば、主権者である人民は「善を欲するが、善を理解しない」、つまり何が公共利益かを理解しないから、人民の知性は信用できない。そこで、人民の判断を啓蒙し、知性を意志に一致させるため、法を起草する「立法者」が要請される。知性に優れた立法者が、リュクルゴスやモーゼ、カルヴァンのように、神の権威で人々を動かし、起草した法を受け入れるよう導く。立法者による立法の目標は、自由と平等という自然法——理性により「推論された自然法」——であり、特に社会経済的平等に配慮し、両極端の階層をできるだけ接近させる点にある。[21] 知性ある立法者と意志ある主権者が一体化すれば共和国が完成すると考えるのは、哲人統治者を待望する「プラトンの呪縛」だと言える。

だが、絶大な権力を持つ人民の後見人として、公共利益を判断できる立法者とは何者だろうか。シィエスのような第三身分の代表者だろうか、それともレーニンのような労働者階級の指導者だろうか。ルソーの社会契約説は、立法者という大きな謎を後世に残すことになった。

ルソーの政治機構論——共和国存続の論理

では、ルソーは、共和国を存続させるため、政治機構をいかに構想するのだろうか。

第一にルソーは、主権者と政府を区別した上で、主権者の権限を立法権のみに限定し、執行権を政府に委任するという権力分立を構想する。というのも、一般意志は、万人から生じ、万人に適用されるべきだから（本質と対象における平等）、主権者は、個別の対象について判断できず、政府にその判断を委ねざるをえないからである。[22] こうした一般意志の平等主義的限界から、フランス人権宣言の自然権規定をどれほど説明できるかという論点をめぐり、G・イェリネックとE・ブトミー以来の論争が存在する。かつて、人権宣言は、ルソーの社会契約説でなく、北米ヴァージニア州の権利章典に由来するというドイツの法学者イェリネックの解釈が通説と見なされたが、ドイツの哲学者ハーバーマスは、アメリカの影響はそれほど強くなく、宣言案は、人権宣言をルソーの社会契約行為と同一視していたと指摘した。[23] 今日のフランス革命史研究では、立憲議会議員はアメリカの手本にもルソーの言葉にも同時に支配されていた点、シィエスの宣言案はアメリカ権利章典の批判に基づいている点、アメリカ独立宣言とフランス人権宣言は、天賦の自然法から出発するか、個人の自然権から出発するかで原理的に相違している点が確認されている。[24]

第二にルソーは、政府を主権者に従属させるため、主権者が政府を設立するべきだと考える。つまり、主権者が、政府の形態は民主政・貴族政・君主政・三者の混合のいずれになるかを選択し、政府の首長（多数・少数・一人）を任命する。[25] 民主政体を実現する見通しに関するルソーの説明は、同じく両義的である。彼は、立法権と執行権が一致する純粋な民主政は、神々のような人民に相応しく、人間には適さないとその可能性に悲観的である。だが、他方で、政府の首長を任命するのは個別対象の判断だから、主権者は、一時的に純粋民主政に転換し、暫定政府となるならば、特定の政府を設立できると説明する。[26] これは、一般意志の平等主義的限界から実質的に逸脱しており、暫定政府の革命独裁を正当化するために濫用されかねない論理だと言える。

第三にルソーは、政府が主権を奪い取るのを防ぐため、人民集会の定期的開催を要求する。人民が集会する時にだけ、主権者は意志決定できるから、人民集会を定期的に招集し、毎回集会の冒頭で政府の形態と首長を確認すれば、政府の権力濫用を防止できると考える。[27] ルソーは、古代ローマの民会を意志決定モデルと見なし、有名な言葉にあるように、英国議会制とその国民代表観を批判する。というのも、一般意志も主権も決して代表できず、独立した代表者を持つならば、人民は自由でなくなるからである。だが、他方で、『ポーランド統治論』（一七七二年）では、議員が選挙民の指示に拘束される代理人として行為すれば（命令的委任）、人民を代表できると考える。[28]

人民集会の意志決定に関するルソーの説明は、最も議論の余地ある箇所である。ルソーは、公民が

「相互に連絡せず」、「充分に情報を与えられて熟慮する」ならば、即ち部分的結社が存在せず、「自分だけに従い意見を述べる」ならば、人民集会では全員一致に近い形で一般意志が表明されると説明する。[29] しかし、党派を禁じても、全員一致に近い意志決定を期待できるには、古代ローマやジュネーヴのように、利害や価値観が似通った同質的社会を前提とせざるをえない。しかも、主権者が法案の議決権を行使するとしても、法案の提案権は政府に属すると考えられる。[30] もし権威ある行政官が法案を提案するならば、人民集会の決定は、帝政ローマのように、指導者の提案に歓呼・喝采する人民投票の形を取るだろう。後にカール・シュミットは、これこそルソーが思い浮かべた「民主主義の根本現象」だと解釈した。[31]

第四にルソーは、民会・護民官・独裁官・監察官といった古代ローマの政治機構を論じた後、古代共和主義の理念に訴えて、「公定宗教」を確立する必要を説く。彼は、神を内面で礼拝する福音書の宗教を「人間の宗教」、各国民に守護神を与える国民的宗教を「公民の宗教」と呼んで、前者には兄弟愛と祖国への不忠、後者には祖国への愛と他者の不寛容という利点と欠点があると指摘する。そして、主権者は、「純粋に世俗的な信仰告白」を公民に対し強制的に要求できると考え、これを「公定宗教（religion civile）」と名付ける。公定宗教の教義は、①全知全能の神の存在、②来世の存在、③善人の幸福と悪人の処罰を「人間の宗教」から取り入れ、④社会契約と法の神聖さを「公民の宗教」から取り入れ、⑤不寛容の排除で補完したものである。[32] 公定宗教のねらいは、自ら課した法に服従する道徳的自由を内面化し、強化する点にあったが、[33] 自然権に訴えて暴政に抵抗する市民的不服従や抵抗権を否定する結果になった。

　こうしてルソーは、絶対王政に代わる人民の権力を創り出すため、近代的な社会契約説と古代的な共和主義理念を継承し、両者を独自の仕方で結合しようとした。しかし、ルソーの解決策は二つの根本的問いを残すことになった。第一に、社会契約説で全能の権力を手にした人民は、ロックら自然法論者が望んだように、個人の自然権を真に保証できるのだろうか。二〇世紀の解釈者の多くは、ルソーの人民主権論が、逆に「個人主義の最も強力な敵」を生み出し、自然権の一貫した否定につながると結論した。[34] 第二に、人民の判断を導くべき自然法の規準は、平等を重んじる余り、個人の自由を犠牲にしないだろうか。自然状態論に見られる平等の条件こそ、自然権の全面的譲渡や立法の目標を予《あらかじ》め決定し、自然権を制約する根本要因だったのではないか。ルソーの死後、フランス革命に始まる二世紀の民主主義の歴史は、これら二つの問いに答える歴史の実験場の役割を果たすだろう。

シィエスの国民理論とフランス革命

　ルソーの人民主権論は、彼の死から一一年後、絶対王政とこれを支える封建制秩序を転覆し、フランス国民を再生する革命運動として現れたばかりか、運動から体制へと転化し、新たな共和国を打ち立てた。ルソーの思想がフランス革命を推し進める原動力となったことは、多くの同時代人の証言からも明らかである。例えば、英国の保守思想家バークは、一七九〇年、ルソーが生きていれば「彼の学徒たちが現実行動で示している狂乱に衝撃を受けたことであろう」と警告し、第一執政ナポレオンは、一八〇〇年、「諸君のルソーは狂人であった。この男がわれわれをいまの状態までひっぱってきたのだ」と演説した。[35]

だが、ルソーの思想を現実に適用し、運動や体制に転化する役割を果たしたのは、第三身分代表として全国三部会を国民議会に転換させた指導的理論家エマニュエル・J・シィエス（一七四八―一八三六年）である。一七八八年七月、新税を導入し、破産した財政を立て直すため、フランス王権は全国三部会の開催を約束し、開催形式について意見を求めた。パリ高等法院が、一六一四年の先例に従い、身分別採決を宣言したのに対し、第三身分は、夥《おびただ》しいパンフレットの中で頭数別採決を求めた。シャルトルの司教代理シィエスは、一七八九年一月に公刊した『第三身分とは何か』で、聖職者・貴族身分との共闘を拒否し、「第三身分で国民議会を作ろう」と提案して、革命の方向性を指し示した。五月五日に開催された全国三部会は、議員の資格審査を巡り、第三身分と他の身分の間で対立した後、六月一七日、シィエスの提案通り、第三身分が「国民議会」を宣言し、七月九日には「憲法制定国民議会」と改称して新憲法の起草に取りかかる。七月一四日のバスティーユ占領に至る革命の幕開けである。

では、フランス革命を導いたシィエスの国民理論とはどんな思想だろうか。第一にシィエスは、一般意志概念を適用して、特権身分を除外し、第三身分からなる「単一の国民」を創り出すように説く。シィエスは、「国民（nation）」を「共通の法律の下で生活し、同じ立法府によって代表される」人々の団体と定義する。つまり「共通の法律と共通の代表」こそ「単一の国民を作り出す」。そこで、民間の仕事と公共の職務を担っている第三身分こそ「単一の完全な国民」の属性を備えている。「第三身分とは何か。全てである」。これに対し、第三身分でない貴族や聖職者は、もはや国民と見なされない。というのも、特権身分は何も生産活動をしないばかりか、共通の法に反する「共通の権利の敵」だからである。そこで、「諸身分を単一の国民に転換させる」最良の方策は、特権を共有し、共通の法に代えることである。[36] こうした反貴族・反特権の情熱に駆られて、国民議会は、八月一一日に「封建制を全面的に破壊する」と宣言して、領主裁判権や十分の一税、官職売買など封建的特権を廃止し、一一月二日に教会財産を没収した。また、八月二六日には「人間と公民の権利の宣言」を採択し、自由・財産・安全と抵抗の自然権（第二条）、国民主権の原理（第三条）、立法への参加と「一般意志の表現」たる法の前の平等（第六条）などを宣言した。[37] 人権宣言の思想内容は、ルソーの基本思想をアメリカ権利章典と結合したものだと言える。この結果、諸身分を隔てる封建制秩序の壁は撤廃され、法の前で平等な単一の国民が瞬く間に創り出された。

第二にシィエスは、ルソーの代表批判と異なり、第三身分が国民を代表する代表制を唱える。というのも、ルソーが構想した真の民主政は人口の多い国では実現できず、政治活動にも分業が必要である以上、代表制こそ分業原理を表現するからである。社会契約に従えば、第三身分の代表者こそ「一般意志の受託者（dépositaires）」だから、シィエスは、「第三身分で国民議会を作ろう」と宣言し、全国三部会を国民議会に転換させる。[38] ルソーは、一般意志は代表できない、または命令的委任によってのみ代表できると論じたが、シィエスは、ルソーが一般意志に課した制約を踏み越え、一般意志概念を代表制と結びつけて、「すべての議員は全国民の代表である」と宣言する。[39] そこで、上院の設立は単一の国民に反するという理由から、英国二院制の模倣案は拒否されるし、党派的利益は共通利益にとり危険だという理由から、ル・シャプリエ法（一七九一年六月）により団体結成は禁じられる。

第三にシィエスは、ルソーから主権概念を受け継いで、国民が「憲法制定権力」を持っていると説く。われわれに憲法が欠けていれば、憲法を作らなければならないが、「国民のみが憲法を作る権利を持つ」。「国民は全てに先行して存在する」から、国民の意志は「全ての合法性（légalité）の源」であり、「自然法のみが国民に先行し、その上位にある」。憲法のどの部分も、国民の持つ「憲法制定権力（pouvoir constituant）の作ったもの」であり、「国民は憲法に拘束されない」[40]。基本法に制約されない主権の絶対性は、ボダンからルソーを経て、無制約な憲法制定権力の教義に受け継がれた結果、国民公会の革命独裁をもたらすだろう。一七九一年九月、憲法制定に取り組んだ立憲議会はフランス最初の成文憲法を制定する。一七九一年憲法は、立法権と執行権を分離した立憲君主政を採用し、立法権は一院制の議会が、執行権は議会に停止的拒否権を持つ国王が担うものだった。しかし、一七九二年四月二〇日に革命戦争が始まると、八月一〇日の民衆蜂起で王権を停止した国民公会は、九月二一日に王政を廃止し、共和政を宣言する。何物にも制約されない憲法制定権力は、何度も呼び起こされて、共和国を絶えず不安定化することになる。

こうしてシィエスは、ルソーの一般意志や主権の概念を適用し、第三身分を中心に憲法制定に自発的に結集した単一の国民観念を新たに創り出した。そこには、国民とは、そこに加わろうと欲する個人の主観的願望や意欲の表明であり、個々人の合意で作り出される作為の所産だという社会契約説の見方がうかがわれる。だが、シィエスは、一般意志にルソーが課した制約から逸脱し、党派に分断されない単一の意志という一般意志の特徴を、受任者が国民全体を代表する代表制の中に持ち込んだ。そこから、内外の敵に直面した極限状況では、単一の人格に全ての権限を委任しようとする革命独裁への傾向が生まれてくるのだ。

では、ルソーの人民主権論やシィエスの国民理論は、フランス革命を推し進めたばかりか、いかなる意図しない帰結をもたらしたのだろうか。

ルソー、シィエス思想の帰結――革命独裁と近代ナショナリズム

第一の帰結は、ジャコバン派が「徳の共和国」と呼んだ革命独裁の体制である。一七九三年六月二日の民衆蜂起でジロンド派を追放し、国民公会を支配した山岳派は、国内の反乱と外国軍の脅威に直面し、六月から一〇月にかけてロベスピエールらの公安委員会に権力を集中し、憲法によらない革命政府を設立する。そして、九月には反革命容疑者法を制定し、「人民の敵」をギロチンで粛清する恐怖政治（テロル）を実行に移す。二〇世紀全体主義批判の思想家H・アレントは、革命独裁の要因が、共通の敵による意志統一と同情の政治にあったと説明する。ルソーは、一般意志を「多数者を一人に置き換える」格好の手段として用い、「国民共通の敵」が「味方を統一させる力」に頼った。そこで革命家は、共通の敵が、亡命貴族や宣誓拒否聖職者のように、国民の外部に潜んでいるばかりか、国民の内部にも、即ち各人の特殊利害に隠れていると見た。山岳派の指導者ロベスピエールは、特殊利害を克服した無私の態度を「徳」と呼んで称賛したが、徳の源泉は下層民への同情と哀れみの感傷にあると考えた。哀れみという「その感傷の際限のなさが、限りのない暴力の奔流の解放を助けた」[41]。そこで、徳の支配する体制は、偽善に対する絶えざる闘争と自己粛清を要求するテロルの支配へと転じ、一七九四年七月二七日に終結するまで、四万人近い革命家を処刑する結果になった。

第二の意図せざる帰結は、人民が自己武装し、祖国のため戦う国民軍の創立と近代ナショナリズム

の誕生である。一七九二年四月二〇日に立法議会は、ジロンド派内閣の下でオーストリアに宣戦し、九月二〇日にヴァルミで勝利すると、フランス軍はサヴォワやニースを併合し、ベルギーやライン川左岸に進出する。一七九三年一月二一日に国王ルイ一六世が処刑された後、二月に対仏大同盟が結成されると、国民公会は、二月二四日に三〇万人の徴兵を決定し、八月二三日に国民総動員令を出して全成年男子を徴用し、革命政府の下で戦時体制に移行する。一七九四年六月末の戦勝と七月二七日のテルミドール反動を経て、一七九五年八月に新憲法が制定されると、一〇月に発足した総裁政府は、一七九八年九月にジュルダン法で義務兵役制を導入し、二〇―二五歳の全成年男子を徴兵する。絶対王政の思想家J・B・ボシュエ（一六二七―一七〇四年）は、祖国への奉仕を君主への奉仕と同一視する王朝的祖国の観念を唱えたのに対し、ルソーは、『政治経済論』（一七五五年）で、「最も優れた徳は祖国愛（amour de la patrie）によって生み出された」「祖国は自由なしに、自由は徳なしに、徳は公民なしに存続できない」と述べ、祖国愛を共和国に奉仕する徳と同一視して、王朝的祖国観念を国民的祖国観念へと転換させた[42]。そこで、一七九二―九四年の革命防衛戦争により、ルソーの人民主権論が対外的に向けられて愛国心と結合した時、近代ナショナリズムの思想が初めて誕生したと言える。一七九二年七月にパリに集結したマルセイユ義勇兵の歌った「ライン方面軍歌」が、三年後にフランス国歌に採用されたのは、フランス・ナショナリズムの由来を象徴している。

しかし、徴兵制が実施され、フランス国民が戦争に総動員されるに従い、革命を防衛する戦争は、領土を拡張する侵略戦争へと移行し、誕生したばかりの革命的ナショナリズムの暴走も始まった。トクヴィルによれば、フランス革命は、外国人にも熱烈に宣伝し、遠方まで浸透した点で、「宗教革命に酷似した政治革命」であり、「ある種の新しい宗教」となった。[43]だが、国民公会は、普遍主義的情熱に駆られて「自由の十字軍」に乗り出したばかりか、ライン川・大西洋・ピレネー・アルプスをフランス国境と見なす「自然国境」政策を絶対王政から受け継いで、古代ローマを模範とする「拡大する共和国」を目指した。[44]自然国境を唱えた総裁シィエスは、イタリア遠征で成功したジャコバン派将軍のナポレオン・ボナパルト（一七六九―一八二一年）と協力して、一七九九年一一月九日にクーデタを起こし、ナポレオンを第一執政とする執政政府を設立する。五年後の一八〇四年五月、ナポレオンは人民投票を経て皇帝に就任するだろう。こうして軍人独裁への道が開かれて、フランス革命は閉幕した。

　では、一七八九年に革命の幕を開いた同じ理論家が、なぜ一〇年後には革命の幕を閉じる役割を演じなければならなかったのか。シィエスは、テルミドール反動後の一七九五年七月、山岳派の恐怖政治をルソー思想の帰結と見なし、「人民主権はいささかも無制限ではない」と批判して、権力を単一の代表機関に集中せず、分割する必要を説いた。[45]だが、一七九五年憲法に基づき発足した総裁政府が、王党派とジャコバン派という左右の脅威に絶えず悩まされるのを経験して、四年後には、共和国を救う軍事的英雄の強力な指導力に賭けたのだ。戦時に国内を統一する革命独裁と国外の独立を守る革命的ナショナリズムは、いずれもフランス革命の生み出した産物であり、一七九二年から九四年にかけて相互に強め合う相乗作用を及ぼした。そして、革命独裁と近代ナショナリズムというフランス革命の遺産を最後に継承した遺産相続人こそ、皇帝ナポレオンだったと言える。だが、ナポレオン戦争による欧州大陸の征服事業は、征服された諸国民の間にフランスと異なる性格のナショナリズムを目覚めさせることになる。

第二節　ドイツ・ナショナリズムとフィヒテの思想

一七九〇年代カントとフランス革命

一七八九年七月一四日にバスティーユが襲撃され、フランス革命が幕開いた時、ドイツの教養知識人は、前代未聞の出来事を熱烈に歓迎した。だが、一七九二年九月に共和政が宣言され、翌一七九三年一月に国王ルイ一六世が処刑されて、九月に山岳派の恐怖政治が始まると、ドイツ市民層の間で革命への恐怖心が広がっていく。では、ドイツの啓蒙思想家は、一七九二年九月以後のフランス革命の急進化に対しどんな態度を取ったのだろうか。ドイツ啓蒙を代表する哲学者イマヌエル・カント（一七二四―一八〇四年）の一七九〇年代著作を見てみよう。

一七九三年初め、英国思想家E・バーク（一七二九―九七年）の革命批判『フランス革命の省察』（一七九〇年）がF・ゲンツによりドイツ語訳されてドイツで広く読まれた。そこでバークは、アリストテレスに従い、理論と実践を区別し、理論だけでは実践の充分な指針たりえないと説いた。バークによれば、統治の学は「アプリオリに教えるべきでない」「実践的学問」であり、経験を必要とする「実践的目的」を目指すものだから、理論家の唱える人間の権利は、「形而上学的には真理」でも、「道徳的政治的には虚偽」だという。[46]

これに対し、カントは、「理論と実践」（一七九三年九月）で、「理論や体系に対し大胆にも否定的態度をとる高名な人」による学校人の非難を取り上げて、実践に対する理論独自の意義を擁護する。[47]カントによれば、国家を創設する根源的契約は、人間としての自由、臣民としての平等、市民としての独立という三つのアプリオリな原理を前提する。第一に、われわれは、人間として自分の仕方で幸福を追求する自由を持つ。これに対し、父親が子供に対するように、他人の仕方で幸福になるよう強制する「父権的支配」は、「考えられる限り最大の専制政」である。第二に、われわれは、臣民として法の前で平等だから、才能・勤勉・幸運により、どの身分階層にも所属できる「生得の権利」を平等に持っており、身分的特権を相続させる「世襲の特権」を認めない。第三に、われわれは、「自分自身の主人」として誰にも奉仕しない財産所有者である限り、公民として立法への投票権を持つ。自由・平等・独立というこれら三つの原理に従う法的状態の下で「根源的契約」を結ぶならば、政治的体制を設立できるが、この根源的契約は、経験的事実ではなく、立法者を義務づけ、あたかも全人民の意志から生じたかのように立法させる「理性の純粋理念」である。カントは、アプリオリな原理に基づく国法理論が存在する限り、「この理論と一致しないような実践は妥当しない」と結論する。[48]ここから、バークの保守主義に対しフランス革命の理念を擁護しようとするカントの基本姿勢を読み取ることができる。

一七九三年二月、国王処刑を機縁に対仏大同盟が結成され、オーストリアとプロイセンもフランスと戦ったが、翌年一〇月にライン川左岸をフランスに明け渡す。そこでプロイセンは、一七九五年四月にバーゼル講和条約を結んで、フランスのライン左岸領有を認める代わりに、北ドイツの中立を保障された。北ドイツが一時的平和を享受する中で、プロイセン人のカントは、『永遠平和のために』（一七九五年九月）で、国家間の永遠平和を確立する三つの条件（確定条項）を論じた。第一の条件は、根源的契約から生じる、先の三つの原理に基づく「共和的体制」である。立法権と執行権を分離する「共和政」は、開戦を決定するのに国民の賛同を必要とするから、戦争の苦難を自分で引き受ける国民は、戦争という賭け事に極めて慎重になる。これに対し、立法権と執行権が一致する「民主政」は、必然的に「専制政」になり、戦争するのに慎重さを必要としない。永遠平和を確立する第二の条件は、戦争を永遠に終結させる「国際連盟（Völkerbund）」である。強力な啓蒙された民族が「共和国」を形成できれば、連盟的結合の中心点となり、平和のための国際連盟は遠くまで広がるだろう。永遠平和を確立する第三の条件は、外国人を自国の土地で友好的に取り扱う世界市民法上の「訪問権」である。[49] こうしたカントの永久平和論は、国内紛争に他国が介入するのは「民族の権利の侵害」だという内政不干渉の主張（第五の予備条項）や、「共和国はその本性上、必然的に永遠平和に傾く」という共和国への楽観的見通しと考え合わせれば、普仏間で革命戦争を終結するバーゼル講和条約を批判するというよりも、むしろ正当化するのを意図していたと言える。

だが、カントは、フランス革命の理念に好意的であっても、一七九二年九月以後の革命の急進化と国王処刑を是認できなかった。『道徳の形而上学』（一七九七年）では、人民が統治者に対し、権力濫用を理由に抵抗するのは許されず、人民は最高権力の耐え難い濫用にも耐え忍ぶ義務があると主張し、積極的な抵抗権を否認する。ましてや、「ルイ一六世の運命」のように、人民が君主を正式に死刑にするのは、主権者と人民の関係を完全に転倒させ、人民を主権者の支配者とする「思い上がり」

であり、「どんな贖罪も不可能な犯罪」である。ここで、カントは、「すべての上なる権威（Obrigkeit）は神に由来する」というパウロの神権説を引き合いに出している。だが、革命が成功して新しい体制が設立されたならば、国民は新しい秩序に服従する義務を負っていると述べ、革命による体制変更を認めるのだ。[50] カントの抵抗権否定論は、体制変更容認論といかに両立するのだろうか。

カントは、翌年の『学部の争い』（一七九八年）で、「人類はより善い方向に絶えず進歩しているか」という未来の時代への問いを取り上げて、現代の出来事が人類全体の傾向を証明すると回答している。「才気あふれる国民による革命」がいかに悲惨な残虐行為に満ちていても、観客である公衆が国家の大転換に示した「非常に普遍的だが非利己的な共感」こそ、人類の道徳的素質と進歩への希望を証明している。「この革命は、すべての観客の心の中に、熱狂と紙一重の、願望としての参加を、つまり共感を得るのであり、この共感を表明することそのものが危険を伴っていたから、この共感の原因は、人類の内なる道徳的素質以外にありえない」。そこで、「人類はこれまで常により善い方向へ進歩してきたし、これからもそのような前進を続けるだろう」という命題は「最も厳密な理論」と見なすことができる。[51] カントは、類全体で見れば、人間の自然的素質は完全に発展するという、「世界市民的見地における普遍史の理念」（一七八四年）の「哲学的歴史」の立場から、フランス革命を正当化できると考えたのだ。[52]

一七九〇年代フィヒテとフランス革命

カントが、初期フランス革命に共感を寄せながら、一七九二年以後の革命の過激化に批判的だったのに対し、ドイツ啓蒙を継承する哲学者J・G・フィヒテ（一七六二―一八一四年）は、一七九三年三月と翌年初めに『フランス革命について公衆の判断を是正するための寄与』（以下、『フランス革命論』と略す）を匿名で公刊し、フランス革命を全面的に擁護する論陣を張った。フィヒテは、一七九五年四―五月のバゲッセン宛手紙で、一七九四年から公表された知識学の体系が、フランス革命論を書く中から誕生したと告白している。「私の体系は、最初の自由の体系です。あの国民〔フランス国民〕が人間を外的な鎖から解き放つように、私の体系は、人間を物自体、つまり外的な影響の鎖から解き放ち、その体系の第一原則の中で人間を自立した存在として設定しています。〔…〕この革命について書くことで、いわばその報酬としてこの体系の最初の合図と予感が与えられたのです」[53]。カントが成し遂げたコペルニクス的転回が、世界像の中心を神から認識主体へと移し入れたとすれば、フィヒテの知識学は、世界の中心に置かれた自我が、現象と物自体を隔てる壁を突き破り、実践的に世界を変革する可能性を論じる。

フィヒテは、『フランス革命論』（第一分冊）で、革命批判者A・W・レーベルクに対し、社会契約説で革命権を正当化しようと試みる。フィヒテは、フランス革命を考察するに当たり、カントと同じく、思考方法の転換を重視する。カントは、コペルニクスの「仮説に類似した思考様式の転換」を、「われわれは、物の中で、自分でその中に移し入れたものだけをアプリオリに認識する」、つまり、カテゴリーを適用して構成することで初めて対象を認識すると説明した[54]。フィヒテも、「われわれは、世界史全体の中で、自分で予めそこに移し入れたものだけを見出す」と述べ、フランス革命は、「人間の権利と人間の価値という偉大なテクストの豊かな描写」だと解釈できるから、「人類全体にとり重大」な出来事だと考える。「今こそ、民衆に自由を知らせる時である。自由を知ればすぐに、民衆は自由を見出すだろう」。そこで、著作家は、読者に自分の考えを信じ込ませるのでなく、「自分で考える（Selbstdenken）よう目覚めさせる」ことを目指す。[55]

フィヒテは、カントとルソーに従い、自由を、自然必然性から独立し、自分自身に課した普遍的な道徳法則に従う理性的存在者の自律として理解する。そして、強者の権利に対し自由の権利を行使し、道徳法則の下にある「人間本来の自然状態に立ち帰る」という「ルソーの夢」が、今や目の前で実現されていると考える。「人間の精神は、君たちの目の前で、〔…〕ルソーによって目覚めさせられて、一つの成果を達成した」[56]。フィヒテにとり、カントとルソーの自由を実現した成果こそフランス革命である。そこで、自由の目的のためあらゆる能力を訓練する、とりわけ感性を鍛えて高める「自由への陶冶（Cultur）」こそ、感性的人間にとり「唯一可能な究極目的」である。もしより多くの人間を自由へと陶冶するのが「国家結合の唯一の究極目的」だとすれば、「全ての人の隷従状態とただ一人の自由」を究極目的とする専制政の国家体制は「実際に変更しなければならない」と証明される。「全ての国家結合の必然的な究極目的に反するような悪しき国家体制は、変更しなければならない」[57]。

フィヒテは、「国家体制を変えるという国民の権利」は、「譲り渡すことも失うこともできない人間の権利」であり、契約により譲り渡せないと主張する。誰もが「自分が欲すればすぐに、国家から離脱する権利」を持つから、離脱した人々は、「自然法に基づいて新たな市民契約を結ぶ完全な権利」を持つ。そこで、「かつての契約からの断絶と新たな契約による一致」を通じて新しい国家が成立すれば、合法的な仕方で「革命が完成する」という。[58]

フィヒテは、『フランス革命論』（第二分冊）で、特別扱いされた国民、即ち貴族・聖職者の「特権階級」と他の階級の間に結ばれた契約は有効かという問題を論じる。自分の意志を変える人間の権利は、契約により放棄できないから、特権を持たない国民は、自分に不利だと分かった契約を取り消すことができる。また、貴族は家柄を理由として世襲の権利を請求することができない。というのも、フランスで起こったように、「国家は貴族そのものを廃止」できるからである。[59]

こうして『フランス革命論』は、自由への陶冶を究極目的とする社会契約に基づき、フランス革命のラディカルな擁護論を展開する。ところが、フィヒテは、市民が特別な契約を結び、国家を設立する市民契約の領域を、人間として道徳法則に服する自然法や良心の領域から区別し、『自然法の基礎』（一七九六―九七年）では、この区別を法と道徳の二分法と解釈して、自然法論の土台に据えている。[60]しかし、自由への陶冶という積極的自由の要求は、法と道徳の二分法やこれに基づく消極的自由（例えば信仰の自由）の要求といかに両立するのだろうか。例えば、フィヒテは、欧州の全ての国々に広がる「ある強力で敵意に満ちた国家」「国家の中の国家」として「ユダヤ人」を挙げて、ユダヤ人に市民権を付与するユダヤ人解放令を批判しているが、[61]これは、人権宣言の理念とは相容れないと言わざるをえない。

一七九九年五月一〇日と五月二二日、無神論論争でイエナを追われる直前のフィヒテは、フランス共和国のみが「祖国」たりうると告白し、「フランス共和国の勝利」を願う手紙を書いている。「今後は、フランス共和国のみが誠実な人間の祖国たりうるのは明らかです。誠実な人間は自分の力をフランス共和国のみに捧げることができます。というのも、今後は、人類の最も貴重な希望ばかりか、人類の生存さえも、フランス共和国の勝利にかかっているからです」。「フランス人が最も大きな勝利を勝ち取り、ドイツで、少なくともドイツの相当部分で革命を実現しない限り、その生涯で自由な思想を考えたことで知られる人間は誰でも、ドイツでは数年で、もはや休息の場を見出せなくなるだろうというのは、私には何よりも確実です」[62]。一七九〇年代フィヒテも、カントと同じく、社会契約説で根拠づけた人民主権論が世界市民主義の理念と調和するはずだと信じていた。しかし、七月にベルリンに移住したフィヒテは、ナポレオン帝政とフランス軍の侵攻という政治情勢の急展開を体験し、その立場を大きく変えていくのだ。

一八〇七年フィヒテと愛国的対話・マキャヴェリ論

プロイセンが中立政策に転じ、南北ドイツが分裂するのを見たフランスは、「第三のドイツ」を創り出し、旧帝国を内外から崩壊させていく[63]。プロイセンがバーゼル講和条約を結び、第一回対仏大同盟から離脱した後、オーストリアは、一七九七年一〇月にカンポ・フォルミオ講和条約を結び、ライン川左岸の割譲を承認する。そして、一七九九年四月に結成された第二回対仏大同盟からロシアが離脱した後、一八〇一年二月にリュネヴィル講和条約を結び、ライン川を独仏国境として再確認する。更に一八〇三年二月に帝国代表者会議の本決議で、聖界諸侯から教会財産を没収し（世俗化）、小国と帝国都市を中大国に編入する（陪臣化）という帝国再編計画を採択する。次に、一八〇五年八月に第三回対仏大同盟が結成されると、世俗化と陪臣化から利益を得た南ドイツ三国は、フランスと同盟を結び、オーストリアと内戦状態に入る。同年一二月にアウステルリッツの会戦でナポレオンが勝利すると、翌一八〇六年七月に南ドイツ諸国は、ナポレオンを保護者とするライン同盟を設立し、旧帝国から離脱していく。この結果、一八〇六年八月に神聖ローマ帝国は崩壊し、一〇〇〇年余りの歴史を閉じることになった。最後に、中立政策を放棄したプロイセンは、一〇月九日にフランスに宣戦するが、五日後にイエナ・アウエルシュテットの会戦で壊滅し、一〇月二七日に首都ベルリンを占領される。そして、翌一八〇七年七月にティルジット講和条約で国土の半分を失い、残る国土をフランス軍に占領されてしまう。

こうしてナポレオン軍がプロイセン軍を敗走させ、欧州大陸を最終制覇する時期に、フィヒテは、一八〇六年一〇月一八日、プロイセン国王の後を追い、ベルリンから東プロイセンに逃れ、ケーニヒスベルク大学で講義する。そして、翌一八〇七年八月末にフランス占領下のベルリンに戻ると、一二月から翌一八〇八年三月にかけて、『ドイツ国民に告ぐ』という一四回の連続講演を行い、ドイツ・ナショナリズムの思想を最初に説いた。『ドイツ国民に告ぐ』を導いた思想的動機は、その序文に一部抜粋を付された二つの著作、愛国的対話とマキャヴェリ論からうかがい知ることができる。[64]

最初の著作は、一八〇七年六月までに書かれた対話篇「愛国心とその反対、愛国的対話」である。ここでフィヒテは、旧帝国への古き愛国心が消え失せた後、新たに必要な愛国心とは何かを論じる。フィヒテは、自分の時代にとり「唯一可能な愛国心（Patriotismus）」を、これと正反対の態度と対比して特徴づける。第一に、真の愛国心は、「共通の言語と共通の国民性」で相互に結びついたドイツ人の愛国心であり、自分はプロイセン人だという「特別なプロイセン的愛国心」から区別される。プロイセン人を他のドイツ人から区別するのは「恣意的で偶然から生れた態度」だが、ドイツ人を他の欧州諸国民から区別するのは言語や国民性という「自然に基づく」。第二に、真の愛国心は、人類の目的を自国民の中で達成し、その成果を人類全体に広げる普遍主義的愛国心であり、人類の目的を人類の中で達成する「世界市民主義（Kosmopolitismus）」から区別される。「いかなる世界市民も、国民（Nation）による制限に媒介されて、全く必然的に愛国者にならざるをえない」。だが、人類の目的は学問により促進され、学問はドイツ人の下で始まるから、「ただドイツ人だけが愛国者でありうるのです。ただドイツ人だけが自国民のための目的のうちに全人類を包括することができるのです」[65]。これは、ドイツ人のみが真理追究を担う文化国民たりうるという自負の表明であり、「ドイツ－プロイセン的愛国者」を特権化する自民族中心主義である。

次の著作は、一八〇七年六月にケーニヒスベルクの雑誌に公表された「著作家マキャヴェリ論」である。ここでフィヒテは、一六世紀イタリアの政治思想家N・マキャヴェリ（一四六九―一五二七年）を再評価し、彼から権力機構としての国家観を受容する。「この高貴なフィレンツェ人」は、フリードリヒ二世の『反マキャヴェリ論』（一七四〇年）以来誤解されてきたが、彼の根本的特質は、絶えず分裂した状態の祖国イタリアに安定した継続をもたらすため、「結果の正しさだけ」に配慮する「あの一貫性とあの徹底した思慮深さ」を君主に要求する点にあった。マキャヴェリ政治学とあらゆる国家論の根本原理は、第一に、「全ての人間は邪悪なものであり、例外なく、機に乗じていつでも、内に潜んだ邪悪な性格を発揮する」という彼の言葉に集約される。この悲観主義的人間観こそ、「強制装置としての国家」を根拠づける必然的前提であり、国家の存在は、「万人の万人に対する戦争」を克服し、外面的平和を創出する課題を目的とする。[66]

第二に、マキャヴェリ理論の中で、国民に対する関係は「われわれの時代にとって既に片づいている」が、他の諸国家との関係は「決して片がついていない」。国家間の相互関係は、自国の利益を得るため、どの国家も相手国を害する機会を逃さない「永続的な好戦的心情の関係」だから、保証を手に入れるまで相手の言葉を信用せず、あらゆる機会に自己を増強するのが国家行動の原則となる。「この点でより強い人間であることを止めた者は、疑いなく滅んでいくのだ」。こうした国家理性の観点から、フィヒテは、バーゼル講和以降のプロイセンの中立政策を「重大な国家的過失」と痛烈に批判する。「あの臆病な屈服」から生じる「あの名誉ある平和は、平和を与えるどころか、敵に完全な暴力を許すのだ。というのも、平和が締結されるとすぐに、敵は一時停戦した戦争以前に断念していた計画を継続しようとするからだ」。「誰も利点がなければ戦争を始めようとは思わない」から、「これまで行われてきた戦争の大半は、攻撃された側の重大な国家的過失によって生じたのであり、その過失が攻撃する側に幸運な成果への希望を与えたのだ」[67]。

そこでフィヒテは、君主に特有の政治倫理は、私人の道徳を超えて、国民全体に責任を負う責任倫理だと説く。「神からの永遠なる助言にある国民全体の使命は、君主の手に委ねられており、彼はそのことに対して責任がある。悟性と理性が国家行政に付与する永遠の原則から勝手気ままに逸脱するのは、彼には全く許されていない」。前世紀後半に支配的だった時代の哲学が、人間の善性を願い、「永遠平和に執心し」、「精神を無気力にさせる影響」を広めたのに対し、「統治術のこの真摯で力強い見解」こそ現代の苦境を刷新できる。フランス革命以来の「人権、自由、万人の根源的平等の理論」は「あらゆる社会秩序の永遠かつ不動の根底」をなすが、それだけでは「国家を設立することも運営することもできない」。ここでフィヒテは、皇帝ナポレオンを、教皇と政教協約を結び、統一的民法典を制定した革命の遺産継承者と捉えず、逆に「共和政から最悪の専制へと移行」させた「王位簒奪者」と見なし、占領者への抵抗はいずれ避けがたいと自覚している。[68]

こうしてフィヒテは、一八〇七年の愛国的対話とマキャヴェリ論で、対仏同盟戦争敗戦の主要な要因は、自己利益のみを追求するプロイセンの中立政策とドイツ全体に広がる国民意識の不在にあったと診断する。そこで、未だ見ぬ「ドイツ国民」に訴えて、新たな愛国心を覚醒させ、力の均衡政策に対抗するドイツ統一政策を説くのが『ドイツ国民に告ぐ』の課題となる。

一八〇八年フィヒテとドイツ・ナショナリズムの誕生

一八〇八年五月に公刊された『ドイツ国民に告ぐ』でフィヒテは、最初に、連続講演の目的を説明する（第一回）。フィヒテは、自分の時代を、最高度に発展した利己心が自滅した時代、つまり自分の独立を失い、外国権力により無縁の目的を押し付けられた時代だと特徴づける。「利己心の自滅」とは、バーゼル講和のように、「自国の国境さえ侵されなければ平和だという利己心の憐れむべき欺瞞」、中立プロイセンのように、その成員が共同体から離反し、自分の関心事に向かう状態、ライン同盟諸国のように、「祖国のための戦いで武器を捨てた者すら、今や敵国の旗の下で祖国に向かって勇ましく武器を取るのを学ぶ」状態から生じた必然的帰結だと説明される。この連続講演は、「利己心の国」が外国権力により壊滅した後に到来する「新しい時代」を明らかにしようとする。そこで、「この衰退した国民」に残された途《みち》は、国民全体の事柄を各人の関心と結びつける「全く新しい結合手段」を見出すことである。フィヒテは、古い教育制度を変革し、新しい人間を育てる「国民の教育」こそ、ドイツ国民を維持する唯一の手段だと説く。新たな教育は、教養ある身分に限られた「特定身分の教育」でなく、身分的区別を撤廃し、ドイツ人全てに実施すべき「本来の意味のドイツ国民教育」である。[69]

次にフィヒテは、ドイツ人の基本的性格を、他のゲルマン民族から区別して示そうとする（第四回—第七回）。他のゲルマン民族と相違する第一の点は、ドイツ人が、自分の言語を保持しており、感性的形象が精神的意味を表現する「生きた言語」を話すのに対し、他の民族「新ラテン人」が、自分の言語を放棄して外国語（ラテン語）を受容したため、感性的形象が精神的意味と断絶した「死んだ言語」を話す点である。フィヒテにとり、「言語が人間によって形成されるよりも、人間が言語によって形成される」のであり、言語こそ、自然に基づく「国家間の内的境界」を意味する。「同じ言語を話す者は、あらゆる人為に先立って、既に純然たる自然により、多数の見えざる紐帯で互いに結ばれている」[70]。

他のゲルマン民族と相違する第二の点は、ドイツ人が、古代的教養を自分の生命の一部として受け取り、宗教改革の世界的事業を成し遂げた点である。ローマ人も「新ローマ人」（イタリア人）もキリスト教を真に自分の物にしなかったのに対し、「永遠なものに霊感を受けた指導者」ルターが、いかなる外的媒介者も必要とせず、神との絆を自分自身の中に見つけるよう要求し、永遠の至福への不安から、ドイツ国民がこの要求を受け入れて自由を獲得した点に「ドイツ精神の根本特徴」が表れている。この意味で、プロテスタント・ドイツ人は、自由を愛し信仰する「根源的人間」からなり、自分を「根源的民族（Urvolk）」と称する権利を持っている。「この精神性の自由を信じる者」は、どこの生まれであれ、どんな言葉を話そうと、同じ根源的民族の一員である。[71] こうしてフィヒテは、言語と宗教、自然成長物と精神的自由という二つの観点から、ドイツ人の国民的性格を説明する。

続いてフィヒテは、宗教と歴史の観点から、自国民への祖国愛を説明する（第八回）。フィヒテは、キリスト教が現世放棄を説くのは「宗教の甚だしい濫用」だと批判し、高貴な人間が地上において自分の活動が永遠に持続するのを信じるのは、自分の生まれ出た民族が永遠に持続するのを希望するからだと説く。そこで、「祖国愛（Vaterlandsliebe）」とは、「永遠なものの外皮」として自分の民族を愛する心、そして、「自分の民族のために働き、活動し、自分を犠牲にする心」を意味する。こうした祖国愛は、通常の意味の国家をも支配し、生命・自由・所有の維持よりも高次の目的を設定し、「国民のために自分を犠牲にする」よう要求できる。フィヒテは、「永遠の民族」に対する「真実で全能の祖国愛を、教育によって全ての者の心情の中に深くかつ永久に基礎づける」よう提案する。そして、こうした永遠の生命のための自己犠牲の歴史的事例として、ローマ人の世界支配に対するゲルマン人の闘争と新ローマ人の教会支配に対するプロテスタントの抵抗を挙げる。これら民族は、「永遠なものが彼らを感激させたがゆえに勝利した」。というのも、いかなる限定的目標も設定せず、全てを賭する者は決して抵抗を諦めないから、「敵が限定的目標を持つ限りで、必ず勝利する」[72]。これは、ゲルマン民族以来の歴史に訴えて、永遠の魂の救済という救済史的目標を世俗化し、永遠の民族の救済へと読み替えて、民族独立のための闘争を正当化する選民思想の論理である。

最後にフィヒテは、民族問題について宣伝された虚偽の学説を取り上げ、これら妄想を克服するように説く（第一三回）。第一の虚偽学説は、「欧州における力の均衡」が平和を維持する唯一の手段だという教義である。「キリスト教的ヨーロッパ」は、他大陸を侵略して得られる「共通の獲物」を略奪し合い、自然的に分裂したが、「外国の策謀」は、宗教内戦（三十年戦争）を機会に、ドイツ国民を人為的に分裂させ、国内の特殊な諸国家を相互に敵対させて、外国（フランス）を自分の同盟者だと誤解させた。「この目的は今や充分に達成されている。意図された成果は、完成してわれわれの眼前にある」。フィヒテは、対仏同盟戦争の敗戦とフランス軍占領こそ、一六四八年のウェストファリア条約に始まる力の均衡政策の最終的成果だと診断する。「災いがわれわれを眠りから覚醒させた今」、われわれは、真理に目を開き、「普遍的救済策が、この均衡思想の中にではなく、ドイツ人相互の統一の中にこそ求められるべきことを洞察しなければならない」。ドイツ国民が「一つの共同した意志」に統合されたならば、欧州の中心で近隣諸国の平和を保つだろう。ドイツ人の政治的統一と独立は、欧州の平和目的ばかりか、「自分自身を統治する権利」からも根拠づけられる。「特別な言語が見られる所ではどこでも、独立に自分の問題を処理し、自分自身を統治する権利を持つ特別の民族も存在する」[73]。

第二の虚偽学説は、世界征服者の大陸制覇を正当化する「普遍的君主制」の教義である。人類の本質は、共通する理性の体現者の中でなく、個人であれ、民族であれ、極めて多様な発展段階の中でしか表現されない。個人や民族が自分の個性に従って発展し、形成される時にのみ、神的なものも現象する。これは、啓蒙主義が人類に共通の理性に訴えるのに対し、民族に共通の個性、「国民的性格」に固有の価値を見出す「歴史主義（Historismus）」の思想の始まりである。連続講演の結びでフィヒテは、ローマ人の世界支配に抵抗した太古の祖先に呼びかけ、古いローマ人と現代ローマ人を重ね合わせて、古い世界が滅亡した後に新世界を再興する使命、「人類完成の発展過程を前進させる役割」を、ゲルマン民族の子孫たるドイツ国民に託するのだ[74]。

フィヒテ国民理論とドイツ・ナショナリズムの性格

こうして一八〇八年のフィヒテは、フランス革命の信奉者から「ドイツ・ナショナリズムの生みの親」（ヴィンクラー）へと立場を変え、世界の中心を自我から民族と歴史へと再び転回させた。

フィヒテの国民観は、シィエスの国民観と比べて、次の三点を特徴としている。

第一にフィヒテは、構成員の主観的願望や意欲でなく、共通する言語・宗教・歴史こそが国民を形成すると考える。つまり、国民とは、個々人の願望・意欲の表明という主観的基準によるのでなく、特定の言語・宗教・歴史等の共有という客観的基準により定義できると考える[75]。そこで国民は、自発的合意で作り出される人為的形成物というよりも、年月を重ねる中で歴史的に生成してきた自然成長物と捉えられる。ここでフィヒテは、シィエスのように、第三身分中心に憲法制定のため自発的に結集した国民ではなく、言語・宗教・歴史を最初から共有する自生的民族集団に呼びかけている。

第二にフィヒテは、社会契約説から導き出された人民主権論により祖国愛を基礎づけるのでなく、民族に固有の価値を認める歴史主義により祖国愛を根拠づけている。そこから、ドイツ人の統一と独立を唱えるドイツ・ナショナリズム特有の性格も明らかになる。それは、第一に、特権身分との国内的闘争から生じた内発的ナショナリズムではなく、外国占領者との対外的闘争から初めて生じた外発的ナショナリズムという基本的性格を持つ。ドイツ・ナショナリズムは、普遍的価値への関与からでなく、ナポレオンの他国支配への闘いから成立したのであり、無力さの経験こそ全能権力への夢をもたらしたという現代史家の評価は適切である。[76] こうした外発的ナショナリズムは、民主主義革命の性格が希薄なため、第二に、ゲルマン民族のような近代以前の国民意識に容易に連続し、これを無批判に受け入れる傾向を帯びる。もっとも、神聖ローマ帝国は、身分ごとの階層制や地域的・宗派的分断を前提する多民族国家だったから、ドイツ・ナショナリズムは、単一の言語・宗派・民族を前提する限り、旧帝国の愛国主義を引き継ぐことはできない。

第三にフィヒテは、祖国愛を歴史主義的に基礎づけることで、理性に訴える啓蒙主義から離反し、歴史と伝統を重んじるバークの保守主義に接近していく。もちろん、フィヒテは、共和的体制を支持すると明言し、「ドイツ人の共和国」を構想しており、そこから民族の自己統治の権利を正当化できると考えた。[77] だが、第一にフィヒテは、ルター以来のプロテスタント的伝統を世俗化して、ドイツ国民意識の中心に新たに据えようとする。プロテスタンティズムの国民化という宗派中心的方法は、プロイセン以外のカトリック地域、オーストリアや南ドイツには適用するのが困難だから、ドイツ統一がいかなる方法で可能かという難問が生じてくる。この点では、プロイセンとオーストリアの宗派対立こそ、帝国分裂の歴史的要因だと見たG・W・F・ヘーゲル（一七七〇―一八三一年）の方が、プロイセン単独講和の背景とドイツ統一の困難を正しく理解していた。[78] 後のフィヒテは、対ナポレオン解放戦争が始まる「一八一三年三月二九日以後の日記」で、普墺の宗派分裂こそ根本問題だと認識し、オーストリアでなく、プロイセンにドイツ皇帝の資格を認めている。「プロイセンは本来ドイツ的国家である。皇帝となれば、従属させて不正を働く利害を全く持たない」[79]。

第二にフィヒテは、連続講演の結びで最古の祖先から将来の子孫にまで語りかけ、「一つの分かちがたい全体」という有機体的国民観を表明する。その結果、プロイセン支配階級には驚くほど宥和的であり、対仏敗戦の責任を何ら問わず、貴族身分にも寛容であれと語り、早くも城内平和を説く[80]。こうした特権身分への宥和的姿勢は、貴族支配を充分に克服できず、貴族の特権を温存したプロイセン改革の基本性格に受け継がれたばかりか、貴族層を模倣する「市民層の封建化」（ヴェーバー）の傾向を生み出していく。この点でも、一八〇六年一〇月以後ナポレオンの信奉者となり、ライン同盟諸国の近代化改革を支持した西南ドイツ人ヘーゲルの方が、自由の理念の推進力がどこにあるのか、はるかに適確に理解していた[81]。

フィヒテ国民理論の帰結――プロイセン愛国主義とその政治化

では、フィヒテの国民理論は、ドイツ・ナショナリズムを生み出した結果、いかなる意図せざる帰結をもたらしただろうか。

フィヒテ国民理論から生じた第一の帰結は、プロイセン改革を推進したプロイセン愛国主義である。シュタインとハルデンベルクの進めたプロイセン改革は、ナポレオンに対する「防御的近代化」の政策であり、ライン同盟改革と異なるその基本的特色は「愛国的解放の動機」だった。特にシャルンホルストによる軍制改革は、二〇歳以上の全男子に兵役を義務づける一般兵役義務制を導入し（一八一四年九月制定）、貴族による将校地位の独占を廃止して、従来の傭兵軍を、フランスを模範とする国民軍へと転換させた。[82]『ドイツ国民に告ぐ』でフィヒテは、彼の提案する国民教育を導入すれば、国家は、国民教育を終えた「青少年を、いかなる時代も未だ見たことのない軍隊として持つ」と国民軍の創設を論じ、「教育を受けた者全てが、等しく進んで祖国のために武器を取ろうとする」から、兵役の強制は不要になると期待した[83]（第一一回）。そして、マキャヴェリ論では、砲兵隊主体で考える当時の通説に対し、軍事に偏見なく影響力ある人物が、「ただ歩兵だけが軍隊の核心を形成する」というマキャヴェリの思想を再び徹底的に研究すれば、「重大な結果をもたらすだろう」と予言していた。[84]フィヒテのマキャヴェリ論を読んだプロイセン将校のK・v・クラウゼヴィッツ（一七八〇―一八三一年）は、一八〇九年一月一一日付書簡で、フィヒテに対し、「ただ戦争の真の精神を再び生み出そうとする」ことが肝心であり、「ほとんど全ての内乱の歴史、とりわけスイス人の独立戦争とフランス人の革命戦争」が、「個々人の力を活気づける」点で果てしなく多くの勝利を収めるのを教えていると答えた。[85]改革派将校クラウゼヴィッツは、一八一〇年より士官学校教官となり、シャルンホルストの軍制改革に協力し、フィヒテの国民軍構想を実行に移そうとしたと考えられる。

フィヒテ国民理論から生じた第二の帰結は、対ナポレオン解放戦争に現れたプロイセン愛国主義の政治化である。ナポレオンのロシア遠征敗退を見たプロイセンとロシアは、一八一三年二月二八日にカーリッシュでナポレオンに対抗する同盟を結び、三月二五日のカーリッシュ宣言でドイツ帝国の再建とドイツ憲法の制定を約束した。プロイセン国王は、一般兵役義務を告示して、三月一六日にフランスに宣戦し、翌日の布告「わが国民へ」や四月二一日の義勇軍勅令で、志願兵や義勇兵が押し寄せる愛国的運動に対し祖国解放のパルチザン闘争を呼びかけた。[86]八月一一日にオーストリアが第六回対仏大同盟に加わり、一〇月初めにライン同盟諸国も、オーストリアと領土・主権を保証する条約を結んでフランスから離脱した結果、ライプツィヒの諸国民の戦争でナポレオン軍は敗退し、翌一八一四年三月末にナポレオン帝国は崩壊した。フィヒテ自身は、一八一三年三月末以後の日記にプロイセンによるドイツ統一への期待を書きとめた後、一八一四年一月末に従軍看護婦の妻からチフスに感染し、解放戦争の帰結を見ないまま亡くなった。一八一四年四月二九日、ニュルンベルクでバイエルン教育改革に協力していた親仏派ヘーゲルは、解放戦争を次のように対照的に評した。「巨大な天才が自滅するのを見るのは恐ろしい光景です。これは起こりうる最も悲劇的なことです。無数の凡庸な人々が鉛のような絶対的重力で絶えず圧迫し続けて、高度な存在を自分以下の水準まで引き下げるのです[87]」。

従って、一八〇八年にフィヒテが説いた、民族のために自分を犠牲にする「祖国愛」は、五年後に徴兵制による国民軍創設と非正規兵を動員する民族解放戦争として具体化されたと言える。ルソーが説いた、自分の生命・財産を犠牲にして祖国のため闘う「祖国愛」は、公民が主権者の一員として立法する人民主権を前提としていた。これに対し、プロイセンの愛国主義は、特権身分の貴族層を担い手とし、民族固有の価値から歴史主義的に根拠づけられたから、市民層が国政に参加する人民主権と結びつかず、生得的に所属する民族集団や国王への献身と結合することになった。一八一四年四月以後、ライン同盟諸国に導入されたナポレオン法典を廃止するか否かをめぐり、二人の法学者A・F・J・ティボーとF・K・v・サヴィニーの間で論争が交わされたが、この法典論争が、「民族精神」を理由に統一的法典に反対するサヴィニーの勝利に終わったのは、ドイツ歴史主義の出現を象徴していた。[88]

だが、愛国的な解放戦争の結果得られたのは、旧帝国の再建でもなければ、国民国家の創立でもなく、対内的統一なき対外的独立、つまりライン同盟諸国と普墺の新旧勢力が並存する国家連合のドイツ連邦だった。そこで、志願兵として解放戦争に従軍したドイツの学生たちは、一八一五年六月に「ブルシェンシャフト」（学生同盟）を結成し、ドイツの統一と自由を要求する最初のナショナリズム運動を開始した。そして、一八一七年一〇月、ライプツィヒ戦勝四周年を記念してルターゆかりのヴァルトブルク城で祝祭を開催した。しかし、一八一九年三月に起こった急進派学生のテロ事件を契機に、九月のカールスバート決議により、ブルシェンシャフトは禁止され、運動の指導者だったアルントやフリースは大学を追われ、ヤーンは逮捕されて、一八二〇年以後のドイツは改革の時代から復古の時代に入っていく。一八一八年一〇月にベルリン大学教授に就任したヘーゲルは、一八二〇年一〇月に『法哲学綱要』を公刊し、フランス革命がナポレオン帝国を創立して終結した自分の時代体験を「ミネルヴァのふくろう」として認識しようとした。[89]

やがて一八四八年にパリで起こった二月革命が、ドイツやイタリアに波及し、自由主義的市民層の民主主義運動が、「統一と法と自由」を求めてナショナリズム運動と結びつく時、中欧の政治地図は大きく書き換えられるだろう。

第二章

自由主義者の民主主義批判とナショナリズムの発展

トクヴィル

J・S・ミル

バジョット

本章では、まず、自由主義者トクヴィルとミルが、いかにルソーの民主主義思想を批判し、個人の自由と独立を守ろうとしたか、またミルと保守思想家バジョットが、英国で高まる民主主義運動を、どのように議会制民主主義の制度論に取り込み、英国型議会制を説明したか、見てみたい。次に、イタリアとドイツのナショナリズム運動の中で、民族自決の思想がいかに形成され、一九世紀末に民族自決権の理論が説かれたか、見ていこう。

第一節　民主主義革命とトクヴィル、ミルの思想

フランス革命後の民主主義の課題(1)――個人の自由・独立の擁護

ナポレオン帝国が崩壊した後、一八一四年五月と一八一五年七月の二度、ブルボン家のルイ一八世が王位に復帰する王政復古のドラマが繰り返された。一八一五年以後の王政復古期には、フランス革命の原理を否定し、王朝的正統性を信奉する過激王党派（ユルトラ）が議会下院で多数を占めたが、革命的正統性を主張する共和派が野党として存在していた。だが、人民主権の原理に忠実であろうとした共和派も、革命と戦争の時代を経験した後では、新たな二つの課題に応える必要があった。

第一の課題は、主権者の一員として立法を担う民主主義の要求に対し提出された、個人の自由と独立を擁護するという自由主義の新たな要求である。ルソーの人民主権論を実行に移したフランス革命の試みは、無制約に行使される人民の主権が、個人の自然権を保証せず、逆に「人民の敵」の名で自

然権を抹殺しかねない暴政の恐れを明らかにした。国民公会の革命独裁が、公安委員会によるテロルをもたらし、クーデタで権力奪取したナポレオンが、人民投票で皇帝に就任し、征服戦争を繰り返したのは、民主主義革命から独裁とナショナリズムが生まれる危険を示していた。

これに対し、ナポレオンを批判して護民院から追放された自由主義者のバンジャマン・コンスタン（一七六七—一八三〇年）は、『征服の精神と簒奪について』（一八一四年）で、ナポレオンの簒奪権力を、ジャコバン派独裁を継承した新たな専制と理解し、彼の征服精神を、軍事的栄光を無際限に追求する時代錯誤だと批判した。[1] そして、講演『古代人の自由と近代人の自由の比較』（一八一九年二月）で、「集団的権力へ積極的・恒常的に参加」する「古代人の自由」は、私人の生活を監視し、個人の独立を侵害する限り、今日ではもはや許されず、「近代人の自由」は、「私的な独立を平穏無事に享受する」自由以外にありえないと主張する。フランス革命の指導者は、これら二種類の自由を混同したため、ジャコバン派のテロルを初めとする「数知れない不幸」を引き起こした。彼らが模倣した「卓越した天才」ルソーこそ、古代共和国をモデルに政治的自由を実現しようとした結果、「様々な類の暴政に有害な口実を与えた」。そこで、個人的自由こそ「真の近代的自由」であり、個人的自由を保証するため、政治的自由は欠かせないものである。この意味で、古代的自由と近代的自由という二種類の自由は、いずれも絶対に放棄するべきでなく、むしろ「相互に結合されるべき」だと結論する。[2]

コンスタンは、公共利益を重視する共和主義的政治観から訣別し、個人利益の追求を重んじる啓蒙主義の遺産に回帰する一方で、個人の自由・独立を守るため、人民の権力の及ぶ範囲を限定する必要を説く。民主主義に対し個人の自由・独立を守る自由主義の思想は、一八三〇年代以後、自由主義者のトクヴィルとJ・S・ミルに継承される。

フランス革命後の民主主義の課題⑵——民主主義の制度論

第二の課題は、大国で共和政を実現する可能性を探り、民主主義運動を制度として安定させようとする要求である。フランス革命は、憲法制定権力論により、新憲法の制定を何度も試み、一七九二年以後、大国で共和政を実現しようとした。だが、第一共和政は議会と政府が対立し続けて安定せず、一七九九年以後、ナポレオンの軍事独裁に行き着いた。革命の経験に従えば、共和政は、古代都市国家のような狭い国で初めて採用可能であり、規模の大きな国では、君主政体のみが実現可能だというモンテスキュー（一六八九—一七五五年）の洞察が正しいかに思われた。だが、共和政の実現に将来の望みを託すコンスタンら共和派は、帝政期から王政復古期にかけて、大国における共和政体の可能性を問い続けた。

そこで大きな共和国の可能性への問いには、二通りの回答が考えられた。第一は、モンテスキューの洞察を受け入れ、大国には君主政のみが相応しいと考えて、英国の立憲君主政をモデルとして議会制民主主義の制度を構想する立場である。コンスタンは、執政政府期に、「立法権と執行権の間で中立を保つ第三の権力」を創立する必要を説いたが、王政復古期には、君主に認められる「中立的権力」が議会と政府の間の紛争を調整する可能性に希望を託した。[3] コンスタンの中立的権力論は、フランス議院内閣制の歴史に即した、大きな共和国の問いに対する最初の回答だったのに対し、英国の議院内閣制の条件を分析し、議会制民主主義の制度論を展開したのが英国思想家のミルとバジョットだった。

第二は、モンテスキューと異なり、建国間もない合衆国をモデルとすれば、大国でも共和政を実現できると考える米国フェデラリストの立場である。「フェデラリスト」（連邦派）と称するJ・マディソン、A・ハミルトン、J・ジェイの三名は、合衆国憲法草案を一三州の憲法制定権者に対し共同で擁護した文書『ザ・フェデラリスト』（一七八八年）で、大きな共和国は、小さな共和国や純粋民主政よりも優れていると主張する。とりわけ憲法起草者マディソン（一七五一―一八三六年）は、民主政は、多数者が「党派（faction）」を形成し、公共利益や他の市民の権利を侵害する恐れがあると考え、これを「多数党派の圧政」と呼んだ。立法部優位の州憲法が示すように、全市民が集合し統治する「純粋民主政」は、こうした党派の弊害を是正できない。これに対し、代表制を取る「大きな共和国」は、視野の広い賢明な代表者が世論を表明し、多様な社会的利害の存在を認めるから、党派の弊害を充分に抑制できる（第一〇編）。そこで、連邦憲法は、立法部の多数党派が他部門を侵害しないよう、政府が政府自身を抑制する仕組みを備えている点で、州憲法よりも優れている。つまり、政府を連邦政府と州政府に分割し、連邦政府を立法部と行政部・司法部に分割し、立法部を下院と上院に分割するという連邦制と二重の権力分立の仕組みを取っている（第四八編、第五一編）。この連邦政府は、独立した諸邦の連合体でもなければ、諸州の統一体でもなく、国家連合と統一政府を混合した第三の連邦制であり、モンテスキューに従い、共和政の対内的利点と君主政の対外的利点を備えた「連邦共和国（Confederate Republic）」と呼ばれる[4]（第三九編、第九編）。こうした米国型連邦共和国の構想は、一八三〇年代に合衆国を訪れたフランス貴族トクヴィルに継承される。

そこで、トクヴィル、J・S・ミル、バジョットの民主主義批判と民主主義の制度論を続いて見ていこう。

トクヴィルの民主主義論(1)——デモクラシーの新たな政治学

アレクシ・ド・トクヴィル(一八〇五—五九年)は、ナポレオン帝政が成立した翌年にフランス貴族の子として生まれ、カトリシズムを信奉する過激王党派の環境で育ちながら、ルソーら啓蒙思想家の読書体験を通じ、出身階層に対する懐疑の精神に目覚める。そして、パリ大学で法律を学び、判事修習生の道を選びながら、「正理論派(Doctrinaires)」の歴史家F・ギゾー(一七八七—一八七四年)の講義「ヨーロッパ文明史」や「フランス文明史」(一八二八—三〇年)を聴き、多様な要素の対立と抗争から欧州文明の優越性(自由の精神と集権化)を説明するギゾーの歴史哲学に共感する。一八三〇年に七月革命が起こり、新国王ルイ・フィリップが自由主義的王政を始めると、トクヴィルは、オルレアン王朝の新政府に忠誠を宣誓する。そして、一八三一年四月から翌年二月にかけて合衆国へ視察旅行に出かけ、帰国後に『アメリカのデモクラシー』第一巻(一八三五年)と第二巻(一八四〇年)を公刊して名声を博する。[5] 一八四八年に下院議員として二月革命を体験し、憲法制定委員として第二共和政憲法に大統領制を導入するが、一八五一年一二月に大統領ルイ・ナポレオンがクーデタを起こすと、これに反対して逮捕される。一八五六年に『旧体制と革命』前編を公刊し、ナポレオン独裁が繰り返される要因を旧体制で進んだ行政の集権化に見出そうとしたが、未完成に終わった。

まずトクヴィルは、『アメリカのデモクラシー』第一巻の序で、デモクラシーを「諸階層の平等」

に向かう社会革命と捉えて、デモクラシーを教育する「新たな政治学」を構想する。「デモクラシー」は、サン－ジュスト以来、ジャコバン派の独裁を意味する否定的用語だったが、王党派と共和派の間の中道を行く正理論派の指導者ロワイエ－コラールは、王政復古期の議会演説で、王党派と共和派の間の対立を「貴族政と民主政」の争いと呼んだ。[6] トクヴィルは、後者の用法を踏まえて、「デモクラシー」を初めて肯定的意味で使用した。トクヴィルは、デモクラシーを、広い意味で、(a)政治社会に先立つ平等な社会状態と(b)社会契約による政治社会の構成という二つの側面から理解する。

(a)第一に、米国社会を特徴づける基本的事実は「諸階層の平等（égalité des conditions）」であり、これは貴族が下降し、平民が上昇する「二重の革命」を意味する。米国の平等な社会状態は、長子単独相続を原理とする英国の相続法を廃止し、分割均分相続へと改正して、大地主の大土地所有を解消した米国革命期に達成された（第一部第三章）。トクヴィルは、平等な社会状態が平等へ向かう「大いなる民主革命」の所産であり、欧州と北米に共通する傾向だと見なし、この抗しがたい革命を「神の御業」「神意」と呼んで、王党派貴族に対し正当化する。そして、米国の社会状態に欧州の将来の姿を見て取るばかりか、米国の中に民主革命の行き着く帰結を見出し、その害悪を利点へ転じるべきだと主張し、「アメリカの中にアメリカ以上のものを見た」、「デモクラシーを教育」してその未熟を補う「新たな政治学」が必要だと表現する。[7]

では、平等へ向かう民主革命は、機会の平等という利点以外に、どんな害悪をもたらすのか。トクヴィルによれば、デモクラシーは誰にも上昇の機会を与えるから、「羨望（envie）の念を著しく育てる」が、「平等の情念」を決して満足させず、完全な平等は「永遠の遁走を繰り返す」。しかも、「平等への雄々しく正しい情熱」（自尊）は、小人を偉大な人物まで引き上げて、万人の自由を達成するが、「平等への卑しい好み」（羨望）は、強者を弱者の水準まで引き下げて、「隷属における平等」を選ばせる。そこで、平等を愛する余り、個人の独立を権力の侵害から守るのを怠れば、古代ローマと同様に皇帝の暴政に身を委ねる以外になくなる。平等の心理学を鋭く分析するトクヴィルは、平等の情念が自由の精神を危うくする危険を指摘し、自由の精神に支えられないデモクラシーは、万人の隷属の平等——後の「民主的専制」——に陥ってしまうと警告する。そこで、デモクラシー固有の欠陥を是正し、全ての民主的国民に共通する病弊に治療を施し、「法律と習俗によるデモクラシーの制御」に成功した米国の経験から学ぶのが「新たな政治学」の課題となる。[8]

トクヴィルの民主主義論(2)——デモクラシーの欠陥

次にトクヴィルは、デモクラシーを社会契約説から生じる「多数者の全能」と理解し、多数者の権力濫用がもたらす害悪を指摘する（第二部第七章）。(b)一六二〇年に英国の迫害を逃れ、プリマスに上陸したピューリタンの移住者は、同意により政治社会を形成し、デモクラシーの原理（社会契約説）を封建社会から切り離して、「新世界の岸辺に移植した」（第一部第二章）。この英国植民地は、貴族と平民のような利害対立が存在しない同質的社会であり、誰もが知性を平等に備えていると想定されたから、多数者が最初から精神的権威を持ち、絶大な力を振るった。「多数者の全能」は、立法部が優位し、有権者の指令（命令的委任）に従属する米国の州憲法に表れており、恐るべき帰結をもたらした。一人の人間と同じく、多数者が全能の権力を身につければ、「これを敵に対して濫用する」「多数者の暴政（tyrannie de la majorité）」が起こるからである。[9] 多数者の暴政の具体例として、一八一二年の米英戦争でボルティモアの民衆が、反戦記事を書く新聞記者を襲撃し殺害した事例や、人種的偏見に染まるペンシルヴェニアの白人が、解放された黒人に投票権を行使させない事例が挙げられているが、南部の州議会が黒人奴隷に読み書きの学習を禁じ、奴隷の解放を主人に禁じる立法を行った事例こそ、真に「多数者の暴政」と呼ぶに相応しい。[10]

ここでトクヴィルは、『ザ・フェデラリスト』第五一編でマディソンが警告した、純粋民主政に特有な「多数党派の圧政（oppressions of factious majorities）」を「多数者の暴政（tyrannie des majorités）」と訳して引用しており、フェデラリストの根本的洞察を継承している。[11] そればかりか、革命で迫害された者の視点から、民主的権力の濫用現象は、国民公会の革命独裁にも当てはまると考えただろう。ルソーは、人民投票の結果、自分の意見が少数派だったならば、自分が誤っており、自由でなかったと証明されると述べ、多数派の意見こそ一般意志の正しい表明だと見なしたが、[12] 多数者に道徳的自由の権威を認めるルソーの思想こそ、ジャコバン派による少数派抑圧を正当化した「自由への強制」の論理だった。

トクヴィルは、多数者の権力濫用が、少数派を敵視し抑圧するばかりか、同調主義と追従精神を蔓延させ、精神の自由を喪失させると述べ、その害悪を指摘する。多数者は、精神を同じ鋳型にはめ込み、思想まで支配するから、多数意見が宣言されれば、誰もが沈黙し、その後に従うし、多数者に同調しない者は日々の迫害を覚悟せざるをえない。そして、民主政では、主権者にへつらい、機嫌を取る「廷臣の精神（esprit de cour）」が全ての階層に同時に浸透するから、権力者への追従と精神の劣化はますます進行する。そこでトクヴィルは、「米国ほど精神の独立と真の討論の自由が少ない国を知らない」と断定する。[13]

トクヴィルの民主主義論(3)――デモクラシーの是正

第三にトクヴィルは、多数者が権力を濫用する恐れがあるにもかかわらず、米国には、多数者の暴政を防止または緩和する保障が、法律と習俗という二つの側面で見出されるという。

(a)法制度の面では、合衆国憲法を擁護したフェデラリストが、多数者の暴政を予め見通し、これを防止するため、連邦憲法に工夫を凝らしたと指摘する（第一部第八章）。まず、連邦憲法は、州憲法の経験から学び、下院に対して上院の独立性を強め（任期と選出方法）、執行権を任期四年で拒否権付きの大統領に、司法権を終身任期で違憲審査権付きの裁判官に与えた。こうして立法部が選挙民に従属し、立法部に権力集中するデモクラシーの危険を防止した点で、連邦憲法は州憲法よりも優れている。次に、連邦憲法は、連邦政府と州政府の間で「主権を分割」して、共通利害に関して連邦政府が一般市民に直接法を執行し、個別利害に関して州政府に法の執行を委ねるという連邦制を採用した。これにより、「小国のように自由で幸福であり、大国のように輝かしく力強い」大きな共和国を実現し、モンテスキューのドグマを克服するのに成功した。他方で、連邦制は、主権分割から生じる複雑さと政府の弱さという弊害を伴っており、米国が同質的文明を備え、海で囲まれて戦争の心配がない地理的位置にあるから、連邦制を採用できたと指摘するのも忘れない。[14] こうしてトクヴィルは、『ザ・フェデラリスト』第五一編・第三九編でマディソンが唱えた連邦憲法の擁護論を受容し、合衆国に特有な連邦制と二重の権力分立を高く評価する。

(b)トクヴィルは、法制度ばかりか、習俗の面でも、多数者の暴政を緩和する社会的要因が米国に見られると指摘する。第一は、行政が中央政府に集権化されず、タウンや郡に分権化された地方自治の制度である（第一部第五章）。ここでトクヴィルは、「政治の集権」と「行政の集権」という有名な区別を導入する。「政治の集権」は、一国の全体に共通する利害に関する集権であり、「行政の集権」は、一国の一部に特有な利害に関する集権である。合衆国や英国では、政治の集権は高度に存在するが、行政の集権は見られず、行政の分権を実現している。タウンや郡は、自分に固有な事柄を自己処理する一方で、他と共有する事柄を州政府に委ねている。政治の集権と行政の分権の組み合わせは、州政府とタウン・郡の間で実現されれば、地方自治となるが、連邦政府と州政府の間で実現されれば、先の連邦制となる。これに対し、フランスでは、政治の集権ばかりか、行政の集権まで進んでおり、中央政府が全てを処理している。トクヴィルは、フランス革命が、絶対王政の始めた行政の集権を完成させた点で、旧体制と革命の間には連続性が見られ、これがナポレオン独裁の要因をなしたと診断する。そこで、民主的国民ほど行政の集権に陥りやすいから、地方自治のような専制に抗する貴族政的防壁が必要だと説く。[15]

米国で多数者の暴政を緩和する第二の要因は、様々な領域における自発的結社の存在である（第二部第四章）。結社の自由こそ「多数者の暴政に抗する必要な保障」であり、全権力が政権党の手に渡るからこそ、少数派が多数派の抑圧に抵抗する手段が必要になる。トクヴィルは、「社会状態が民主的な国民ほど結社が必要な国はない」と主張し、ル・シャプリエ法で結社の自由を禁じるフランスに警告する。貴族政では、中間団体が「権力濫用を抑制する自然的結社」だったのに対し、民主政では、暴政に対する防波堤を人為的に作り出す必要がある。[16]

米国で多数者の暴政を緩和する第三の要因は、法律家に備わる貴族的な習慣、「法曹精神（esprit légiste）」である（第二部第八章）。弁護士・判事らの法曹身分は、形式を重んじ、秩序を愛する点で、デモクラシーと結合可能な「唯一の貴族的要素」であり、法律家精神がデモクラシーに混合するならば、「均衡を取る唯一の重し」になる。トクヴィルは、法曹精神を社会全体に浸透させる上で、とりわけ陪審制が政治制度として果たす役割に期待する。誰もが陪審員となれる米国の陪審制こそ、人民の判断力を育てる学校、人民教育の効果的手段であり、裁判官を通じて人民に統治の術を教えてくれるという。[17]

こうしてトクヴィルは、地方自治や自発的結社、法曹精神という貴族政の遺産こそ、多数者による自由の濫用を制御し、デモクラシー固有の欠陥を是正できると考えた。更に、米国で自由の濫用を緩和する第四の要因として「宗教の精神」も挙げられているが（第二部第九章）、信仰がデモクラシーを制御し、多数者の暴政を緩和できるかどうかは、議論する余地がある。トクヴィルは、米国では「宗教の精神」と「自由の精神」が、フランスのように対立することなく、逆に助け合っている様子を見て感銘を受けた。旧体制のフランスでは、宗教が政治権力と癒着したから、教会は王権と運命を共にし、自由派と対立することになった。これに対し、米国では、宗教が政治権力から完全に分離しているから、自由派と結びつき、自由の行使を枠づけているという。[18] トクヴィルの説明通り、宗教の精神がデモクラシーを教育し、制御できると見るかどうかは、「宗教の精神」をいかに理解するかによっている。「宗教の精神」は、ルソーの公定宗教のように、政治的効用から理解すれば、多数者の権威と融合し、その濫用に加担するだろうが、逆に現在を超えた絶対の価値基準と捉えれば、多数者の権威を相対化し、その濫用を抑制できるだろう。[19]

トクヴィルの民主主義論(4)——デモクラシーの将来

更にトクヴィルは、五年後の『アメリカのデモクラシー』第二巻では、多数者の暴政に代わり、新たな種類の専制がデモクラシーの将来を脅かしていると指摘する。トクヴィルは、デモクラシーを特徴づける諸階層の平等こそ、新たな種類の専制を可能にする条件だと考える（第二部第一章—第四章）。平等化が進行すれば、誰もが自由より平等を熱烈に愛する余り、自由を手放し、隷属の中の平等を求めやすい。また平等化の時代には、誰もが仲間から孤立し、自分に閉じこもる「個人主義」の傾向が見られ、この傾向が、自分自身を過剰に愛する「利己主義」に転じれば、専制に最も好都合な悪徳となる。こうした平等の弊害を克服するには、個人的自由に安住することなく、地方自治の習慣や結社の自由により、政治的自由を積極的に行使する必要があるという。[20] ここには、個人的自由を政治的自由と結合すべきだというコンスタンの自由主義思想が継承されていると言える。

トクヴィルは、政治的自由の行使を怠るならば、「民主的専制」と呼ばれる新たな種類の専制が、デモクラシーを脅かすと警告する（第四部第六章）。そこでは、事実上の主権者が公権力を独占し、私人の領域にまで深く浸透する。そして、人民が「指導者」を自分の後見人だと思い込めば、「巨大な後見的権力」が人民の生活に絶えず配慮し、未成年者の状態にとどめる。人民主権の陰で、「全能の後見人」を選んでも、その後見を受けて満足し、主人を指名すればすぐに元に戻るという隷属状態が出来上がる。これが、行政の集権を人民主権と結合した新たな専制、「民主的専制（despotisme démocratique）」である。[21] ここでトクヴィルは、フランス革命後に現れたナポレオンの独裁、人民投票で個人独裁を正当化するボナパルティズムを分析し、革命独裁の現象が近い将来に再来すると見通している。[22] トクヴィルは、後に『旧体制と革命』の序文で、民主的専制を再び取り上げ、「二〇年前に考え、述べたこと」は変わっていないと断り、「自由への愛」に訴えてルイ・ナポレオンの第二帝政に抗議するのだ。[23]

こうしてトクヴィルは、平等化の進展が個人の自由・独立を脅かす危険を、デモクラシーの欠陥と見て、社会の権力に限界を付し、個人の権利を保障する必要こそ、立法者が追求すべき第一の目的だと説く。自由主義の新たな課題は、トクヴィルの書を読んだ英国の自由主義者J・S・ミルにより受け継がれるだろう。

では、トクヴィルは、民主的専制に警告したにもかかわらず、八年後の二月革命では、なぜ憲法制定委員として大統領制の導入を支持したのだろうか。後の『回想録』（一八五〇―五一年執筆）によれば、第一に、トクヴィルは、憲法委員会で議会と大統領の間の対立を「調停する第三の権力」の必要を唱え、二院制を支持したが、票決で敗れて一院制が採用された。第二に、労働者の六月蜂起が間近に迫る中、強力な執行権が必要だという理由から、憲法委員会で選挙方法の制限のみを唱え、憲法制定議会で直接公選の大統領制を支持したが、王位を狙う者が「大統領権力を王権に変形する」のを助けた点で「決定的誤り」だった。第三に、政府の腐敗を助長するという理由から、大統領の再選禁止を強力に支持したが、「大変忌まわしい結果」を生んだ点で「大きな誤り」であり、「最もいやな思い出」だという。[24] こうしてトクヴィルは、合衆国憲法をモデルとし、二院制議会と直接公選大統領制を民主主義の制度論として構想したが、フランスにおける王政の精神を考慮せず、執行権の集中に対し過大な期待を寄せたばかりか、大統領の再選を禁じた点で誤っていたと回想する。『アメリカのデモクラシー』第一巻でトクヴィルは、『ザ・フェデラリスト』第七一編を引用し、多数派の情念から独立した執行権の集中に期待する一方で、大統領を「多数派の手中にある忠実な道具」にする点で、第七二編でハミルトンが擁護した再選規定を批判したが、[25] これは、一三年後にトクヴィルが憲法制定委員として取った立場を説明している。だが、一八四八年一二月に大統領に選ばれたルイ・ナポレオンは、議会と対立し続けた結果、一八五一年一二月にクーデタで議会を解散し、人民投票で正当化して、トクヴィルの構想した第二共和政憲法を葬り去るのだ。[26]

J・S・ミルの民主主義論(1)——純粋民主主義の批判

こうして一九世紀のフランスは、王政に代わる共和政の新たな建物を建てようとしたが、王党派と共和派の間で動揺し続け、第三共和政までデモクラシーの安定した制度化に成功しなかった。これに対し、一九世紀の英国は、三度の選挙法改正により、本来は貴族政の道具だった議会を民主政の道具へと改修し、デモクラシーの安定した制度化を成し遂げた。そして、英国で議会政の民主化を推し進める運動の原動力となったのは、「最大多数の最大幸福」を立法目標に掲げ、一人一票の普通選挙を主張するJ・ベンサム（一七四八—一八三二年）の功利主義思想だった。

ジョン・スチュアート・ミル（一八〇六―七三年）は、六〇歳のベンサムに議会改革を説得した「哲学的急進派」ジェームズ・ミル（一七七三―一八三六年）の息子として生まれ、最初は、ベンサム主義を信奉する哲学的急進派として出発しながら、やがて功利主義を自己修正し、トクヴィルの影響下に新たな民主主義論を唱えた。幼時から英才教育を受けたミルは、若くして功利主義協会を結成し、ベンサム主義を普及する活動を開始するが、二〇歳の時に「精神の危機」に陥り、そこから回復する過程で、ロマン主義やドイツ思想という異質な思想を吸収し、ベンサム主義の修正を図るようになる。そして、フランスの七月革命や英国の第一次選挙法改正（一八三二年）を、デモクラシーを前進させる運動として歓迎する一方で、一八三五年五月に英国を訪れたトクヴィルと知り合い、『アメリカのデモクラシー』の書評を二度にわたり執筆して、純粋民主政の欠陥を是正する修正民主主義の立場へと徐々に移行していく。最初の書評（一八三五年）は、多数者の全能による民主主義の弊害は、賢明な代表者の判断に服する「代表」を、選挙民の指令に服する「委任」と取り違えるならば発生すると論じ、欧州では民主主義の害悪は「はるかに低い程度しか存在しない」と判断する。これに対し、第二の書評（一八四〇年）は、『アメリカのデモクラシー』第二巻にも、多数者の権威に服する画一化の弊害が豊富に描かれていると指摘する一方で、トクヴィルは「デモクラシーの影響と文明の影響を混同している」と批判し、米国に見出された平等化の傾向は商業文明の帰結だから、デモクラシーの影響は、商業精神を担う中産階級が政治的発言権を得た英国でも顕著に見られるという。[27]『論理学体系』や『経済学原理』に続き、『自由論』（一八五九年）と『代議政治論』（一八六一年）を公刊して名声を確立したミルは、一八六五年にウェストミンスターの選挙区民から要請されて下院議員に当選する。そして、第二次選挙法改正（一八六七年）で大きな役割を果たし、比例代表制と婦人参政権を初めて主張するなど、三年余り議員活動を続けた。

ミルの『自由論』は、デモクラシーに対し個人の自由を一貫して擁護しようとした自由主義の古典である。まず、ミルは、人民の自己支配の論理に疑問を呈し、トクヴィルに従い、純粋民主政がもたらす多数者の暴政に警告する。支配者が人民の代表者として選出され、人民に対し責任を取ることになっても、支配者の権力に対する制限は不要になるわけではない。人民の「自己支配（self-government）」というルソーの論理は、民主主義の現実を表現する概念ではない。支配する人民は、支配される人民と同じではなく、「人民の中で最も数多い部分または最も活動的部分」、即ち「多数者または自分を多数者として認めさせるのに成功する人々」を意味する以上、多数者（と称する者）は権力を濫用し、他の成員（少数派）を抑圧できるからである。この新たな暴政は「多数者の暴政（tyranny of the majority）」または「社会の暴政」「世論の暴政」と呼ばれるが、生活の細部まで食い込み、個人の魂まで奴隷にするから、国王の暴政よりも恐ろしいという。そこで人民に責任を取る民主的政府でも、権力を一定の仕方で制限し、個人の自由と独立を守る必要がある。[28]

次にミルは、コンスタンと同じく、個人の自由の領域を確保するため、権力の及ぶ範囲を制限するよう提案する。社会が個人を統制する目的は他人への危害の防止だから、他人の権利や利益に関係する部分では、社会に従うべきだが、自分自身だけに関係する部分では、個人が主権者であり（危害原則）、「自分自身の幸福を自分自身の仕方で追求する自由」を保証すべきである。ミルは、危害原則と幸福追求の自由を主張して、個人生活にとかく干渉しがちな英国世論のパターナリズムと対決する。[29]

特にミルが繰り返し批判するのは、信仰を共有する英国中産階級に見られる不寛容な道徳感情である。[30] トクヴィルが米国に見たように、宗教の精神は「知性に健全な枠をはめ」、自由の精神と結合するとは限らない。カトリックの異端迫害であれ、ピューリタンの娯楽統制であれ、多数者による権力の濫用に加担する限り、宗教の精神は自由の精神に対する強力な敵となりうる。ミルは、『自由論』を前年に亡くなった妻ハリエットの思い出に捧げ、ハリエットと一緒に推敲した「文字通り二人の合作」と回想しているが、一八五一年の結婚以後、社交界から孤立し、家族や友人から疎遠になった二人に共通の生活体験が、個人の自由を擁護するミルの理論の中に反映していると言える。[31]

J・S・ミルの民主主義論(2)——知性と個性の自由の擁護

更にミルは、思想・討論の自由と行動の自由を特定の価値により根拠づけて、自分の意見を公表し、意見に従い行為する自由を擁護する。

(a)まず、人民に責任を取る民主的政府でも、少数派の意見を統制し、討論を否定する権利を持たない。第一に、政府が正しい意見を抑圧する場合、ルソーの一般意志のように、多数派は常に正しいという無謬性を仮定しているが、この仮定は、ソクラテス裁判やイエス処刑のように、多数者が誤りうるという可謬性の事実に反している。そこで多数者は、反対者との討論と経験により自分の誤りを訂正できるから、多数派と少数派の地位はいずれ逆転しうる。第二に、政府が誤った意見を抑圧する場合、正しいとされた意見・学説は、その根拠を知らない先入見や真の意味を忘れたドグマになってしまう。そこで多数者は、ソクラテスの対話術のように、反対者との討論と批判を通じ、学説のドグマ化を是正し、真理に接近できるから、少数派の意見をできる限り尊重する必要がある。第三に、政府の抑圧する意見が部分的に正しい場合、公認された学説は真理の一部分にすぎないから、反対意見が真理の残りの部分を補い、双方にある半面の真理を総合する必要がある。そこで、多数派と少数派の異なる意見は、「対立物を和解し結合させる」ことでいずれは融合しうる。[32] こうしてミルは、真理こそ人類が追究すべき普遍的価値だという前提に立ち、真理価値に基づいて思想と討論の自由、知性の自由を根拠づけて、多数派が常に正しいというルソーの誤った民主主義観を克服しようとする。

(b)次に、個性の自由な発展は「人間の幸福の主要な構成要素の一つ」をなし、「本質的価値」を持つから、他人を害しない限り、誰もが自分の意見に従い行動する自由を持つ。個性の自発的発展には、行為者の幸福を超えた普遍的価値があるというミルの思想は、[33] パターナリズムの階層制秩序に適合すれば個人は価値を持つというカトリシズムや儒教の支配的思想に比べれば、決して自明の考え方でなく、一九世紀英国でも極めて新しい思想だった。ヴィクトリア時代の英国には、中産階級の経済的・政治的成長に従い、ピューリタン的価値が普及し、安息日遵守や禁酒・動物愛護を要求する社会運動が見られた。[34] ミルは、精神の束縛こそ堕落した人間性に相応しいという「カルヴィニズム理論」の強力な傾向に対し、「自己否定」の名で個性を抑圧するモラリズムだと抗議する。そして、様々な能力の調和ある発展が望ましいというW・v・フンボルト（一七六七―一八三五年）の思想を引きつつ、自分の能力・資質を「陶冶（cultivate）」し、個性を自由に発展させる時、各人は価値があると主張する。人間本性は、型に従い組み立てられる機械でなく、内発的力により成長する樹木だから、欲求・衝動という人間性の素材は、同じ型に押し込めず、自主的に陶冶して高次の欲求・衝動まで発展させるべきである。[35] 他方でミルは、プラトンに従い、快楽の質の優劣を強調し、ベンサム主義を克服しようとするから、ここでミルが擁護する個性の価値は、個人が欲するままに生きる功利主義的な自由、バーリンの言う「消極的自由」を意味しない。[36]

(c)個性価値に基づいて行動の自由を根拠づけた上で、ミルは、個性の発展した人間は、発展していない人間にとっても有益だと示し、個性の自由を望まない者にも自由の価値を説得しようとする。世論が支配的になる時、個人は群集の中に埋没し、大衆という「凡庸な人々の集団」が判断を左右しがちなのに対し、際立った個性と独創性を体現するごく少数の天才が「同調しない実例」を示し、「道を指し示す自由」を行使するならば、世論の支配的傾向に対し均衡を取り、「世論の暴政」を打破することができる。ミルは、至る所で「慣習の専制」が自由の精神に敵対し、人類の進歩を妨げている現在の西欧では、今こそ個性の権利を主張すべき時だと呼びかける。[37] ミル自身は、一八六一年に米国で南北戦争が始まり、英国世論が南部支持へと雪崩を打った時、「倒錯した世論に抗議を発する少数者」の側に立ち、北部支持を表明して、世論の誤りを是正する知的貴族の役割を実践した。[38] 個性を体現する天才へのミルの楽観的期待は、人類の歴史は自由と知性の進歩に向かい進んでいくというヘーゲルやギゾー、H・T・バックルの歴史哲学を前提していたが、その反面で、知的エリートが権力者のために知性を使用し、知性が権力と癒着して権力者に奉仕する危険まで見通すことはできなかった。

J・S・ミルの民主主義論(3)——議会制民主主義の擁護

ミルの『代議政治論』は、『自由論』の純粋民主主義批判を踏まえて、議会制民主主義の擁護と分析を試みた最初の書である。

まずミルは、統治形態は、任意に選択できる人為的産物でもなければ、選択できない自然成長物でもなく、三つの基本的条件の下で選択できるという（第一章）。つまり国民が統治形態を受け入れ、その存続に必要なことを行い、その目的達成に必要なことを行う限りで、この統治形態を選択できる。次に、良き統治形態の基準として、第一に人間の知的・道徳的資質をいかに改善し、国民の知性と徳性を進歩させるか、第二に人間の資質をいかに活用し、公共目的のために組織できるかを挙げる（第二章）。①国民教育の手段と②公共の仕事の処理という二つの基準に照らすならば、最善の統治形態は、専制政でなく民主政、特に代議政だと分かる（第三・四章）。なぜなら、主権が社会全体に与えられれば、全市民が統治に参与し、主権行使に発言力を持ち、公的役割を果たすことができる。そこで、各人は「自分の利益と権利の唯一確実な守護者」だというベンサム的原則を実現でき、最も広範な個人的活力を統治に動員できる（第二基準）。更に、自己利益を超えた共同利益のために協力する経験を積めば、知性の水準を向上させ、公共精神への道徳的資質を陶冶できる（第一基準）。そして、統治に参与する経験という「公共精神の学校」は、環境に服従し害悪に忍従する「受動的性格型」でなく、環境を克服し害悪と闘う「能動的性格型」を育成するだろう。これに対し、中央権力への服従を欠く文明段階は、フランス旧体制のように、代議政よりも絶対君主の専制支配に適しており、個人的独立の欲求よりも他者支配の欲求が強い国民性は、フランス第二共和政のように、代議政よりも軍事指導者の専制支配を選んでしまう。そこで、全国民が可能な限り主権に参与する民主政、特に小都市を除けば、全国民が自分の選んだ代表者を通じて主権を行使する代議政治こそ理想の統治形態だと明らかになる。[39]

続いてミルは、英国議会をモデルとして代議政の機能と欠陥を分析する（第五・六章）。まず、英国憲法は、国王・上院・下院の三要素からなる混合政体や均衡政体でなく、単一の究極権力を認めており、国王の大臣任命権と法案拒否権を禁じるから、下院こそ「真の主権者」だと解釈する。そして、議会政の機能は、統治の仕事を自分で実行するのでなく、これを監視・統制する点にあると述べる。議会は行政や立法の仕事を自分で遂行するのに適していないから、議会の機能は、第一に、行政部の長たる首相を任命し、法案作成する立法委員会を任命する仕事に限定される。統治の実行に代わり、議会が引き受ける機能は、第二に、「政府を監視し統制する」、即ち政府の仕事を公開させ、納得できる説明を要求し、信託に反すれば、政府成員を解任する仕事であり、第三に、国民のあらゆる部分の意見や要求を表明し、議論する舞台となる仕事である。

これに対し、議会政の欠陥は、第一に、統治の仕事に必要な知性と能力を欠いている点である。この点では、競争試験で選抜され、専門知識を備えた官僚制に利点があるから、議会政を官僚制の熟練した行政と結合する必要がある。議会政の第二の欠陥は、支配階級の「邪悪な利益」、即ち公共利益を犠牲にして目先の党派的利益を図る「階級的立法」の恐れである。多数者が支配する民主政も、「人間は権力によって腐敗する」という一般命題の例外ではない。というのは、白人中産階級であれ、労働者階級であれ、誰でも権力を所有すれば、共通利益よりも利己的利益を、遠い先の利益よりも目先の利益を優先する自然な傾向を刺激され、「結果を見通す習慣」を弱めるからである。そこで、階級的立法に対する保障として、議会の中で雇用者と労働者の両階級が均衡を取る必要がある。[40] ここでミルは、公務員の縁故任用制に代えて能力任用制を導入した英国官僚制改革（一八五五年）に期待をかける一方で、統治に将来参与する労働者階級の階級的立法を恐れ、保守党と自由党に代わる新たな二大政党制を見通している。

更にミルは、選挙法改正で民主化した議会の能力に多くを期待しない代わりに、下院議員の選抜方法に大きな関心を寄せて、選挙制度改革を四点にわたり論じる（第七章―第一二章）。第一は、ヘア式比例代表制による少数代表の主張である。「真の民主政」は、全選挙区から全党派を得票数に比例して代表するべきであり、知性の優れた少数派を全国から代表するのが民主主義の本質をなす。これに対し、各選挙区の多数派のみを代表する小選挙区制は、少数派を抹殺するばかりか、多数派中の多数派という国民全体の少数派に全権力を与える点で、「偽の民主政」である。第二は、選挙権を全ての成年男女に拡大する普通選挙制と複数投票制の主張である。読み書き計算の能力があり、租税を納入する限り、全ての労働者や婦人にも参政権の行使を認めれば、トクヴィルが示すように、「人類全体の真の知的陶治」につながるだろう。他方で、知性の優れた専門職業人や大学卒業者に二票以上の投票権を認めれば、議会における知性の質の低下と階級的立法の危険を防止できる。第三は、秘密投票に代わり、公開の場で投票する公開投票制の主張である。選挙資格は、個人的利益のため行使できる権利でなく、公共利益のため義務付けられた「信託」だから、選挙人は公共のために投票する責任を負っている。第四は、議員は選挙民の指示に拘束されず、自分自身の判断に従い行動できるという議員の独立性の主張である。議員が知的に優れた代表者ならば、選挙民の多数派と異なる正しい意見を持ちうるし、少数代表が実現しないならば、代表者の独立した判断は、多数派と異なる少数派の意見を知る唯一の機会となるだろう。[41]

ここでミルは、世襲貴族に代わる知的貴族をいかに代表者として選抜し、世論を指導する任務を託するかに一貫した関心を払っている。というのも、民主政には優れた人物を選ぶ能力も意欲もないというトクヴィルの普通選挙批判を真剣に受け取るならば[42]、選挙法を民主化すると同時に、知性ある少数者を選抜する制度の工夫を凝らす必要があるからだ。ミルは、「高度な知性と人格を持つ指導者たち」からなる議会制民主主義を待望し、これら選挙制度改革のため下院議員として尽力したが、ミルの知性主義的前提は、その後の大衆民主化の時代に大きな挑戦を受けることになる。

第一に、知性は平等だという純粋民主主義の前提の下では、大衆はいかに有能な人を見分け、指導者と見なすのだろうか。ルソーが神の権威で人々を動かす立法者を要請したように、議会制民主主義も、知性を超えた指導者への信仰を必要とするのだろうか。第二に、代議制が、多民族国家でなく同質的国民からなる国民国家を前提するならば、自由主義も、「共通する共感により統一した」「国民的一体の感情」に依存せざるをえないが[43]、感情や共感に関わるナショナリズムの問題は、どこまで知性の力で合理的に解決できるのだろうか。第三に、ミルの知性主義は、真理に向かう知性の進歩への信仰を前提していたが、自由の進歩史観は、環境に適応した者だけが生存するという社会ダーウィニズムの出現により崩れ去り、人種主義のような疑似科学的イデオロギーに屈するのではないか。

指導者信仰やナショナリズム、社会ダーウィニズムという反知性主義思想の挑戦を受けて、一八七〇年代以後の議会制民主主義は大きな変容を余儀なくされるのだ。

バジョットの議会制民主主義論

ミルの代議政論は、議会政の民主化を正当化すると共に、純粋民主政の欠陥を修正しようとする修正民主主義の主張だったが、現実の英国議会政を分析する点では不充分な面が残された。第一に自由主義者ミルは、国王や貴族院の存在意義を何ら認めることなく、上院の果たす役割にも大きな期待をかけなかった。第二に、ミルが英国の国制と対比する主要な関心の対象はフランス第二共和政であり、米国憲法との対比、特に立法部と行政部の関係に関する比較考察はなお不充分だった。第三にミルは、民主化された議会政で増大する政党の役割をまだ主題として論じていない。

雑誌『エコノミスト』の編集長ウォルター・バジョット（一八二六―七七年）は、六年後の『英国国制論』（一八六七年）で、一八三二年から一八六七年に至る古典的議会政の時代を、英国政治の現実に即して多面的に描き出そうとする。バジョットは、英国の国制に関し、「生きた現実」とは異なる「紙上の記述」が数多く書かれてきたと述べ、ミルもその例外でないと示唆する。そして、英国国制の誤った記述として、三権力の分離という権力分立論や、三要素の抑制・均衡という混合政体論を挙げる[44]。これに対し、バジョットは、ミルの単一主権論を継承すると同時に、バークの保守主義に依拠し、ミルの不充分な点を補完しようとする。

第一にバジョットは、諸階層の不平等から出発する保守主義者として、英国国制を「尊厳的部分」と「実効的部分」という二つの部分に区別し、両者を使い分ける立憲王政の効用を強調する。「尊厳的部分（dignified part）」は、国民の敬意を呼び起こし、忠誠を維持する部分であり、国王と貴族院を指す。「実効的部分（efficient part）」は、実際に機能し、統治する部分であり、内閣と庶民院を指す。

両者の間には、前者が統治の原動力をなす権威を引き出し、後者がその権威を使用するという分業関係が成り立っている。英国国民は、王室や貴族のような演劇的見世物に敬意を払う「敬意ある国民(deferential nation)」である。こうした国民性を利用し、外見上の統治者と真の統治者を使い分ける「二重の統治」、君主政の付属物を共和政の本質に転換させた「偽装された共和政」が英国国制の第一の秘密である。[45]

第二にバジョットは、英国国制のもう一つの秘密が内閣制という実効的部分にあると指摘する。内閣は、下院多数党から選出された首相と彼の任命する閣僚からなる点で、「行政部たるべく選出された立法部の委員会」「国家の立法部を行政部に結合するハイフン」である。そこには、行政権と立法権の完全な分離どころか、むしろ両者の「密接な結合、ほぼ完全な融合」が見出される。[46] バジョットは、英国の内閣制が、行政権と立法権を一体化する点で、両者を切り離し独立させる米国の大統領制やフランス第二共和政よりも優れていると考える。

第三にバジョットは、主権概念から出発するホッブズ主義者として、英国国制と米国憲法を主権の所在により特徴づけて、英国内閣制と米国大統領制の優劣を比較しようとする。あらゆる政府は、最高権力が常に同じ単一主権政府と、最高権力が時に応じ異なる分割主権政府に区分できる。米国憲法の起草者は、英国国制を、主権が分割された政府だと理解し、これを模倣した結果、決定権力の不在と南北戦争という内戦を招いたが、英国国制の強みは、実は主権が単一の政府にある。[47] そこで、内閣制では、行政部と立法部の意見が一致しない場合、内閣が議会を解散し強制できる一方で、国民のエリートたる議会が行政部を選ぶ選挙人団となり、立法部の討論を通じて政府を交代させることができ、緊急時には危機に適した首相へと変更できる。内閣制の利点は、こうした内閣と議会の間の柔軟な相互作用を可能とする点にある。これに対し、大統領制では、行政部と立法部が一致しない場合、大統領と議会が抗争し続けるばかりか、国民自身が行政部を選ぶ選挙人団だから、黒幕に操作されやすく、立法部の討論を通じて政府を交代させることができず、戦時も平時の首相で乗り切らなければならない。大統領制の欠点は、こうした大統領と議会の間の硬直した二元的対立を克服できない点にある。[48]

第四にバジョットは、英国議会政が機能する条件を論じ、古典的議会政の姿を描き出す。第一に国王が尊厳的部分に自己限定し、実効的部分として秘密の大権を行使しない代わりに、首相が下院の解散権を行使して、下院の気紛れな内閣交代をチェックし、また貴族の任命権を行使して、上院の抵抗を克服する。第二に下院は、首相を選出・解任するばかりか、世論を表現し、国民を教育し、国民の不平を伝達する機能を担う。下院が単一の主権を行使できるには、議員が政党指導者に服従し、組織化される一方で、選挙民の指令から独立し、党派心に固まらない穏健さを保つ必要がある。ミルが擁護するヘア式比例代表制は、議員を選挙民の指令に従属させ、政党組織に拘束する点で、議員の外的な独立性と内的な穏健さという議会政の二条件に反するという。第三に上院は、修正・拒否権のみを持ち、下院の欠陥を補うよう期待される。一八三二年以前、上院の貴族は、代理人を通じて下院も支配しており、「議会制貴族政」が議会制民主政に先行して見られたが、一八三二年に新貴族任命権で選挙法改正に同意するよう強制されて以来、上院は、「議会の暴政」を阻止する修正・停止の院に機能を限定された。[49]

これが、バジョットの描き出す古典的議会政の記念写真である。従って、バジョットは、英国国制を、立法部と行政部が一体化した単一主権政府と特徴づけながら、全体として内閣と下院、上院の間で抑制・均衡の相互作用が働く点を重視していると言える。だが、一八六七年の第二次選挙法改正が都市労働者に、一八八四年の第三次選挙法改正が農業労働者に選挙権を認め、男子普通選挙をほぼ実現して以来、バジョット以後の議会政は大きく変貌を遂げていくのだ。

バジョット以後の議会制民主主義

では、バジョットの議会政論は、一八六七年以降に見られた古典的議会政の変容を理解する上で、どんな意義を持っているだろうか。

第一にバジョットは、尊厳的部分が政治の世界で果たす象徴の役割を最初に自覚した思想家である。かつては貴族こそ、治者に相応しい生得の能力を備えた「知性の象徴」であり、貴族の地位という「目に見える象徴」に訴えれば、下層階級から治者への敬意と服従を調達できると考えられた。だが、『英国国制論』第二版序文（一八七二年）によれば、第二次選挙法改正で新たに有権者となった労働者階級は「優れた人間に指導される」べきだが、地位や富を象徴とする貴族階級や上層中産階級に服従することは期待できない。そこで、政治家は、論議すべき課題を明示し、選択すべき争点を提示して有権者を指導する能力を「政治家の天職」として要求される。職業政治家は、王室・貴族のような自然的象徴に代わり、象徴を人為的に創り出し、「指導者ないし教師たる資格」を備えていると示すべきだと期待される。[50]

一八七〇年代以後の議会選挙を経験した英国の政治学者G・ウォーラス（一八五八―一九三二年）は、『政治における人間性』（一九〇八年）で、有権者を動かすため、職業政治家が象徴を人為的に創り出し使用するという象徴操作の問題を最初に論じた。若くしてダーウィンの洗礼を受けた進化論者のウォーラスは、有権者が自己利益を最も良く判断し、目的に適合した手段を選択できるというミルの知性主義的人間観が誤りだと考える。そして、W・ジェームズの心理学に従い、人間性は、合理的判断の主体でなく、環境の「刺激」に無意識に「反応」し、環境に適応していく衝動や本能の束だと見なす。そこで、選挙の宣伝活動では、国王や民族、政党のような、特定の名称で象徴される「政治的実在」への本能的愛情が決定的役割を果たすと指摘する。この結果、古典的議会政は、象徴を意識的に創り出し利用する政党政治家と、創られた象徴に無意識に反応する有権者へと二極分解する傾向が現れる。[51]象徴操作による世論の形成というウォーラスの心理学的洞察は、第一次世界大戦前後にW・リップマンやH・D・ラスウェルら米国の政治学者に継承されていく。

第二にバジョットは、一八三二年以後の英国議会政を観察し、古典的議会政の条件を定式化した思想家である。バジョットは、議会の討論により国民の知性を陶冶し、人類の進歩に貢献できるというミルの知性主義的前提を受け継いで、議会政の基本的条件は、第一に選挙民の指令からの議員の独立、第二に政党組織から独立した議員間の討論と説得にあると考えた。これに、第三の条件として、フェアプレイを重んじる貴族の騎士道徳という議会制貴族政の伝統的慣行を付け加えることもできる。[52]

しかし、一八六七年以後、ディズレーリ保守党とグラッドストーン自由党が、労働者階級の有権者登録を競い合い、政党の組織化を全国で進めるに従い、議会内の地方名望家からなる名望家政党は、議会外の党員組織を持つ大衆政党へと変貌していく。全国規模に組織化された政党が、有権者向けの選挙公約と議員の党議拘束を導入する代わりに、選挙民と政党組織からの独立という議会政の二つの条件は失われてしまう。特に労働党が一九〇六年に結成されて以来、大衆化した政党組織の内部では、少数の党幹部による寡頭支配が進み、第一次大戦中の戦時内閣を経て、多数党党首に権力が集中していく。五年後にドイツの社会学者R・ミヘルスが「寡頭支配の鉄則」と名付けた大衆政党の特徴である。これと並行して官僚制の拡大と集権化が進行した結果、行政の長を務める首相への権力集中が見られるようになる。労働党の議員・大臣を務めたR・H・S・クロスマン(一九〇七―七四年)は、バジョットを再論した序文(一九六三年)で、政党組織や官僚制の集権化というバジョット以後の傾向を指摘し、第二次世界大戦後に内閣は形骸化して、「内閣制」は「首相制」に移行したと論じた。[53]

第三にバジョットは、世襲王制は議会政にとり不可欠の前提条件ではないから、新興国は、大統領制の権力分割でなく、非王制の議会政を採用できると論じた。内閣制の運用を王制と非王制の間で比較すれば、第一に、首相の選出権という指導者選抜に関し、下院が選出する非王制の内閣制は、宮廷に影響されやすい王制の欠陥を免れている。第二に、下院の解散権や貴族の任命権に関し、ジョージ三世のような「半ば狂気の国王」による最悪の王制は、最悪の非王制よりもはるかに悪いから、国王よりも首相が賢明に行使できるという。[54]

そこで、非王制の議会政は、独仏戦争の敗戦により王制と訣別したフランスの第三共和政で新たに実験される。第三共和政憲法(一八七五年)は、議会から選出された大統領が、国王の代用品として、下院の解散権（後に行使されず）と首相の任命権を持つという議会選出型大統領制の試みだった。しかし、バジョットは、フランス国民が、「ともに考える」討論の能力を欠いており、多数党の指導者も見られない点で、「議会政に適していない国民」だと判断し、その前途に極めて悲観的だった。[55]続いて、第一次大戦の敗戦により王制と訣別したドイツ最初の共和政憲法（一九一九年）は、自由主義者マックス・ヴェーバーの提案により、直接公選型大統領制を採用する。ヴェーバーは、大統領が皇帝の代用品という尊厳的部分の役割を担うには、議会から間接に選ばれるのでなく、国民から直接に公選される必要があると考えた。

普通選挙制を導入した後に古典的議会政が直面したこれら新たな問題――即ち、象徴操作による世論形成、大衆政党の寡頭支配化、大統領制による非王制の議会政――は、第一次大戦後のドイツで、議会制民主主義の新たな課題として論じられるだろう。一九世紀の自由主義者トクヴィルやミルは、いずれもフランス革命や選挙法民主化の経験から、ルソーの純粋民主主義から生じる多数者の権力濫用を恐れ、多数者の暴政を防止するため、地方自治・陪審制や結社の習慣で訓練され、知性の優れた少数派を議会に代表させる修正民主主義に期待を寄せていた。議会制の民主化に消極的だった保守主義者バジョットでさえ、議会の討論が政府を交代させる立法部の抑制機能を、内閣制の利点として評価していた。しかし、一九一八年一一月に王制が崩壊した後、スパルタクス団蜂起に直面したワイマール憲法の起草者は、一八四八年六月のトクヴィルと同じように、民衆蜂起を恐れる余り、独立した執行権の集中に期待するという権力の誘惑の罠にかかってしまうのだ。

第二節　ナショナリズムの統一運動と民族自決権の思想

ナショナリズムの二類型

前章では、フランス革命を推し進めたシィエスの国民理論とナポレオン帝国のドイツ征服から誕生したフィヒテの国民理論を考察し、両者が基本的に異なるタイプのナショナリズム思想を生み出した点を見た。ここで、前章で取り出したナショナリズム思想の二つの類型を改めて要約しておこう。

第一は、フランス革命の産物として生じた内発的ナショナリズムの類型である。一七八九年のシィエスは、第三身分を中心に憲法制定に自発的に結集した国民の観念を唱え、国民議会の開催を要求したが、そこで、国民とは、そこに加入しようとする個々人の主観的な願望や意欲の表明という主観的基準で理解されていた。「国民（nation）」は、語源としては「出生（natio）」に由来し、中世大学における出身地の区別を指す用語として自然主義的に使用されてきたが、[56]フランス革命以後の思想家により、社会契約による合意の産物として主意主義的に解釈し直された。

例えば、フランスの宗教思想家E・ルナン（一八二三―九二年）は、一八八二年の講演「国民とは何か」で、国民とは、種族・言語・宗教・利害・地理的位置のような客観的基準で定義されるのでなく、過去における栄光と犠牲の記憶を共有し、未来に「共同生活を続行しようとする合意」で形成される「大いなる連帯心」だと理解した。そして、国民の存在は「日々の人民投票（un plébiscite de tous les jours）」だと述べ、主観的基準で国民を定義した。[57]ルナンが国民の定義に用いた「人民投票」は、一七九一年七月にフランス共和国が南仏の教皇領アヴィニョンとヴネッサン伯領で実施し、領土併合を正当化した事例に始まる。一七九〇年五月に国民公会は征服戦争放棄を決議していたため、人民投票は、他国への攻撃を人民の願望の実現と言い換えるナショナリズムの対外的拡張手段として一七九八年まで利用された後[58]、ナポレオンにより、簒奪権力を正当化する対内的手段として転用された。

こうした内発的ナショナリズムは、旧体制を支えた貴族・聖職者身分に対し共通の敵として闘った内戦の産物だったから、近代以前の民族意識から基本的に断絶していた。だが、内発的ナショナリズムは、他面で、ブルボン王朝による王国の統一と独立という絶対主義の遺産を継承していた。そこで、一七九二年以後の革命戦争で対仏大同盟に対し対外的独立を守り抜いた後、一八〇三年以後のナポレオン戦争では、一国の対外発展と領土拡張という新たな目標を目指すようになる。

第二は、外国征服の産物として生じた外発的ナショナリズムの類型である。一八〇八年のフィヒテは、フランス占領下のベルリンで、言語・宗教・歴史等を共有する自生的な民族という国民の観念を新たに唱え、民族のため自分を犠牲にする祖国愛を要求したが、そこで、国民とは、特定の言語・宗派・歴史等の共有という客観的基準で理解されていた。これは、神聖ローマ帝国が多様な言語・宗教・民族からなる多民族国家だったことを考えれば、極めて新しい画期的な国民理解だった。しかし、フィヒテは、国民を、自発的合意で創り出される人為的形成物というよりも、歴史的に生成した自然成長物と捉えて、民族固有の価値を認める歴史主義で根拠づけた。

そこで、外発的ナショナリズムは、ゲルマン民族の歴史のような近代以前の民族意識と連続しやすく、貴族身分に融和的な有機体的国民観と結合しやすい傾向を帯びてくる。しかも、封建的主従関係に基づく人的結合という多民族帝国の割拠主義的遺産を継承し、絶対主義による政治的統一を根本的に欠いているから、外発的ナショナリズムは、一八一三年の対ナポレオン解放戦争のように、外国の征服者に対し対内的統一と対外的独立を達成するという近代革命以前の目標から出発せざるをえなくなる。

従って、内発的ナショナリズムと外発的ナショナリズムの二類型を包括できるように、ナショナリズムを一般的に定義しようとすれば、その目標に即して、「一国民の統一・独立・発展を志向し、推進する思想または運動」と定義できる。[59] ここから、本書は、ナショナリズムを近代以前の自民族中心的な民族意識と見る前近代説（A・スミス）ではなく、一九世紀初めの欧州に現れた近代的現象と見る近代説に立っていることが分かるだろう。また本書が、近代ナショナリズムを、産業化の産物（E・ゲルナー）や文化政策・想像力の生んだ産物（E・ホブズボーム、B・アンダーソン）というよりも、近代革命の思想や統一と独立を目指す運動から生まれた思想や運動の産物と見る立場に立っていることも明らかだろう。[60]

近代ナショナリズムの歴史的役割

では、近代ナショナリズムの思想と運動は、一九世紀以後、いかなる歴史的役割を果たしただろうか。

近代ナショナリズムの第一の役割は、共和主義者の革命運動と結びつき、多様な民族からなる多民族帝国を解体して、旧欧州秩序を刷新するという旧帝国解体作用である。神聖ローマ帝国は、皇帝と帝国諸身分の間の封建的関係に基づく封建団体であり、ウェストファリア条約以来、領邦君主に対外的な同盟権と交戦権を認めていた[61]。そこで、単一の国民からなる国民国家の軍隊と闘った時、オーストリア、プロイセン、南ドイツに分裂し、一八〇六年に内外から崩壊した。フランス共和国のように「単一不可分な国民」は、祖国愛を共有する強力な国民軍を形成できたのに対し、多民族帝国の軍隊は、政治的統一と国民的基盤を欠くため、傭兵軍ゆえの軍事的弱体を露呈した。そこで、フィヒテは、国民教育を導入し、同質的な国民を創り出すならば、志願兵からなる国民軍を創設し、民族解放戦争を遂行できると期待した。こうしたドイツ・ナショナリズムの思想は、クラウゼヴィッツらプロイセンの改革派将校により実行に移された。神聖ローマ帝国に見られた多民族帝国の軍事的弱点は、後にオスマン帝国やオーストリア帝国、ロシア帝国でも目撃されるだろう。

近代ナショナリズムの第二の役割は、自由主義者の統一運動と結びつき、同質的国民からなる国民国家を創出するという国民国家形成作用である。一九世紀の最も典型的な国民国家の創立は、一八六一年のイタリア統一と一八七一年のドイツ統一である。一八〇六年に神聖ローマ帝国が崩壊した後、ドイツとイタリアでは小国家が併存する状態が続いたが、一八四八年革命で国民的統一を目指す運動が盛り上がり、オーストリアやフランスとの対外戦争で勝利した結果、イタリア王国とドイツ帝国という国民国家が新たに創り出された。

英国の自由主義者J・S・ミルは、『代議政治論』（一八六一年）で、イタリアで進行する国民国家形成を次のように説明した。共通する共感により結合した人類の一部分は、「一つの国民（a Nationality）」を形成するばかりか、「国民感情」に従い、同じ統治の下に服し、「自分自身による統治」であるよう願う。この国民感情を生み出す要因は、人種・言語・宗教の共通や地理的境界ばかりか、歴史と記憶を共有する「政治的経験の同一性」である。ドイツでは、言語・文学・人種や記憶の同一性から生じる強い国民感情が政治的統一を生み出していないのに対し、イタリアでは、言語・文学の同一性や地理的位置、共通の名前から生じる国民感情が「われわれの目の前で今進行している大事件を引き起こすのに十分だった」。国民感情により同じ政府の下に結合するのは、「統治の問題は被治者により決定するべきだ」と言うのに等しい。人類のどの部分も「人類の様々な集団のどれに加わるのかを決定する」自由があるはずだ。[62] ここでミルは、国民を客観的基準と主観的基準の双方により定義し、「民族の自己決定」という新たな思想を表明している。

スイスの国法学者J・C・ブルンチュリ（一八〇八―八一年）は、『一般国家学』（一八七五年）で、一八四〇年代以来「国家を形成する諸民族の自然権」が引き合いに出されたと述べ、国民国家の原理を次のように説明した。「あらゆる民族には、国家を形成する資格と権限がある。人類が若干の民族に分かれるように、世界はちょうど同じ数だけの国家に分かれるべきである。あらゆる民族に一つの国家。あらゆる国家に一つの民族」。そして、ドイツ、イタリアの国民国家形成と並んで、オーストリア、スイスのような多民族国家の例を挙げて、国民が民族と一致する国民国家原理は「相対的権限」しか持たないと指摘する。[63]

近代ナショナリズムの第三の役割は、一八八〇年代から帝国主義政策と結合し、欧州の外部に植民地帝国を建設するという新帝国建設作用である。英国は、一八四〇年代から、武力に訴えて大国に有利な自由貿易を強要し、極東・中南米・近東で「非公式の帝国」を建設するという「自由貿易帝国主義」（J・ギャラハー、R・ロビンソン）の政策を推進していた。一八八〇年代から、フランスとドイツが新たに加わり、欧州列強は、アジア・アフリカで植民地を獲得しようと競争する帝国主義政策を追求した。従って、一九一四年以前に欧州で認められた「民族の自決権」は、欧米白人に限定された特権的権利にすぎず、全ての民族に当てはまる普遍的権利ではなかった。欧州以外の民族は、自決能力を欠いているか（人種主義モデル）、または自決能力を遠い将来に獲得する（発展・成熟モデル）と見なされた。そこで、特定人種のみが自決権を認められ、アジア・アフリカの他の人種は、自決の主体から排除され、他者決定の客体とされた。一八八四年から一八八五年に開催されたベルリン・アフリカ会議の最終文書が、アフリカ民族は文明を欠いているという理由から、征服と文明化を欧州人に委任する他者決定権を正当化したのは、欧州人の人種主義的態度を古典的に表現していた。[64]

ブルンチュリも、自決権が相対的権限にすぎない理由を次のように説明する。「あらゆる民族が、国家を創り出し、主張する能力を持つわけでない。政治的能力を持つ民族だけが、自立的国民となる権限がある。能力を持たない民族は、他の能力ある国民による指導を必要とする」。そこで、英国の東インド支配は、「高度の指導への欲求」に応じる後見的支配として正当化される。[65] 東インド会社の書記を務めたJ・S・ミルも、文明状態にある支配国が、文明状態に到達しない未開国を植民地として統治するのは、「現在の文明状態では従属国民がより高度な進歩段階に移行するのを促す最善の統治方式」ならば正当だと論じ、文明史の異なる発展段階により、文明国の植民地統治を正当化できると考えた。そして、インド大反乱（一八五七年）以来、大英帝国がインド直接支配を導入したのを批判し、それ以前の東インド会社によるインド間接統治を擁護した。[66]

従って、英国の歴史家E・H・カーが、欧州ナショナリズムの発展法則を一般化し、「ナショナリズムは、国民の統一と独立という最初の目標を達成した後、ほぼ自動的に帝国主義に発展する」と言い表したのは[67]、近代ナショナリズムの歴史的役割を適確に言い当てたものだと言える。

国民国家創立の三類型とイタリア国民国家の創立

では、近代ナショナリズム運動による国民国家の創立は、いかなる仕方で成し遂げられたのだろうか。

一九世紀に見られた国民国家創立の方式は、次の三つの類型に区分することができる[68]。第一は、複数の小国が統一されて、単一の国民国家を形成し、他の小国がこれに加わるという統一・加入型である。ドイツ統一戦争を経てプロイセン中心に統一された一八七一年のドイツ帝国がこの典型である。第二は、大国からその一部領域が分離・脱退し、独立した国民国家を形成するという分離・独立型である。独立戦争を経てオスマン帝国から独立したギリシア、露土戦争を経てオスマン帝国から独立したセルビア等のバルカン諸国がこの類型に当たる。第三は、大国からの分離と小国の統一という二つの類型を結合した分離・統一型である。オーストリアから分離した北イタリアがサルデーニャ王国に加入して南イタリアと統一された一八六一年のイタリア王国がこの類型に入る。更に一九世紀以前まで遡れば、独立戦争を経て大英帝国から独立した一三州が結成したアメリカ合衆国や、スペインから独立した北部七州が結成したオランダをこの類型に加えることもできる。

これら国民国家創立の基礎をなしたのは、言語・宗教・民族等の共通という国民の客観的基準と、共同生活を送ろうとする個人的意欲・願望という国民の主観的基準だったが、そこには二つの問題が見られた。[69] 第一に、特定国家に帰属したいという個人の主観的意欲が、言語等の客観的基準による国境設定と一致しないため、二つの基準が互いに衝突する場合がありうる。第二に、仮に客観的基準を採用しても、言語・宗教・民族等の地理的分布が複雑に錯綜しており、明確な国境線を引けない場合がありうる。こうした二重の問題にもかかわらず、ナショナリズム運動を通じて人民主権原理が広がれば、当該領域に住む住民の主観的意志を尊重してどの国家に帰属するかを決めるべきだと唱えられる。そこで、一九世紀半ばにイタリアやドイツの統一運動が進展するに従い、住民の意志を問う手段として「人民投票」が再び注目され、大きな役割を演じるようになる。

　イタリアとドイツの統一運動は、いずれも現状変更を欲しない多民族帝国との対外戦争を経て成し遂げられた点で共通している。まず、イタリアの独立戦争では、フランス共和国にならい、人民投票の方法が再び導入された。一八四八年三月、パリの二月革命に続き、北イタリアのロンバルディア王国とヴェネト王国では、オーストリア支配に対する反乱が起こり、各王国の首都ミラノとヴェネチアで臨時政府が樹立された。五月にロンバルディアとヴェネトで合併の賛否を問う人民投票を実施した結果、サルデーニャ王国との合併が選択された。しかし、八月にサルデーニャ王国の第一次独立戦争でオーストリアが勝利した結果、北イタリアの統一は実現しなかった。

　一〇年後の一八五八年七月にイタリア再編に関する密約をフランスと結んだサルデーニャ王国は、一八五九年四月、フランスと同盟を結んで第二次独立戦争を戦い、オーストリアに勝利した結果、ロンバルディアを併合した。一八六〇年三月に中部イタリアでも人民投票を実施した後、ニースとサヴォワを（住民の意志に反して）フランスに割譲する代わりに、中部イタリアを併合した。そして、ガリバルディが征服したシチリアと南イタリアも、一〇月に人民投票を実施した後、サルデーニャ王国に合併された。一八六一年三月、新たに選ばれた議会が国王ヴィットリオ・エマヌエーレ二世をイタリア国王と定めて、イタリア王国が成立した。

こうしてサルデーニャ王国が、独立戦争と人民投票を経てイタリアの大部分を併合する形で、イタリアの独立と統一は成し遂げられた。マキャヴェリが三世紀半前に夢見たイタリア統一は、こうして現実の世界になった。残されたヴェネトとローマ教皇領は、一八六六年普墺戦争におけるオーストリアの敗北、一八七〇年独仏戦争におけるフランスの敗北の結果、それぞれ人民投票を経てイタリアに合併された。これらイタリアの人民投票は、その成果が余りに明瞭なため、操作された疑いを拭えなかったばかりか、領土帰属を決定するよりも、先立つ独立戦争の結果を承認し、正当化する機能を果たした[70]。

ドイツ国民国家の創立

これに対し、一八六〇年代のドイツ統一戦争では、イタリア統一のように、人民投票を導入しなかった。というのも、ここでは、外国勢力の駆逐でなく、プロイセンとオーストリアというライバル間の闘争が主要な争点だったからである。人民投票を実施すれば、オーストリア中心の統一という大ドイツ主義と、プロイセン中心の統一という小ドイツ主義の間の分裂を示すのは明らかだった[71]。二つの統一方式をめぐる対立は、一八四八年の三月革命で初めて公然と現れた。一八四八年一〇月、フランクフルト国民議会は、オーストリア帝国をドイツ地域と非ドイツ地域に分割するという大ドイツ主義的決議を採択したが、一一月末、帝国の一体性に固執するオーストリアに拒否された。そして、オーストリアを除く国民国家的連邦がオーストリアを含む国家連合と提携するという二重同盟案も、一八四九年三月初め、中欧の「七千万人帝国」を構想するオーストリアに拒否された。そこで、三月末、国民議会は小ドイツ主義的なドイツ憲法を定め、プロイセン国王を皇帝に選出したが、四月、プロイセン国王に拒否されて、下からのドイツ統一運動は終息した。

代わって、一八六二年にプロイセン首相に就任したビスマルク（一八一五―九八年）は、二つのドイツ統一戦争を遂行し、上からの統一政策を進めた。一八六三年一一月、デンマークの新国王がシュレスヴィヒの併合を宣言すると、一八六四年二月、プロイセンとオーストリアはデンマーク戦争に踏み切り、四月デンマークに勝利すると、講和条約でシュレスヴィヒ＝ホルシュタイン公国の共同統治を取り決めた。一八六六年六月、プロイセンは、前年のガスタイン条約で定めたシュレスヴィヒ＝ホルシュタインの分割統治をめぐり、普墺戦争に踏み切り、七月三日、オーストリアに勝利すると、講和条約でドイツ連邦を解体し、シュレスヴィヒ＝ホルシュタインを併合した。そして、北ドイツ連邦を創設し、南ドイツ諸国と同盟を結んだ。更に一八七〇年七月、プロイセンは、スペイン王位の継承をめぐり、南ドイツと共に独仏戦争に踏み切り、九月にフランスに勝利すると、アルザス＝ロレーヌの割譲を要求し、パリを砲撃して翌年二月の講和条約で認めさせた。そして、一一月に南ドイツが北ドイツ連邦に加入し、南北ドイツの統一を成し遂げた上で、一八七一年一月、国王ヴィルヘルム一世がドイツ皇帝に即位し、ドイツ帝国が成立した。フィヒテが五八年前に待望したプロイセン中心のドイツ統一は、こうした仕方で実現した。

ビスマルクのドイツ統一政策は、オーストリア中心の大ドイツ主義的解決を軍事力で退け、プロイセン中心の小ドイツ主義的解決を選択した「上からの革命」だった。そればかりか、シュレスヴィヒ＝ホルシュタインの併合を要求するドイツ・ナショナリズムに応え、国内世論の支持を得ることで、一八六六年七月三日のプロイセン下院選挙で勝利し、九月に予算なき統治を事後承諾させて、一八六二年以来のプロイセン憲法紛争も解決した。[72] 一八六六年七月の普墺戦争勝利と議会選挙敗北に直面したプロイセン自由主義者の多くは、政府との対決姿勢を改め、ビスマルクの統一政策を支持するため、一八六七年二月に新たに国民自由党を結成した。またベルリン大学の歴史家H・v・ジーベルやJ・G・ドロイゼンは、ドイツ国民国家の創立が、フランス革命を超える世界史的意義を持っていると論じた。[73]

一八六六年七月のプロイセン議会選挙は、イタリアの人民投票と同じく、統一戦争の結果を承認する正当化機能を果たした。だが、プロイセンは、講和条約で義務付けられたシュレスヴィヒ北部の人民投票を実施せず、五年後の独仏戦争でも、アルザス＝ロレーヌの人民投票を拒否し、住民の意志に反して併合した。このため、フランスは、ドイツの「不正」を一九一九年まで訴え続け、独仏の敵対関係を恒常化する要因となった。[74] ルナンの一八八二年講演も、「ある地方をその意志に逆らって併合」するのを戒め、「国民の願望こそ最終的には唯一の正当な基準」だと説く点で、実はアルザス＝ロレーヌ併合に抗議するフランス・ナショナリズムの文脈に属していたのだ。[75]

民族自決権の前史

こうして一八六〇年代にイタリアとドイツの統一運動が進展するに従い、「民族の自決権(Selbstbestimmungsrecht / right of self-determination)」という用語が、欧州ナショナリズム運動で使用されるようになる。まず、民族自決権を類似する概念から区別するため、アメリカ大陸まで及ぶ自決権の前史を見てみたい。

第一に民族自決権は、ルソーが唱えた「人民主権」に論理的に対応している。一国の内部で人民が最高権力を持つならば、対外的にも主権国家を形成できるからである。対内的権力の統一が成り立つ時に初めて、対外的権力の独立も可能になるから、人民主権は、自決権の必要条件であり、その前段階をなしていると言える。[76] ただ、人民主権の提唱者は、誰が人民を形成するかという問いに対し、個人の意欲・願望という主観的基準で回答できると考える。そこで、人民主権原理を本格的に適用したフランス革命では、領土の帰属をめぐる争いも、支配者の権力によるのでなく、有権者の多数により決定できる、つまり「人民投票」により解決されると考えられた。もっとも、人民投票は、対外的主権を行使する決定方法の一つにすぎず、実際は議会選挙のような間接的決定方法がしばしば採用されるが、領土帰属のように委任できない問題では、人民投票による直接的決定が選択された。

第二に民族自決権は、暴政に対する「抵抗権」から論理的に区別される。自決権は人民の絶対的権利と見なされるのに対し、抵抗権は人民の不正な取り扱いから生じる条件的権利である。こうした抵抗権は、自決権の必要条件ではないが、その前段階となりうる。[77] 例えば、一七七六年七月の北米植民地の独立宣言は、ロックの抵抗権思想で根拠づけられたし、一八二〇年代のラテンアメリカにおけるポルトガル・スペイン植民地の独立も、自決権でなく、抵抗権という条件的権利で根拠づけられた。そこでは、客観的基準や主観的願望によらず、植民地時代の行政区画を国境とする「ウティ・ポシディティス（uti possidetis）」の原則が、脱植民地化の形式的基準として採用された。

第三に民族自決権は、脱植民地化以外の「分離権」から区別される。植民地の独立以外に、国民国家の下部単位が分離権を持つか否かは、一八六〇年代「米国内戦（American Civil War）」の本来の争点だった。[78] 一八六一年に南部州は、一七七六年の抵抗権を援用し、分離と独立を絶対的権利だと主張し、連邦を離脱したのに対し、北部州は、脱植民地化以外に分離権を持たないと主張し、南部州と軍事衝突した。四年間の米国内戦で北部州が勝利した結果、アメリカ大陸では、脱植民地化以外の分離を禁止する原則が確立したが、多民族国家が残された欧州大陸では分離禁止原則は実現しなかったため、今日まで欧州各地で分離権の要求が続いている。

民族自決権の起源

「民族自決権」の用語は、一九世紀半ばの欧州ナショナリズム運動で最初に使用された後、続いて欧州の国際労働者運動や社会民主主義政党へと広がった。

最初に民族自決権という用語の起源から見てみよう。一八四八年から一八四九年にかけてハンガリー独立運動を指導したハンガリー人政治家L・コシュートが、一八五一年一一月・一二月にロンドンやニューヨークの講演で、「自己自身を決定するあらゆる国民の主権的権利」を語り、「あらゆる国民の独立」を擁護したのが民族自決権の最初の用法だと言われる。[79] そして、一八六〇年代に入り、自由主義的ナショナリズム運動や労働運動で、この表現が急速に使用されるようになる。

まず、一八六五年四月、シュレスヴィヒ出身のプロイセン歴史家Th・モムゼン（一八一七―一九〇三年）が、ドイツ進歩党の下院議員として初めてシュレスヴィヒ＝ホルシュタインの併合を要求し、「人民の自決権」を次のように論じた。「シュレスヴィヒ＝ホルシュタイン人民の自決権」は全く正当だが、独立を要求できる無条件の権利でなく、「ドイツ国民の一般利益」に制限されている。「というのも、シュレスヴィヒ＝ホルシュタイン民族は存在せず、ドイツ民族だけが存在するから、後者が命令する時、前者は服しなければならないからだ[80]」。これは、言語等の客観的基準で理解された「ドイツ国民」を前提した時に初めて理解可能になる「自決権」の用法である。

次に、一八七〇年一〇月にドイツの哲学史家E・ツェラーは、言語や血筋の共通に基づく「民族性の原理」と、共通の政治生活を欲する「人民の自決権」という二つの観点が相互に矛盾する関係にあると認め、ドイツのアルザス＝ロレーヌ併合を次のように正当化する。領土の一部が他の国家に割譲される場合、割譲の対象は、そこに住む住民でなく、その「領邦高権（Landeshoheit）」であり、領邦高権の担い手は国家全体だから、領邦高権は、住民の同意がなくても、征服ないし条約で移行できる。人民全体が、代表者の多数を通じて割譲を是認するならば、あらゆる部分はその措置に従うのが「民族の自決権」である。これに対し、「多数の決定に対して少数派に認められた拒否権」は、「民族の真の自己統治」という真の民主主義の正反対にすぎない[81]。これも、国民を個人の意欲や願望という主観的基準でなく、言語等の客観的基準で定義するドイツ特有の「民族自決権」の用法だと言える。

更に一八六五年九月、前年に創設された国際労働者協会（第一インターナショナル）のロンドン大会は、ポーランドに「自己自身を決定するあらゆる人民の権利」を適用し、ロシアの侵略的影響を阻止する必要があると決議した。[82] 一八八九年に再建された国際社会主義者大会（第二インターナショナル）のロンドン大会は、一八九六年七月から八月、ポーランド問題に関して、「全ての民族の完全な自決権を支持する」と決議したが、議事録では、ドイツ語版の「自決権（Selbstbestimmungsrecht）」と英語・フランス語版の「自治（autonomy / autonomie）」が並存しており、異なる解釈の余地を残していた。[83]

民族自決権の発展

続いて、民族自決権の用語は、その後の社会民主主義者の論争を通じて発展していく。一九世紀末にオーストリアやロシアのような多民族国家で民族紛争が激化した時、これら社会民主主義政党の内部で、自決権をめぐる理論的論争が実践的意義を帯びて白熱した。多民族国家の社会民主主義勢力は、国際主義的目標を追求したため、民族集団間の調停に配慮せざるをえなかった。というのも、民族集団間の国内抗争が続く限り、階級闘争に勝利できる見込みはなく、労働者階級の国際的統一を望む者は、何よりも民族集団間を和解させる必要があったからである。[84] そこで、オーストリアとロシアの社会民主主義者は、民族問題を解決して多民族国家を維持する方法に最大の関心を払った。

普墺戦争に敗れたオーストリアは、一八六七年のアウスグライヒ（和協）で、ハンガリー王国の自治を認める代わりに、オーストリア皇帝が王位を兼ねる二重帝国となった。だが、一八九七年四月、ボヘミア・モラヴィア地方では、バデーニ内閣の言語令により、公用言語をめぐるチェコ人とドイツ人の間の民族紛争が深刻化した。ナショナリズムの脅威に直面したオーストリア社会民主労働党は、一八九九年九月のブリュン党大会で、第二インターナショナルの指導者K・カウツキーの提案に従い、居住地域で区切られた諸民族の自治を要求する民族綱領を採択した。これに対し、オーストロ・マルクス主義者は、ブリュン綱領の属地原理とは異なる仕方で民族自治を論じた。[85] K・レンナー（一八七〇―一九五〇年）は、どの民族に属するかを個人の選択に委ねるという属人原理による民族自治を唱えた。O・バウアー（一八八二―一九三八年）も、民族を、共通の運命を体験する「運命共同体」と理解する一方で、多民族国家では属人的な民族自治に賛同した。[86]

オーストロ・マルクス主義者が、民族自決を個人の選択権による諸民族の自治と理解したのに対し、ロシア・マルクス主義者は、自決権を民族という集合体の権利、しかも同権と独立国家を要求する権利と理解し、権利とその行使を厳格に区別した。[87] ボリシェヴィキの指導者レーニン（一八七〇―一九二四年）は、第二インターナショナル決議（ドイツ語版）に従い、一九〇三年、ロシア社会民主労働党の綱領に民族自決権を取り入れ、第九条でロシア帝国の「国家連合に属する全ての民族に対する自決権」を要求した。レーニンは、労働者階級の国際的連帯を獲得するには、国内で非ロシア民族への抑圧政策を放棄する必要があると考えた。「ロシアに属する全民族に自由な分離と独立国家形成の権利を承認しなければならない。〔…〕プロレタリアートが民族の分離権を承認することのみが、様々な民族の労働者の連帯を保障し、諸民族の真に民主的な接近を促進する」（一九一七年五月党決議）。だが、レーニンによれば、民族自決の権利の承認は、「あらゆる民族自決の要求を支持するよう我々を全く義務づけず」、逆に特定国家の創設に反対するのを妨げない。というのも、社会民主党の最重要課題は、「民族の自決でなく、あらゆる民族内部のプロレタリアートの自決を促進する」点にあるからだ。「我々は、民族自決の要求をまさにこの〔階級〕闘争の利益に従属させなければならない」（一九〇三年七月）。一九一四年春の論文「民族自決権について」で、レーニンは、民族の自決権を「他民族共同体からの国家的分離、独立した国民国家の形成」と簡潔に定義し、R・ルクセンブルクの自決権否定論を論駁する。[88]

更に一九一六年初め、『帝国主義論』（一九一七年）を執筆中のレーニンは、この定義から、ロシアの少数民族ばかりか、全ての植民地民族にも自決権を要求するという重大な帰結を引き出す。「社会主義者は、植民地を直ちに無条件・無賠償で解放するよう要求しなければならないが、この要求は、政治的には民族自決権の承認以外の何物も意味しない」。一九一七年一〇月、十月革命の直前にレーニンは、自決権を民族自治と誤解するのを防ぐため、一九〇三年の党綱領第九条の「自決権」を「自由な分離権」に変更するよう提案する。「私は、しばしば誤解の要因となった自決の概念を、「自由な分離権」という極めて厳密な概念に代える」。[89]

こうして自決権概念の成立史を見れば、レーニンの用語が、ロシア帝国の被抑圧民族を支持する国内闘争から成立し、後に欧州帝国主義に対し植民地解放を要求する対外闘争へと転用されたことが明らかになる。[90] 民族自決権の用語は、一九一四年まで欧米の白人に限られた極めて限定的な概念であり、文明化した特定人種のみが自決権を持つと想定されていたが、第一次大戦中、全ての民族に属する普遍的権利という民族自決権の概念が初めて唱えられた。だが、特定民族の自決権要求を支持すべきか否かは、あくまで「プロレタリアートの自決」という上位の基準で判断すべきだとされた点に注意したい。[91] そして、一九一七年一一月七日にボリシェヴィキが権力を奪取して以来、民族自決の概念は、少数革命家のユートピア的要請にとどまらず、欧州内外の多民族帝国と植民地帝国を根底から揺るがす爆発力あるスローガンに転化していくのだ。

第三章

民主主義観の転換とナショナリズムの暴走

ヴェーバー

シュミット

本章では、まず、第二帝政期ドイツの思想家マックス・ヴェーバーが、世紀末にナショナリズムが機能転換する中で、いかに民主主義観を転換させ、新たに指導者民主主義論を唱えたのか、次に、ワイマール期ドイツの思想家カール・シュミットが、どのように指導者民主主義論を継承し、人民投票的民主主義を唱えたのか、見てみたい。更に、レーニンが定式化した民族自決権の教義が、第一次大戦後の中東欧で、いかに少数民族問題を激化させ、ヒトラーによる民族自決権と人民投票の濫用を招いたのか、見てみよう。

第一節　第二帝政期ドイツとヴェーバーの思想

国民国家創立の帰結――ナショナリズムの大衆化の現象

イタリアとドイツが国民国家を創立した一八七〇年代以来、欧州のナショナリズムは大衆規模に普及した。というのも、ドイツ帝国憲法（一八七一年）とフランス第三共和政憲法（一八七五年）が男子普通選挙権を採用し、英国の第二次・第三次選挙法改正が都市・農村の男子労働者に選挙権を拡大して以来、ナショナリズムの担い手は、中間の自由主義的市民層から底辺の男子労働者層にまで拡大したからである。では、こうしたナショナリズムの大衆化とともに、新たな国民国家でどんな政治現象が見られたか、ビスマルク期以後のドイツを中心に見てみたい。

第一にビスマルク期ドイツで顕著に見られたのは、多数派に同化する圧力と少数派を排除する傾向の増大である。一九世紀欧州でナショナリズム運動を最初に支持したのは自由主義的市民層であり、ナショナリズムと自由主義は、最初から分かちがたく結合した双子の概念だった。というのも、封建的な割拠状態を克服し、言語・宗教・歴史を共有する同質的な国民を創り出すのは、何よりも自由主義者の政治課題だったからである。例えば、司法・行政制度の統一と標準化、同じ言語・宗教・歴史を教え込む初等教育の普及、鉄道・道路・郵便・電信等の交通通信手段の整備と拡大は、一九世紀の国民国家に等しく共通する課題となった。そして、英国の自由主義者ミルは、少数派の民族集団が混在する国民国家では、少数民族は、文明化した多数派集団に融合し、同化するのが望ましいと論じた。[1]

だが、自由主義的同化モデルは、一八七〇年代ドイツでは、非自由主義的強制手段で実行に移された。ドイツ帝国を創立した帝国宰相ビスマルクは、服従しない国内少数派を「帝国の敵」と呼んで排除し、彼の統一政策を支持した国民自由党の自由主義者は、文化的同質化政策にも賛同した。[2]第一にビスマルクは、一八七一年一二月、ポーランド国民運動を支持するカトリック教会に対して文化闘争を開始し、一八七五年までに一連の反カトリック立法を制定した。それは、説教壇の反政府宣伝を禁止し、教会の学校監督局を廃止し、イエズス会の活動を禁止し、戸籍登録を教会から戸籍局に移管し、聖職者罷免権を国家が掌握し、修道院を解散するものだった。これらの文化闘争法は、保守派とカトリックの多数派形成を阻止しようとする国民自由党や進歩党の大半により支持された。第二に、一八七三年五月に株式取引が大暴落すると、国際取引所資本の背後に「国際ユダヤ人の陰謀」を見出す近代的反ユダヤ主義が、保守派や中央党の新聞により唱えられ、反自由主義宣伝に利用された。一八七九年には、反ユダヤ主義を唱えるベルリン大学の歴史家H・v・トライチュケと、モムゼンら自由主義的な知識人・政治家との間で反ユダヤ主義論争も起こり、反ユダヤ主義的宣伝は、一八八〇年代に近隣諸国のオーストリア・ハンガリー、フランス、ロシアまで拡大していった。第三にビスマルクは、一八七八年春に皇帝狙撃事件が相次ぐと、社会民主主義者の集会・結社・出版を禁止する法案を提出し、国民自由党の賛成を得て社会主義者鎮圧法を制定して、一八九〇年まで繰り返し延長した。

少数派を非自由主義的に同化するビスマルクの同質化政策は、カトリックからユダヤ人、社会主義者へと標的を変えながら、不服従の罪を背負うスケープゴートを探し求める点で一貫していた。続いて第三共和政フランスでも、一八九四年にユダヤ人参謀将校A・ドレフュスが、軍事情報を漏洩した疑惑で処罰されたため、再審請求運動が起こると、これに対し、参謀本部やイエズス会を中心に反ユダヤ主義運動が高まった。近代の反ユダヤ主義運動は、少数民族のユダヤ人を同化しようとしたユダヤ人解放政策に対する反動として始まった（第四章第一節、参照）。

第二にビスマルク期以後のドイツを特徴づけたのは、国民の生存を賭けた国際競争が激化し、ナショナリズムが帝国主義や人種主義と結合する傾向である。ビスマルクは、一八七八年から七九年にかけて、経済的自由主義から訣別し、保守派とカトリックの支持を得て、自由貿易から保護関税へと通商政策を転換した。自由貿易反対派は、国際競争の結果から自国を防衛し、国内の雇用を維持すべきだと主張した。自由貿易から保護貿易へ移行するとともに、反封建主義と結びついた自由主義的ナショナリズムは、反国際主義と結合した保守主義的ナショナリズムへと右方向に転換した。こうした

「ドイツ・ナショナリズムの右旋回」（ヴィンクラー）は、一八八〇年代にナショナリズム運動が海外植民運動や人種的偏見と結びつく端緒となった。[3] ビスマルクは、一八八四年から一八八五年、アフリカに最初の植民地を獲得して植民政策を開始し、一八八六年には、ドイツ東部辺境（オストマルク）のポーランド人増加を防ぐため、ポーランド人所有地を買い取り、ドイツ人を植民させる「土地のゲルマン化」政策を進めた。

一八九〇年三月にビスマルクが、新皇帝ヴィルヘルム二世と対立して解任された後、一八九〇年代に急進ナショナリズムの政治団体が現れて、帝国主義と人種主義を宣伝し、ドイツ政府も、海外進出政策と血統主義の法制化を推進した。[4] 一八九一年に結成された「全ドイツ連盟」は、ドイツの海外植民運動を推進し、一八九四年に結成された「ドイツ・オストマルク協会」は、東部辺境のドイツ民族強化を主唱した。帝国主義的膨張政策は、階級分裂した民族を再統一する点で、国民的利益に適合すると見なされた。そこで、ヴィルヘルム期ドイツは、一八九七年から一八九九年にかけて、中国と太平洋諸島で新たな植民地を獲得し、世界規模の基地建設を目指す世界政策と艦隊建設計画を開始した。この結果、一九一一年夏のモロッコ危機では市民層の好戦的気分が高まり、一九一二年から翌年のバルカン危機では大規模戦争が不可避だと予感された。そして、一九一三年六月には帝国国籍法を制定し、フランスで採用された出生地主義ではなく、ドイツ人の両親から出生した者だけにドイツ国籍を認める血統主義を採用した。言語・宗教等の文化的基準ではなく、種族・血統の自然的基準で国民を定義する新たな国民理解が、意欲・願望の主観的基準に基づく国民理解を退けて法制化されたのだ。

第三にビスマルク期以後に顕著に見られたのは、国民的象徴が創り出され、戦死者追悼の国民祭典が開催されて、ナショナリズムが指導者崇拝や戦没者崇拝と結合する傾向である。[5] 一八九〇年代にキフホイザーに、皇帝ヴィルヘルム一世の記念碑が在郷軍人協会により建立され、一八九六年にヴィルヘルム二世により除幕されたが、同様な皇帝記念碑の建設は、コブレンツを初め、四〇〇近くに及んだ。そこに表現されたのは、無敵の皇帝を先頭に立て強力に結束した国民という「国民結集型記念碑」（ニッパーダイ）だった。一八九八年七月にビスマルクが死去すると、三〇〇以上のビスマルク協会により、七〇〇以上のビスマルク記念碑が各地に建立され、初代帝国宰相は、皇帝と並ぶ国民的象徴として崇拝され、神話化された。そこに見られたのは、共通の敵と闘い、国民の結束を図る帝国建設者を模範的指導者と称える指導者崇拝である。ライプツィヒでは、諸国民戦争の記念碑がドイツ愛国者同盟により建立され、対ナポレオン戦勝一〇〇周年に当たる一九一三年一〇月に除幕された。その碑文では、諸国民戦争は「ドイツ国民誕生の日」、独仏戦争勝利は「ドイツ帝国誕生の日」とされ、一八一三年に始まった国民的事業が一八七一年に完成したという国民史が描かれ、ドイツ国民は、戦没兵士の犠牲や苦難を共有する「民族共同体（Volksgemeinschaft）」と呼ばれた。

　こうして大衆化したナショナリズムは、文化的同質化政策や帝国主義政策と結合するに従い、皇帝や宰相の指導者崇拝を呼び起こすことになった。というのも、内外の「帝国の敵」との生存競争に協力するのが国民共通の使命だと自覚されるならば、見えざる国民を見える形に可視化し、結束させる国民の象徴が要請されるからである。それは、英国政治学者ウォーラスが一九〇八年に洞察した指導的政治家の象徴操作と世論形成の傾向を実証するものだった。

初期ヴェーバーとドイツ・ナショナリズム

マックス・ヴェーバー（一八六四―一九二〇年）は、ドイツ・ナショナリズムが統一の目標を達成した時代に生まれ育ち、一八六七年にビスマルクを支持して進歩党から分裂した国民自由党の代議士を父親に持ったが、ビスマルクを盲目的に信奉する右派自由主義者ではなかった。また経済的自由主義を批判し、社会政策を重視するG・v・シュモラーら新歴史学派に加わり、「歴史学派の子」と自称した。

第一にヴェーバーは、七歳で独仏戦争を体験し、ビスマルクの統一政策から「生涯にわたる感銘」を受けたが、ビスマルクの遺産を批判する左派自由主義者に与《くみ》した。ハイデルベルク大学、ベルリン大学で学んだ後、一年志願兵の兵役に服したシュトラスブルクで、伯父の歴史家H・バウムガルテンから教わり、このビスマルク批判者との文通で、ビスマルクの文化闘争や社会主義者鎮圧法、トライチュケの反ユダヤ主義宣伝を批判し、ビスマルクによる「自主的信念の恐るべき破壊」を指摘した。[6]ヴェーバーの博士論文（一八八九年）を評価し、妹の義父となった歴史家Th・モムゼンも、一八八〇年に国民自由党から分離し、「ビスマルクは国民の背骨を破壊した」と嘆き、社会民主党との協力を説く左派自由主義者に転じていた。[7]

第二にヴェーバーは、従兄の福音主義神学者O・バウムガルテンを通じて社会政策への関心に目覚め、一八八八年、古典的自由主義と訣別し、新歴史学派が設立した社会政策学会に加入した。そして、一八九〇年、社会政策学会から東エルベの農業労働者に関する調査を依頼されると、一八九二年末に『東エルベ・ドイツにおける農業労働者の状態』を公刊し、翌年三月に調査の成果を学会で報告した。また一八九〇年の福音主義社会会議で、キリスト教社会主義を説く牧師F・ナウマンと知り合い、一八九六年にナウマンが設立した国民社会協会に加わった。[8]

ヴェーバーは、一八九二年に『ローマ農業史』と『中世商事会社史』で教授資格を取得し、ベルリン大学の講師・員外教授を経て、一八九四年にフライブルク大学教授に就任した。そして、一八九五年五月の就任講演「国民国家と経済政策」(以下、「フライブルク就任講演」と略す)で、数年前に調査した東エルベのポーランド人労働者問題を取り上げ、急進派ナショナリストの立場から論じた。東エルベ騎士領でプロイセン貴族(ユンカー)の経営する家父長制的大農場は、農産物の国際競争に直面して雇用形態を資本主義化した。この結果、ドイツ人農業労働者が都市に流出し、ポーランド人季節労働者が外国から流入して、東部辺境のポーランド化が進行した。

第一にヴェーバーは、競争力を失ったユンカーの大農場が外国人労働者を雇用して生き延びる現象を、ダーウィン進化論の用語と観点から分析する。「経済的生存闘争」には、適応能力ある民族が勝利し、適応能力を失った民族が敗北する「淘汰の過程」が見られるが、その勝敗を分けるのは「人種の質」に基づく「適応能力の差異」である。だが、淘汰作用が働く結果、劣った人間類型が優れた生活様式に勝利し、文化水準が低下する事例が生じる。この意味で、国際的な経済社会は「諸国民相互の闘争の別の形式」であり、現在と将来の世代をつなぐ「わが国民の種を維持し向上させる永遠の闘争」である。[9]

第二にヴェーバーは、経済政策を判断する究極の基準を明確に意識すべきだと説き、ナショナリズムの価値基準を明示して、ユンカー批判とポーランド人排除という政策を引き出す。ドイツ人経済学者に特有な価値基準は「ナショナリズムの判断基準」であり、経済政策の究極基準は「ドイツ国民国家の権力利益」、即ち「国家理性」である。そこで、「固有の文化を防衛する」立場から、東部国境を閉鎖し、東部辺境の土地を国有化してドイツ人を移住させるという（ビスマルクと同じ）反ポーランド的植民政策を提案する。[10] そして、東部辺境の植民政策を宣伝するため、一八九三年に全ドイツ連盟に加入したが、連盟がユンカーの農業利益を優先させるのに失望し、一八九九年に連盟を脱退した。[11]

第三にヴェーバーは、国民の権力利益を測る基準として指導層の「政治的成熟」を持ち出し、H・バウムガルテンと同様、ビスマルクの負の遺産を鋭く批判する。ユンカーのように経済的に下降する階級が政治権力を握るのは危険だが、経済闘争で勝利し、上昇する階級が政治指導する資格を持つわけではない。というのも、ビスマルク支配の結果、ユンカーに代わるべきブルジョアジーとプロレタリアートが政治的に成熟していないからである。ビスマルクという「カエサル的人物」の「強力な太陽」が強すぎて、「ブルジョアジーの政治的判断力を焼き尽くした」が、プロレタリアートは、英仏のような世界権力的地位に見合う権力本能を欠いている。そこでヴェーバーは、「偉大な人物の支配は政治教育の手段でない」から、「わが国民の政治教育に協力する課題の自覚」こそ国民経済学の究極目標だと結論する。[12]

このフライブルク就任講演は、ナショナリズム論として見れば、三つの問題を指摘できる。

第一にヴェーバーは、資本主義化の過程をダーウィン主義の観点から理解したため、人種や文化を中心とする極めて狭い国民観を採用し、民族間闘争の中でドイツの世界強国政策に期待する結果になった。この意味で、彼の初期ナショナリズム論は、ナショナリズムに帝国主義や人種主義という保守主義的要素が入り込んでくる一八九〇年代ドイツの現実を反映していると言える。[13] だが、「人種」「適応」「淘汰」という進化論の生物学的用語は、社会科学に相応しい科学的用語と言えるだろうか。

第二にヴェーバーは、ナショナリズムが唯一正しい経済政策を根拠づけられると確信しているが、「ナショナリズムの判断基準」は、社会科学が従うべき唯一の価値基準だろうか。ヴェーバーの言う「国民的利益」は、ポーランド人など少数民族の利益を何ら考慮しておらず、支配的民族中心の国民国家観を自明の前提としている。そこで、七月にポーランド人学生から猛烈な抗議の手紙を受け取ったヴェーバーは、同質的国民観を反省せざるをえなかった。[14]

第三にヴェーバーは、国民経済学の究極目標は、国民の権力利益を自覚する政治教育にあると説くが、経済学は、自国の世界政策に奉仕する「政治の侍女」であってよいのだろうか。社会科学が科学としての自律性を放棄すれば、真理という究極の価値を損ない、むしろ長期的な国民的利益に反するのではないか。

だが、ダーウィン主義の世界観、少数民族を顧慮しない同質的国民観、対外政策への学問の従属という初期ナショナリズム論の問題は、ヴェーバーが歴史学派の方法論的反省を成し遂げた九年後に根本から克服されていくのだ。

方法論的反省とドイツ・ナショナリズムの相対化

一八九七年春にハイデルベルク大学教授に就任したヴェーバーは、同年夏に父親との確執とその急死を経験した後、精神の病に陥り、「地獄の苦しみ」に悩まされる。そして、五年間に及ぶ闘病・療養生活を経て、一九〇三年一〇月にハイデルベルク大学を退職する。だが、回復の途上にある一九〇四年初め、共同編集を引き受けた『社会科学・社会政策雑誌』に「社会科学と社会政策の認識の「客観性」」（以下、「「客観性」論文」と略す）を発表し、歴史学派の国民経済学を方法論的に反省しようと試みた。そこには、九年前のフライブルク就任講演で示されたナショナリズムの価値基準から距離を取り、初期ナショナリズム論を相対化しようとするヴェーバーの新たな立場を読み取ることができる。ここで彼の方法論的反省に手掛かりを与えたのは、フライブルクで再会した旧友の哲学者H・リッカート（一八六三―一九三六年）が、一九〇二年に『自然科学的概念構成の限界』第二部で「価値自由」と「価値関係」を区別し、歴史科学の客観性を根拠づけようとした試みだった。[15]

第一にヴェーバーは、社会政策の認識では、「現にある」事実の認識と「あるべき」価値の判断を峻別するように説き、「社会学・経済学における「価値自由」の意味」（一九一七年）（以下、「「価値自由」論文」と略す）で、これを「価値自由（Wertfreiheit）」と呼ぶ。というのも、科学者は、自分自身から距離を取り、自分の価値基準を明確に自覚する義務があるからだ。事実の理論的認識こそ経験科学の課題であり、価値の実践的評価、例えば理想を提示する社会政策は「科学ではない」。経験科学が政策を取り扱える範囲は、目的と手段との適合性を検証し、手段から生じる随伴結果を予測して目的と比較衡量するか（「目的合理的」批判）、目的の根底にある理念を解明し、目的と理念の首尾一貫性を検証するか（「価値合理的」批判）、いずれかに限定される。[16]

ヴェーバーは、W・ロッシャーからシュモラーまで、歴史学派の国民経済学が、理論的認識と実践的評価を区別せずに混同したため、発展法則の理論的認識から実践的評価の指針を引き出す「自然主義的観点」に陥ったと批判する。だが、支配的な発展傾向の認識から、この発展へ「内面的に適応する傾向」を導き出し、「現実政治」と称するのは「科学の問題ではない」。また、民族間闘争を「人種の質」の対抗作用の結果だと説明する人類学的信仰は「我々の無知」の証であり、究極基準の選択を時々の機会に適応させる「適応」概念は濫用の恐れがあると指摘し、ダーウィン主義の生物学的用語を社会科学から排除すべきだと唱える。[17]

第二にヴェーバーは、理念型の構成による社会科学の認識を説き、リッカートに従い、「価値理念への関係づけ」から説明する。ヴェーバーは、歴史学派が「概念と実在の関係」を明瞭に認識できなかったと批判し、概念で現実を秩序づけて構成するという構成説の認識論を採用する。そして、無限に多様な現実から、特定の観点から見て本質的な要素を取り出し、概念で論理的に結合して構成された理想像を「理念型（Idealtypus）」と名付ける。理念型は、①認識者が価値理念に関係づけ、②「一面的観点」から「文化意義」を付与し、③対象として選択した現実の中の有限な一部分、特定の側面にすぎない。リッカートが普遍的・絶対的価値を前提するのに対し、ヴェーバーは、「真理の価値への信仰」を前提する一方で、価値理念が主観的であり、歴史的に変遷すると見なす。そこで、価値理念に由来する特定の観点から構成された理念型も、同じく暫定的であり、歴史的に変遷を遂げると指摘する。[18]だが、歴史家が理念型を「虚構」として拒否すれば、マルクス主義の唯物史観のような、理念は実在に内在するという「理論信仰」か、生の話し言葉から集合概念を借用する「実感信仰」に陥ると警告する。例えば、国家や階級の利害とは、多様な価値理念の混合物に与えられる「仮の呼称」にすぎないと指摘し、集合概念を徹底して名目論的に理解する。[19]

こう

ョナリ

ズムを提

学派の自

然主義

由と価値

関係に

けた。で

は、就

捉え直さ

れるだろうか。

一九〇四年八月から一二月の米国旅行でヴェーバーは、資本主義化の将来とプロテスタント宗派の文化意義に思いを馳せたばかりか、黒人と先住民という少数民族問題の深刻さを自覚した。[20] また一九〇五年のロシア革命に関心を持ち、ポーランド人に文化的自治を保証するロシアの自由主義者M・P・ドラゴマーノフの民族綱領を知って衝撃を受けた。[21] 一九一二年一〇月のドイツ社会学会討論では、「民族の価値」や「国民国家の価値」を討論の対象とすれば、「ポーランド人対ドイツ人の非難の投げ合い」が始まり、「事実に即した認識」は不可能になると指摘し、価値自由の原則を再確認する。[22] 他方で、一九一五年一二月の政治評論「ビスマルクの外交政策と現代」では、ビスマルクの政治は「ドイツ国民国家という理想」を前提にしており、東部国境閉鎖と植民政策というポーランド政策はその現れだったと回顧する。そして、国家は、「有力な唯一つの民族の利害を中心にして行動する」という意味で「国民国家」である必要はなく、「幾つかの民族の文化に仕える」ことができると断言し、ドラゴマーノフの文化自治案を評価する。更に「欧州列強とドイツ」（一九一六年一〇月）では、国内ポーランド人との「誠意ある協調」を説き、「ドイツの対外政策」（一九一七年二―三月）では、

ポーランド人代表者との話し合いによる利害調整を主張する。[23] 従って、一八九五年のフライブルク就任講演でビスマルクの反ポーランド政策を支持したヴェーバーは、一九〇四年以後、支配的民族を中心とする同質的国民国家観を根本的に修正したと言える。

カリスマ的支配とカリスマ概念の起源

一九〇九年にヴェーバーは、『社会経済学概要』の編集を引き受け、『経済と社会』の執筆を担当した。そこで彼は、古今東西の膨大な歴史現象から、支配の三類型を理念型として取り出し、ルソーの社会契約説とは異なり、支配の観点から民主主義を新たに再解釈しようとした。伝統的支配、合法的支配、カリスマ的支配という有名な支配の類型論も、ヴェーバー自身の価値関心に従い、多様な歴史現象から創り出された理念型だから、彼自身の観点に特有なバイアスを宿命的に背負っている。そして、ヴェーバー民主主義論の一面的バイアスを集中的に示すのがカリスマ的支配の類型なのだ。

ただ、『経済と社会』の旧版では、「支配の諸類型」を論じた第一部と「支配の社会学」を論じた第二部の間に用語の不統一や構想の内的不整合が見られ、統一的解釈を困難にしていた。[24] しかし、新全集では、(a)一九一〇年から一九一四年にかけて最初に執筆された戦前稿、(b)一九一七年または一九一八年の夏に執筆された戦中稿、(c)一九一九年から一九二〇年に改訂されて出版された戦後稿に分けて編集し直され、『経済と社会』の新版が最近公刊された。[25] この結果、戦前稿から戦中稿を経て戦後改訂稿に至る支配の社会学の発展史を明らかにし、各時代の歴史的文脈から各草稿を理解することも可能になった。そこで、新全集のテクストに基づき、ヴェーバーが、いかにカリスマ的支配を再解釈し、指導者民主主義の理論を展開したか、そこにどんな問題が隠されているのか、見てみたい。
(a)戦前稿（一九一〇—一四年）でヴェーバーは、まず、命令権力の権威に基づく狭い意味の支配を、支配者が抱く「自己正当化への欲求」から定義する。そして、合理的規則や神聖な伝統、カリスマ信仰といった「支配の正統性を根拠づける仕方」こそ、官僚制や家父長制、カリスマ組織といった「支配構造」の形式をも特徴づけると考える。そこから、官僚制を最も純粋な型とする「合法的支配」、家父長制を最も純粋な型とする「伝統的支配」、預言者と軍事的英雄を最も純粋な型とする「カリスマ的支配」という支配の三類型を導き出す。特に第三のカリスマ的支配は、「カリスマ（Charisma）」という非凡な才能の持ち主への信仰に基づく人格的性格を持つ点で、家父長制と共通するが、伝統的規範と断絶し、「全ての価値序列を転倒」して秩序を内側から変革する革命的性格を持つ点で、むしろ官僚制的合理化と共通する。[26]
ヴェーバーは、ギリシア語で「神の賜物」という意味の「カリスマ」概念を発見し、普遍的に繰り返される支配類型として最初に使用した。彼のカリスマ概念の第一の起源は、ルター派法学者R・ゾーム（一八四一—一九一七年）の著書『教会法』第一巻（一八九二年）とこの書をめぐり起こった「カリスマ論争」である。[27]ヴェーバーは、シュトラスブルク大学の学生時代にゾームの講義を聴講しており、カリスマ的支配を論じるに当たり、「ゾームの功績」に繰り返し言及した。[28]ゾームは、初期キリスト教会の発展史を論じた著書で、初期教会は、最初はイエスと使徒を中心とする「カリスマ組織」であり、後に法制化されて初めて、「法的組織」としてカトリシズムが成立したと説明し、「教会法は教会の本質に反する」というテーゼを唱えた。ゾームのテーゼは、一九〇九年から一九一二年にかけて、教会史家A・v・ハルナック（一八五一―一九三〇年）との間で原始教会の性格をめぐる論争を引き起こした。このカリスマ論争の中でゾームは、第一に、カリスマ組織としての原始教会は、民主主義体制でもなければ、「愛の共産主義」でもなく、「権威原則」に基づき、教師の才能ある「指導者」に服従する「特定人格」の支配秩序だと主張した。第二に、初期教団で行われた選挙も、民主主義の証でなく、「カリスマの承認」であり、承認は信徒の「義務」と見なされたという。第三に、カリスマの持ち主は、弁舌と成功でカリスマを絶えず実証しなければならない点で、カリスマ組織は極めて不安定な性格を持っている。だからこそ、初期教会は、一世紀末に教会法を導入し、カリスマ的権威原則を法制化して、法的組織としてカトリック教会が成立したという。

カリスマ概念の第二の起源として考えられるのは、詩人S・ゲオルゲ（一八六八―一九三三年）が形成するサークルとの出会いである。ヴェーバーは、一九一〇年夏から一九一四年にかけてゲオルゲやその弟子F・グンドルフと付き合い、そこに、宗教的預言者と同じ「芸術家を起源とする現代カリスマ運動」を見出したが、妻マリアンネによれば、ゲオルゲ・サークルのニーチェ的英雄崇拝には同意しなかった。[29]

これに対し、カリスマ概念の第三の起源として有力だと考えられるのは、カエサルやナポレオンのように、内外の戦争で勝利した軍事的英雄が王政を創立した歴史の事例である。ヴェーバーは、非日常的危機を克服したカリスマ的英雄が王政の起源であり、戦争状態が慢性化すれば、戦争指導者が恒常化して王政の先駆者になると論じた。そして、クーデタで得た権力を人民投票で正当化するナポレオンやルイ・ナポレオンの「いわゆる人民投票的支配」を「フランスのカエサル主義」と呼び、カリスマ的特徴を持つと指摘した。[30] 青年期のヴェーバーは、H・バウムガルテンとの文通で、内外の敵との闘争から国民の結束と支持を得るビスマルクの統治方法を「カエサル主義」と呼んで繰り返し批判しており、ビスマルクにも同じカリスマ的特徴を見出したと思われる。[31]

ヴェーバーは、宗教的預言者や軍事的英雄の純粋カリスマが、「歴史の創造的・革命的力」として作用する一方で、本質的に不安定であり、合理的経済に敵対する非日常的な性格を持つから、カリスマを日常的条件に合わせて永続的制度に転換する必要が生じると指摘する。そして、ゾームに従い、これを「カリスマの日常化」または「カリスマの非人格化（Versachlichung）」と名付けて別々に論じる。

まず、カリスマの日常化で中心問題となるのはカリスマ所有者の後継者問題である。第一は、カリスマ所有者が後継者を指名し、被治者が「拍手喝采（Akklamation）」で承認する場合であり、古代ローマの政務官・元首の指名に見られた。第二は、カリスマの従者が後継者を指名し、被治者が拍手喝采で承認する場合であり、神聖ローマ皇帝やローマ教皇の選挙に見られた。そこでの選挙は「カリスマの承認」だから、多数決原理を取らず、全員一致で行われ、その承認は「義務」と見なされた。第三は、多数決原理を採用した近代の民主的選挙であり、ナポレオン一世・三世の「人民投票的支配」、ペリクレスの「デマゴーグ支配」、合衆国の大統領選挙、英国やドイツの議会制に見られ、この順序でカリスマ的性格は次第に希薄になる。特に最初の人民投票は「選挙でなく」、支配者の要求の「承認」だった点で、皇帝選挙と同じカリスマ的特徴を示している。[32]

カリスマの日常化がカリスマの人格的性格を何ら変更しないのに対し、カリスマの非人格化は、カリスマから人格的要素を取り去り、他の支配類型の要素と結合する点で区別される。第一は、カリスマが血縁により移転すると信じる「世襲カリスマ」であり、日本の天皇制と西欧の中世社会に見られる。第二は、カリスマを特定官職の保有と結合する「官職カリスマ」であり、使徒ペテロの権威を承継したローマ教皇の地位に見られる。第三は、カリスマを教育により取得できると信じる「カリスマ教育」であり、カリスマ資格者を選抜する戦士や祭司の教育に見られる。[33]

カリスマ的支配と指導者民主主義

(b)ヴェーバーは、一九一八年夏学期にウィーン大学で講義するため、戦中稿（一九一七年または一九一八年の夏）を執筆し、没後の一九二二年に「正統な支配の純粋な三類型」と題して公表した。ここでヴェーバーは、支配を「一定の命令に服従を見出す機会」と新たに定義し、支配を支配者の自己正当化からでなく、服従者の様々な動機から捉え直す。そして、どんな支配も、支配を正統だと根拠づける「正統性根拠」に支えられる必要があるという。中でもカリスマ的支配は、信徒からカリスマの承認と服従を義務として要求する点で、「全く権威主義的性格」を持つと特徴づけ、カリスマの純粋型として、預言者や軍事的英雄と並んで「デマゴーグ」を追加する。[34]

ヴェーバーは、カリスマの日常化を新たに論じるに当たり、カリスマ所有者やカリスマ従者の後継者指名を挙げた後、カリスマの非人格化で論じた「世襲カリスマ」と「官職カリスマ」をカリスマの日常化に移し入れる。そして、カリスマ的支配は「反権威主義的に再解釈できる」と述べて、カリスマの反権威主義的再解釈という戦前稿になかった新たな論点を論じる。純粋カリスマでは、カリスマ資格者の承認は被治者に義務づけられたのに対し、選挙に示される被治者の自由な承認が新たな正統性の根拠だと再解釈されれば、カリスマ的支配者は「被治者の恩恵」による主人に転じ、自由に「選ばれた指導者」になる。これが、「民主的正統性」に基づく「指導者民主政」という新たな支配形態である。[35]ここでヴェーバーは、フランス革命以後、支配の正統性根拠が神の恩恵から人民の恩恵へと転換する世俗化の過程を指導者中心の観点から把握している。だが、指導者民主政は、ヴェーバーが言うように、本当に反権威主義的性格を持つと言えるだろうか。指導者民主政も、カリスマ的支配の派生形態である限り、純粋カリスマから革命的・権威主義的性格を継承するのではないか。

(c)ヴェーバーは、一九一九年六月からミュンヘン大学で講義するのと並行して、戦後改訂稿（一九一九―二〇年）を執筆し、一九二〇年四月に原稿を出版社に送った。改訂稿の「第三章支配の諸類型」では、第一に、支配を同じく服従の動機づけから定義し、特に行政を担う「行政幹部」が服従する動機として、物質的利害の得失という「目的合理的動機」、理念という「価値合理的動機」、個人的好みという情緒的動機、無自覚な習慣という伝統的動機を挙げる。だが、いかなる支配もこれらの動機では満足できず、支配が正統だという主観的信仰、即ち「正統性信仰」が付け加わる必要があるという。[36]

第二にヴェーバーは、カリスマの日常化の過程を、純粋カリスマの革命的・破壊的力が、世襲カリスマや官職カリスマを経て、家父長制支配や官僚制支配という「反対物へ転化する」支配類型の間の移行過程として理解する。そして、世襲カリスマや官職カリスマに対する「カリスマ的指導者の革命」が「国家から労働組合まであらゆる団体に（まさに今）見出される」と指摘し、一九一八年一一月ドイツ革命の指導者を念頭に置きながら、バイエルン共和国の首相K・アイスナー（一八六七―一九一九年）をデマゴーグの具体例として挙げる。[37]

第三にヴェーバーは、カリスマを再解釈した指導者民主政の概念で、一九一七年一一月ロシアに現れた革命独裁を理解できると考える。彼は、「指導者民主政の最も重要な類型」として「人民投票的民主政」に注目し、「古代・近代の革命の独裁者」、特にクロムウェル、ロベスピエール、ナポレオンを具体例に挙げる。そして、「特に社会化を目的とするプロレタリアート独裁はまさに大衆に信任された独裁者を要求する」と指摘し、ロシアで軍事的に成立し、農民に支持された独裁者レーニンを引き合いに出す。[38] ここでヴェーバーは、レーニンが『国家と革命』（一九一七年夏）でパリ・コミューンをモデルに唱えた「プロレタリアート独裁」（実は共産党独裁）の理論を念頭に置き、被抑圧階級の独裁はカリスマ的指導者の独裁を正当化できると考えている。レーニンも、「ソヴィエト権力の当面の任務」（一九一八年四月）で、ソヴィエト民主主義と個人の独裁は両立可能であり、生産手段の社会化は「指導者の単一の意志」に異議なく服従する「最も厳格な意志の統一」を要求すると主張し、内戦を理由とする個人独裁を正当化していた。[39]

第四にヴェーバーは、続く「合議制と権力分割」で、官僚制と身分制による支配の制限を論じつつ、単独支配による支配の強化を肯定的に評価する。官僚制支配が発展した結果、指導の合議制が弱まり、「政治指導者の優越的地位」に譲る傾向が見られる。また身分制支配から立憲制的権力分割が生まれたのに対し、「権力分割を廃止する努力」が国民公会や一九一九年春にミュンヘンで形成されたレーテ共和国に見られるという。[40] ヴェーバーは、カリスマ概念を「価値自由に」使用すると断っているが、改訂稿では、革命独裁を理論的に認識するだけでなく、実践的にもプラスに評価する意味で、カリスマ的指導者の概念を用いている。つまり論理的意味の理念型から実践的意味の模範型を引き出す誤りを犯している。ヴェーバーの言うように、確かに、合議制に比べれば、単独支配的独裁は迅速な決定と統一的指導を可能にし、個人の責任を明確にできるかもしれない[41]。だが、単独支配は決定内容の正しさを犠牲にし、権力分割を廃止でき、スケープゴートに責任を転嫁できる点で、ヴェーバーの単独支配評価は、独裁の巨大なリスクへの洞察を欠いた誤った評価だと言わなければならない。

では、カリスマ的支配の理念型は、支配の三類型の中でいかなる意義を持ち、いかなる限界を示すのだろうか。戦後改訂稿は、カリスマ的支配が、特定人格への情緒的帰依に基づく人格的・非合理的性格を持つ点で、官僚制支配と異なり、家父長制支配と共通するが、他方で、現存秩序を内側から変革する革命的・非日常的性格を持つ点で、官僚制とも家父長制とも異なると位置づける[42]。そこでヴェーバーは、カリスマ的支配が現状変革作用を及ぼし、歴史を大きく転換させた点を評価し、ロシアとドイツにおける敗戦と革命の体験を普遍史的に把握しようとしていると言える。

しかし、ヴェーバーは、カリスマ的支配の中で、預言者、軍事的英雄、デマゴーグの三者をカテゴリーとして区別しようとしない。そこで、指導者中心の観点から、歴史を動かす個人の非凡な才能(デマゴーグの弁舌能力や軍事専門家の戦略的能力)に注目する一方で、歴史を動かす普遍的理念の役割を正当に評価できなかった。例えば、改訂稿では、官僚制的合理化に代わり、「理性の革命的力」が外側から秩序を変革したと指摘するが[43]、啓蒙的自然法が一七八九年の理念として及ぼした作用を理論化できていない。また改訂稿の「第一章社会学の根本概念」では、自然法的理念への「価値合理的信仰」に基づく秩序を論じているが[44]、第三章で支配の諸類型の考察に生かされていない。つまり、革命的・非人格的自然法による新たな支配類型の可能性を認めながら、これを支配の三類型に加えて論じなかったのは、ヴェーバー理論の重大な欠落部分だと言える。

では、ヴェーバーは、なぜ自然法的支配という第四の支配類型を取り出して理論化できなかったのだろうか。一つには、ヴェーバーは、実定法を超えた自然法観念がもはや信用を失ったと判断し、その理由として「近代主知主義一般の懐疑的精神」と「実定法主義の不断の進出」を挙げる。そして、自然法が信用を喪失した結果、「今日最も一般的な正統性形式は合法性の信仰である」と結論する[45]。もう一つは、ビスマルクの統一政策から「生涯にわたる感銘」を受けたビスマルク体験の呪縛である。国民自由党員の子ヴェーバーも、内外の敵との闘争から結束した国民の支持を得るというビスマルクの「カエサル主義」に、フランス革命を超える一八七一年の理念を見出した世代の一員だった。そこで、価値自由と理念型の社会科学方法論でドイツ・ナショナリズムを一定程度相対化したにもかかわらず、指導者中心の戦略的観点から見た偏った民主主義観を相対化するのに成功しなかったのだ。

議会主義論と指導者民主主義

一九一四年七月二八日、オーストリア・ハンガリー帝国がセルビアに宣戦布告し、第一次世界大戦が始まると、ヴェーバーは、陸軍将校として野戦病院に一年間勤務した。そして、一九一五年末から、対外政策を中心とする政治評論を開始し、領土併合反対と早期講和の立場から、全ドイツ連盟ら急進派ナショナリストを批判する一方で、米国の参戦を阻止するため、A・v・ティルピッツが唱えた無制限潜水艦作戦に全力で反対する。だが、一九一七年三月にロシア革命が起こり、四月に合衆国が参戦すると、内政改革の政治評論に転じ、憲法委員会の要請で憲法改正案を作成する一方で、ドイツの議会主義化とプロイセン選挙法の民主化を唱える。特に一九一八年五月に公刊された『新秩序ドイツの議会と政府』（初出：一九一七年四―六月）（以下、『議会と政府』と略す）は、「ドイツ議会主義の過去と将来」を論じる中で、指導者民主主義を初めて論じた政治評論となった。

まずヴェーバーは、国民自由党政治家の伝聞によりつつ、ビスマルクがドイツ政治に残した負の遺産を批判する。ビスマルクは、内面的に独立した後継者の存在を許さず、一八九〇年以後、「完全に無力な議会」と「あらゆる政治教育を受けていない国民」だけを残した。というのも、ビスマルク以後の政治が、自分の信念に生きるべき政治家の指導を欠いた「統制されない官僚支配」だったからである。だが、上司に服従するべき官僚の支配は、「統制し、方向を指示する」政治指導を果たせない点で決定的限界を持つ。[46]

こうした官僚制を統制できるのは、君主か議会かのいずれかしかない。だが、君主は、行政に通じた専門家でなく、権力闘争で訓練された政治家でもないから、行政を統制することができない。逆に、皇帝ヴィルヘルム二世の外交関与のように、君主の親政への誘惑は国益にとり重大な危険を招く。そこで、議会こそ被治者の「最小限の同意を外的に表明する手段」だから、行政の長が議会多数派から選ばれ、議会に対し責任を持つならば、議会は、法案への同意を拒否する「消極的政治」でなく、権力を積極的に担う「積極的政治」を実行できる。こうした「行動する議会」こそ、デマゴーグではなく、指導者の資質ある政治家を育成できるという。[47]

そこで、議会の根本的任務は、第一に、調査権を行使し、官僚の秘匿する「職務上の秘密」を公開して、行政を監督すると同時に、国民を政治教育するという官僚統制の機能にある。第二に議会は、委員会活動を通じて政治家を訓練し、行政の経験を積んだ政治家を選抜するという指導者選抜の機能を持つ。いずれの機能でも、英国の議会は他国に勝る見事な成果を示している。[48] こうしてヴェーバーは、西欧とドイツを対立させるドイツの文筆家を批判し、英国の内閣制をモデルにドイツの議会主義化の利点を説く。

だが、ヴェーバーは、こうした議会主義化が選挙法の民主化としばしば対立関係にあると指摘する。[49] 議会主義の前提条件は、英国のような二大政党制と名望家支配にあると考えられている。だが、階級分裂と宗派分裂のため、英国型二党制は崩壊しつつあり、連立政権が避けられない。また選挙宣伝で勝利するため、政党の組織化が必要だから、地方名望家に代わり、職業政治家の役割が増大する。他方で、選挙法の民主化は、デマゴーグの意義が増大する作用を議会に及ぼす。ヴェーバーは、政治指導者がデマゴギーを用いて大衆の信用を得て、権力を獲得する仕方を「カエサル主義」と呼び、カエサル主義の手段こそ「人民投票」または軍事的成功への「拍手喝采」だという。そして、人民投票的支配の具体例として、ナポレオン一世と三世、ビスマルクと第一次大戦の軍事的英雄ヒンデンブルク、米国大統領と戦時の英国首相を挙げる。その上で、人民投票による指導者の選抜は、議会主義による選抜と対立関係にあると指摘する。[50] 議会主義的選抜の利点は、デマゴーグの台頭を防ぎ、後継者交代を円滑に行う点にあるのに対し、人民投票的選抜の欠点は、大衆の情緒的動機を強め、

「街頭の民主主義」を解き放つ点にある。ドイツ国民の政治的成熟は、こうした「無計画な集団発狂の情緒的作用」への反応で試されるだろう。[51]

ここでヴェーバーは、第一に、人民投票的支配に批判的な立場に立ち、ドイツの議会主義化を進めれば、民主化のデマゴーグ化作用を予防できると期待している。しかし、同時に指導的政治家の「カエサル主義的特徴」を指摘しており、議会主義の内部に指導者民主政の要素が入り込むのを認めている。第二にヴェーバーは、政治的に成熟し、指導者の選抜に参加する「王者の民族」のみが、「世界の発展」に関与する使命を持つと結論し、「民族の政治的運命」に関心を寄せる対外政策的観点を隠そうとしない。[52]ここに、初期ナショナリズム論との一定の連続性を見て取れる。第三に、ドイツの議会主義化による議会強化という『議会と政府』の処方箋は、あくまでも王制の存続を前提したものだった。そこで、第一次大戦のドイツ敗戦と十一月革命がこの前提条件を取り除いた時、王制崩壊に続くフランス共和政の実験から学び、非王制の議会政を改めて構想しなければならなかった。

大統領制と指導者民主主義(1)——新憲法案作成

一九一八年一一月一日にキールで水兵が蜂起し、七日にミュンヘンで革命が起こって、二日後に首都ベルリンに波及すると、その日に皇帝ヴィルヘルム二世は退位し、社会民主党の革命政府が共和国を宣言した。一一月一一日に休戦協定が結ばれ、第一次世界大戦は終わった。ヴェーバーは、一一月二二日から一二月五日にかけて「ドイツ将来の国家形態」を発表し、共和制の承認と憲法制定議会の招集を要求し、共和制の取るべき形態を論じた。

ヴェーバーは、プロイセン王朝が、皇帝の個人支配と退位引き延ばしにより信用を失った以上、憲法制定議会を即時招集し、共和制を承認すべきだと唱える。憲法制定議会の「革命的・自然法的正統性」こそ、内乱を防いで敵国の占領を避ける唯一の手段であり、「王朝的正統性」の拒否こそ、「市民層をも政治的に自立させる手段」である。[53] 共和制の形態は、国家元首を、米国のように人民投票で選出するか、フランスやスイスのように議会から選出するか、いずれかを選択できる。人民投票選出の大統領は、議会選出と異なり、「革命的正統性」による固有の権威を持ち、行政の強力な担い手として「社会化」にとり有利である。これに対し、スイスの合議制政府には「明確に責任を負う個人」が欠けており、統一的行政は困難だから、「社会化にとって障害」になる。[54] ここでヴェーバーは、人民選出の大統領が「王朝を正式に再興する道」に通じる危険は「余り多くない」と述べ、将来には楽観的であり、大統領と議会選出の首相のいずれが強力かは「状況により異なる」と述べ、両者の役割分担を充分に考えていない。

一一月一五日に内務省長官に選ばれたベルリンの憲法学者H・プロイス（一八六〇—一九二五年）は、一二月四日にヴェーバーを内務省の委員会に招待し、一二月九日から一二日にかけて、一三名の委員で新憲法の草案を協議した。議事録によれば、[55] 最初に(1)国家元首の問題をめぐり、ヴェーバーが、行政の統一とドイツの社会化を理由に単独の大統領制を提案し、議長プロイスが、責任感情を理由に同調した。そして、スイス型の合議制案に対し、ヴェーバーが、「有害な分割と責任の放棄」という「合議制による決定の危険」を強調した結果、単独大統領制が採用された。次に(2)大統領は人民選出か議会選出かをめぐり、プロイスが、議会が選出するフランス型は「真正でない議会制」で「首尾一貫していない」が、選挙人が選出するアメリカ型も「自己矛盾している」と指摘する。そこでドイツは、両者の「中間ライン」を選び、議会主義的政府が人民選出の二つの機関、大統領と議会の間を結合すべきだと提案する。人民選出の大統領が内閣を任命し、内閣が議会の信任に依存するシステムを取れば、「有害な二元論なき強力な民主的執行権」が可能になるという。そして、ヴェーバーが、フランス型の議会選出案を採用すれば、「議会経験が豊富な妥協の追求者」が選ばれると批判し、議会不信を理由に、議会に全権力を委ねるのでなく、「議会に対する対抗力（Gegengewicht）」が必要だと反論する。また大統領制が「旧君主制に余りに類似する」という有力な批判には、プロイスが、「制限された議会主義君主の地位に類似する」ならば、大統領の強大な権力を恐れる必要はないと反論する。最後に(3)大統領権限をめぐり、プロイスが首相の任命権と議会の解散権を提案し、特に後者を押し通した一方で、ヴェーバーが人民投票による立法の発案権と人民投票による大統領の解任を提案し、大統領制の人民投票的要素を強化した。

こうしてヴェーバーとプロイスが、多数派社会民主党員M・クヴァーク、独立社会民主党員J・ヘルツフェルトの対抗案と批判を退け、人民選出の大統領制という新憲法の骨格を協力して作り上げた様子が議事録から読み取れる。そこで、ヴェーバーは、一二月一三日に妻マリアンネ宛に「ライヒ憲法は原理的に出来上がった。私の提案に極めて近い形で」と満足の意を伝え、一二月二五日にプロイス宛に「私に協議に参加する機会を与えて下さったことばかりか、それ以上に、あなたがこの協議を指導した仕方に対し」感謝を表明した。[56] 第一の論点でヴェーバーが単独大統領制を導入したのは、『経済と社会』改訂稿の「単独支配的独裁」評価と基本的に共通しており、第三の論点で人民投票的要素を強化したことと表裏一体の関係にあると言える。これに対し、第二の論点でプロイスが、人民選出の大統領が内閣を任命し、内閣が議会の信任に依存する独自の大統領制システムを採用したのは、プロイスのビスマルク憲法改正案に原型が見られ、レズロープの『議会制の真の形態と不真正な形態』(一九一八年)に由来する。[57] シュトラスブルクの法学者R・レズロープ(一八八二―一九六二年)は、「真の議会制」は、英国の議会主義君主政のように、立法権と執行権が独自の起源を持ち、両権力の均衡が成立する点にあると考え、フランス第三共和政のように、議会が大統領を選出するのは「真正でない議会制」だと批判した。だが、プロイスが取り入れた議会主義君主政の権力均衡モデルは、議会と大統領が衝突する場合、後者の議会解散権により解決できると想定していた。そこで、首相任命権や議会解散権を(国王大権と同じく)大統領の権限とする点で、バジョットの描いた議会主義君主像から逸脱し、執行権の強化に偏っていた。従って、ヴェーバーとプロイスが共同で作成した新憲法草案は、大統領の人民投票的支配を導入し、議会主義と併存させる妥協的性格を持っていた。それは、ヴェーバーがプロイスに述べたように、「議会制と人民投票、連邦参議院と上院という構成の間の妥協の産物」だった。

大統領制と指導者民主主義(2)――憲法制定国民議会

新憲法草案の作成に関与したヴェーバーは、続いて招集される憲法制定国民議会に「フランクフルトでかなり確実に選出される」と期待していたが(一二月二五日プロイス宛)[58]、議員選出の願いはかなわず、国民議会の審議に参加できなかった。一九一八年一一月半ばにドイツ民主党が創設されると、ヴェーバーも民主党に入党し、一一月末から各都市で積極的に宣伝活動を行い、社会化を公然と支持し、スパルタクス団を批判した。そして、一二月二〇日、フランクフルトの党員集会で議員候補者の首位に指名されたが、社会民主党に戦術的に接近したため、一二月二九日の地方代表者会議で候補者名簿から除外されて、議員への道を断念した。[59]

だが、翌一九一九年一月一九日に憲法制定国民議会が選挙され、その審議が始まった翌日の二月二五日、ヴェーバーは論説「ライヒ大統領」を発表し、人民選出の大統領を「真の民主主義の守護神」と呼んで擁護した。[60] 大統領直接公選制の論拠は、①社会化に必要な統一的行政の担い手である点、②議会が職業団体の利益代表になり、「解決不能な危機的事態」に陥る可能性に対し対抗力となる点、連邦参議院や分権主義、プロイセン州政府の形で現れる連邦主義に対し対抗力となる点に求められる。

二月二四日からワイマールで始まった国民議会の審議では、ナウマンら民主党と右翼政党が、ヴェーバーの影響下に強力な大統領権限を要求したのに対し、多数派社会民主党と独立社会民主党は、これを「皇帝の代替物」として拒否し、議会主義を擁護した。[61] 例えば、前者は、議会解散権や首相任免権の大統領権限を拡張しようとしたのに対し、後者は、プロイスと共にその拡張に反対した。また旧ドイツ憲法第六八条の戒厳状態規定を代替するため、大統領の緊急命令権が第四八条に導入された時、前者は、プロイスと共に強制執行権の抑制を緩和しようとしたのに対し、後者は、これを抑制しようと努めた。

従って、七月末日に国民議会で採択されたワイマール憲法は、大統領制と議院内閣制の混合という妥協的性格を持ったばかりか、議会主義君主以上に執行権を強化するものであり、二つの欠陥に最初から付きまとわれていた。[62] 第一は、大統領と首相という指導的地位の二重化とこれに伴う政治責任の二重化であり、この欠陥はヴェーバーの大統領制構想に由来する。第二は、大統領と議会が衝突し、議会解散により解決できない場合、議会から独立した強力な執行権が成立する可能性であり、この欠陥はプロイスの権力均衡モデルに由来する。二人の憲法草案起草者は、フランス第三共和政から議会不信の経験を学ぼうとする一方で、フランス第二共和政がボナパルティズムを生み出した経験から学ぶのを忘れてしまったのだ。

ヴェーバーは、一九一九年一月二八日にミュンヘンで『職業としての政治』を講演し、アイスナーの戦争責任論を批判して責任倫理を説いた。そして、七月に、レーテ共和国を指導したE・トラーの裁判で証言し、トラーは「純粋な信条倫理から」「責任感情なく」行為したと弁護した。[63] また、五月にヴェルサイユ講和会議代表団に加わった後、六月末に革命の余韻冷めやらぬミュンヘンで、ミュンヘン大学教授として教職活動に復帰し、講義と並行して『経済と社会』改訂稿を執筆した。一九一九年夏学期に「社会学の一般的カテゴリー」を講義し、一九一九年冬学期に「普遍的社会・経済史の概要」を講義すると共に、講師向け演習を行い、一九二〇年夏学期に「一般国家学と政治学」を講義したが、教職復帰から一年後の一九二〇年六月一四日に肺炎で急逝した。妻マリアンネによれば、ヴェーバーは、最初の講義で「講和条約を一片の反故にするという一つの共通の目的」について語り、一九二〇年一月一九日、共和国首相アイスナーを暗殺した青年アルコの特赦に抗議して右翼学生と対決したが、演習で個人的に親しくなった青年たちは、ヴェーバーに教師以上の指導的人物を見出し、彼を尊敬したという。[64]

当時ミュンヘン商科大学の講師だった三一歳のカール・シュミットも、一九一九年冬学期にヴェーバーの講義と演習に参加して、一月二四日にO・シュペングラーの著作をめぐり会話した弟子たちの一人だった。続く一九二〇年代にシュミットは、カリスマ的支配、革命独裁、大統領制という晩年のヴェーバーと同じテーマを、カトリシズムの異なる立場から論じることになった。戦後ドイツの歴史家W・モムゼンによれば、憲法学者シュミットは、「ヴェーバーの物覚えのよい弟子」として、彼の大統領制構想を首尾一貫して展開させて、一九三〇年以後の議会主義の危機に面して大統領権限の拡大に幅広い支持を得る上で重大な役割を果たした。こうした両者の連続性を理由に、モムゼンは、カリスマ的支配のヴェーバー理論が、ドイツ人民を指導者ヒトラーに自発的に拍手喝采させる上で部分的に貢献したと断定した。[65]では、ヴェーバーとシュミットの連続性というテーゼは本当に正しいのだろうか、またはどれほど正しいのだろうか。そして、両者の連続性を理由に、ヴェーバーはヒトラーの指導者国家成立の責任を共に負うべきなのだろうか。

第二節　ワイマール期ドイツとカール・シュミットの思想

シュミットとカトリシズムの国民主義化

カール・シュミット（一八八八―一九八五年）は、ヴィルヘルム期ドイツに生まれ育ち、若くして第一次大戦で志願して軍隊に勤務し、ドイツの敗戦と革命を経験した前線世代に属する点で、ビスマルク世代のヴェーバーとは大きく異なる。こうした青年期のナショナリズム体験ばかりか、ドイツ帝国では少数派のカトリック教徒として質素なカトリック的環境で育った点で、プロテスタントで教養市民層出身のヴェーバーとは決定的に異なっている。

シュミットは、ドイツ中西部ザウアーラントの片隅プレッテンベルクでカトリック商人の子として生まれ、一一歳からアテンドルンのカトリック系ギムナジウムで八年間寄宿制の教育を受けた。そして、一九〇七年四月からベルリン大学、ミュンヘン大学、シュトラスブルク大学で法学を学び、一九一〇年六月に博士の学位を取得した。一九一〇年夏からデュッセルドルフの上級地方裁判所に試補見習いとして勤務する一方で、一九一二年六月に『法律と判決』を、一九一四年初めに『国家の価値と個人の意義』を公刊し、後者が教授資格論文として受理されて、一九一六年春にシュトラスブルク大学講師に就任する。一九一四年七月末に世界大戦が勃発すると、シュトラスブルク大学の指導教授F・v・カルカーの勧めで、翌一九一五年二月末からミュンヘンのトルコ人兵営で志願兵訓練を受けた後、三月末からバイエルン副総司令部で駐屯地勤務を経験し、ミュンヘンで敗戦を迎えた。[66]

シュミットの属したカトリック教会は、一九世紀半ばに世俗支配の危機に直面していた。カトリック教会は、一八六六年七月のオーストリア敗北で世俗支配の最後の支柱を失った後、一八六九年一二月からバチカン公会議を開き、翌一八七〇年七月に教皇が「聖座から（ex cathedra）」宣言した教義は誤りがないという教皇無謬説を採択し、政教分離の自由主義的要求に闘争宣言した。だが、直後に起こった独仏戦争でフランスが敗北したため、教皇領をイタリア王国に併合された。教会の世俗支配が大きく後退する中、同年にドイツで結成されたカトリックの中央党は、翌一八七一年末から一〇年間、ビスマルクや自由主義者との文化闘争を経験した。その結果、カトリシズムのミリュー（環境）は強化される一方で、中央党は、政府に敵対する帝国の敵から、法案に賛成する帝国与党へと転換し、ヴィルヘルム期にカトリシズムの国民主義化が次第に進行した。[67] ドイツ・ナショナリズムの右旋回に続いて見られたカトリシズムとナショナリズムの結合は、第一次大戦が勃発し、戦時ナショナリズムが高揚すると頂点に達した。一九一四年一〇月、ドイツの著名な学者・芸術家は、「文化世界への呼びかけ」の声明で、自由主義・民主主義の西欧的価値を否定し、義務・秩序・公正のドイツ的価値を鼓吹する「一九一四年の理念」に訴えかけた。カトリシズムの国民主義化という時代背景を念頭に置きながら、シュミットの初期思想とその後の民主主義論を見ていこう。

法・国家・個人の法哲学的探究

デュッセルドルフ時代の若きシュミットは、一九一三年一月から五月にかけて、『国家の価値と個人の意義』（以下、『国家の価値』と略す）を執筆し、法・国家・個人の関係に関する法哲学的考察を試みた。そこには、後の著作に見出される法観念・国家観・人間観の原型を読み取ることができる。

まずシュミットは、法を権力に還元する法の権力理論を批判した上で、規範と事実を二元論的に区別し、規範主義的法観念を唱える（第一章）。シュミットによれば、法は事実から導き出すことができないから、法と権力という「二つの世界の対立」だけが残される。「法が権力に対して自立し独立しているならば、そこから、存在と当為、規範的考察と発生的考察、批判的考察と自然科学的考察の対立に対応する二元論が生じる」。[68] ここでシュミットは、法は事実から導出できない規範だという、新カント派（特にH・ケルゼン）と同じ規範主義の立場を取った上で、いかにして法規範を実現するかという媒介者への問いを追求する。ただし、シュミットは、法規範を「自然主義なき自然法」と呼ぶだけで、法の起源やその内容を立ち入って論じようとしない。

次にシュミットは、国家こそ法を実現する主体だと論じ、法実現的国家観を表明する（第二章）。実定法主義の学説（例えばP・ラーバント）が説くように、国家が法に先行するのでなく、法が国家に先行するのであり、法規範が最高権力を初めて正当化できる。そこで、国家は、法が抽象的思想から地上の現象になる「移行点」または「中間点」であり、法を世界の中で実現する任務の担い手、「法の媒介者」こそ国家だと理解される。ここでシュミットは、ヘーゲルに従い、法思想の内容を定立（setzen）し、抽象的法を法律（Gesetz）へと実定化する作業を「主権的決断の行為」と呼んで、『法律と判決』と同じく、そこには「内容上の無関心」が見られると指摘する。[69]

しかし、ヘーゲルが、教会分裂の必然性を肯定し、国家と教会の自由主義的分離から論じるのに対し、シュミットが法実現的国家のモデルとして参照するのは、「理念的国家」「唯一の教会」と呼ばれるカトリック教会である。第一にシュミットは、教会の法秩序という前提を認める者は、「聖座から（ex cathedra）の決定の無謬性という帰結」に讃嘆を惜しまないと述べて、バチカン公会議の教皇無謬説を受け入れる。そして、「カトリックの教説を正当だと承認する」か、それとも、ルターの立場から「全ての法は教会の本質と相容れない」と見なすか、という二者択一を突き付ける。第二に、教皇こそ「自然の道徳法則と啓示内容の無謬の解釈者」だというカトリックの教説は、法を権力に対して保護する審級の必要性に基づいていると述べて、教皇の自然法解釈権を評価する。[70]

こうした神学的文脈の中でシュミットは、一九〇九年から一九一二年にかけてゾームの教会法批判をめぐり争われたカリスマ論争に何度も言及している。第一に、ゾームが、理念を世俗の中に引き入れ、法として実現する必然性を見逃しているというハルナックの批判に同意する。第二に、「官職の単なる授与による真のカリスマの構成」というカトリックの教説を、「教会の神法」に属する「傑出した意味で法学的・反個人主義的な思考」だと称賛する。ここでシュミットは、ゾームに対し、擬制に基づき、カリスマを人格的特性から切り離し、官職保有と結合する「官職カリスマ」の思想を擁護している。[71] 従って、ゾームやヴェーバーが原始教会をカリスマ組織と見るのに対し、シュミットは、権威原則を法制化した法的組織としてカトリック教会を正当化し、カトリック教会法を国家にも転用できると考えている。

最後にシュミットは、法実現に貢献する度合いに応じて個人を価値評価できると見なし、反個人主義的人間観を打ち出す（第三章）。「法の奉仕者」たる国家は、個人に先立つものであり、国家は、社会契約説が説くように、個人が創り出した構成物ではない。そこで、国家における個人の意義は、法を実現する任務により測られ、個人の価値は「超個人的な合法則性のリズムへの献身」にのみ存在する。人間は手段でなく、目的自体であるというカントの尊厳要求も、「自律の前提が充たされる限りでのみ」、即ち「何らかの生物学的類存在」でなく「純粋な理性的存在になった人間」にのみ当てはまる。[72] そこでシュミットは、絶対君主や「無謬の教皇」に体現される強力な国家に奉仕する者こそ最大の価値があると考え、一九一四年の理念を先取りする一方で、国家に先立つ個人の自由を根拠づけることができない。というのも、カントが法と道徳の区別を「外的立法と内的立法の対立」から説明するのを批判し、「法と道徳の統一という前提」に固執する限り、近代自然法の個人主義的成果は、国家に先立つ法規範から排除されるからである。[73]

この著作の序論でもシュミットは、現代が「個人主義的時代」だという異論を予想しつつ、それが「現代の本来の性格についての誤った前提」に基づくと反論し、フランス革命以前の旧欧州という「明確に反個人主義的だった偉大な時代」を回想する。そして、この本の「一見すると反個人主義的な成果」の反時代的性格を自覚し、経験的個人を超えて「新たに根拠づけられた統一」を探る必要を説く。[74]だが、一九一四年初めに『国家の価値』を公刊したシュミットは、この現代診断が七月末の第一次大戦勃発と親友F・アイスラーの戦死により図らずも的中したのを知り、驚愕する。一九一四年一〇月二日に執筆した自著紹介では、「巨大な出来事を歴史的・文化的文脈の中で自覚する平静さを持つ者は、非人格的なものの力に震撼するだろう」と述べ、翌一九一五年三月一一日の日記帳には、「世界大戦はどうなるだろうか。ドイツは正義の国、個人を否定する国になるだろう。私が国家についての本で国家の理想として立てたことをまさに実現している」と書き付ける。[75]

戦争・革命体験と独裁への関心

一九一五年三月二三日にバイエルン副総司令部に配属されたシュミットは、戦線勤務へ転属する不安に脅える中、九月七日に「戒厳状態の法律について報告し、戒厳状態を戦後も数年間維持するのを根拠づける」よう委託され、「よりによって私が。摂理が私をこう定めたか」と書き記す。[76]この戒厳状態報告は、翌一九一六年末に「独裁と戒厳状態――国法的研究」と題して雑誌に公表された。

ここでシュミットは、フランス革命以来のフランス史を参照し、従来様々に呼ばれてきた「例外状態」を、目的と法形式の観点から、二つの概念に区別する。第一に、一七九三年四月の国民公会が、対外的な国土防衛の必要から公安委員会の「独裁」を開始したのに対し、一八四八年六月の国民議会は、国内の反乱を鎮圧するための非常措置として「戒厳状態」を宣言した。第二に、一七九三年の公安委員会独裁が、立法権と行政権の分離を廃棄したのに対し、一八四八年の戒厳状態は、立法権と行政権の分離を維持しつつ、行政権を軍事命令権者に移行させ、集中した。公安委員会の独裁が、同一の主体が法律の制定と執行を担うことで、権力分立を廃棄したのに対し、国民議会の戒厳状態は、権力分立を維持しつつ、カベニャック将軍が特定範囲内で法律の制約を脱して活動するのを可能にした。シュミットは、法律の制定と執行というルソーの権力分立論が、行政の意義を正当に評価しておらず、「行政は実定法規定の単なる執行以上のものだ」と批判する。ヘーゲルの用語に従い、権力分立を権力の未分化な状態の「否定」と見るならば、独裁は、権力分立を受け入れつつ廃棄する「否定の否定」を、戒厳状態は、特定範囲内で最初の根源的状態へ回帰する「肯定への回帰」を意味するという。[77]

この戒厳状態論でシュミットは、対外戦争に対処する軍事目的か、それとも国内反乱に対処する治安維持目的かという基準と並んで、権力分立の法治国原理を維持するか否かという基準で、独裁と戒厳状態を区別している。その狙いは、一八五一年のプロイセン法律第九条を取り入れたドイツ憲法第六八条の実践が、二つの異なる目的を同一視し、軍事命令権者に立法権を認めているのを、「集中の反対物をもたらす」と批判する点にあった。[78]

一九一八年一一月七日にミュンヘンで革命が起こり、独立社会民主党のK・アイスナーがバイエルン首相になったが、翌一九一九年一月一二日の州議会選挙で敗北し、二月二一日に暗殺された。三月一七日に多数派社会民主党J・ホフマンの政府が州議会で選ばれたが、四月七日に中央評議会のF・ニキシュはレーテ共和国を、四月一三日に共産党のE・レヴィーネが第二レーテ共和国を宣言したため、五月三日まで国防軍や義勇軍との間で軍事衝突が続いた。バイエルン副総司令部は、Ch・ロート大尉の指揮下でこの内戦に参加し、下士官のシュミットも、四月一日に都市駐留部隊に配属され、六月四日まで身を以て戒厳状態を経験した。シュミットの例外状態論は、この内戦経験に決定的に負っていると言える。[79]

敗戦でシュトラスブルク大学講師の職を失ったシュミットは、六月末に除隊となった後、一九一九年九月に学長M・J・ボンの助力でミュンヘン商科大学の講師に就任する。そして、一九一九年冬学期にミュンヘン大学でヴェーバーの講義「社会経済史概要」や講師向け演習に参加し、[80]革命独裁への関心をヴェーバーと共有すると共に、ミュンヘン商科大学で宗教改革以降の政治思想史を二年間講義した。商科大学の政治思想史講義録は遺稿に含まれているが、全一一章の中で第五章のボダン論と第六章後半のホッブズ論が現在まで公表されている。[81]シュミットは、この政治思想史講義から素材を取り入れつつ、一九二〇年夏までに最初の主著『独裁』を執筆し、古代ローマ以来の本来の独裁を「委任独裁」、近代革命で現れる新たな独裁を「主権独裁」と呼んで、両者を区別した。

独裁概念の区別と革命独裁の理論化

『独裁』（一九二一年初め）の序論でシュミットは、法規範とその実現を区別した『国家の価値』の考察を進めて、例外状態では法規範の支配がその実現方法と対立し、「規範からの例外」をもたらす点に注目し、独裁の本質は「法規範と法実現の規範が分離する一般的可能性」にあるという。だが、例外を許容し、独裁を正当化する形式的指標は「最高権威による授権」にあるから、権威による授権が委任された任務を正当化する限り、どんな独裁者も必然的に「特別な意味で代理人（Kommissar）」である。[82] 一九一六年の戒厳状態論が権力分立の法治国原理の廃棄に関心を寄せたのに対し、一九二一年の『独裁』は、観点を大きく変更し、授権形態の変遷を中心に代理人の概念史を描き出そうとする。

第一にシュミットは、マキャヴェリとボダンの解釈に基づき、ローマの独裁官と親任官僚を絶対主義の主権概念から区別し、委任独裁の最初の事例と見なす。対外戦争や内乱の危機を克服するため半年の期限で執政官から任命される独裁官の官職は「ローマ共和政の賢明な発明」であり、「自由を保持する共和政体に特有の手段」を意味していた。「国家の絶対的で永続的権力」というボダンの主権の定義に従うならば、君主が任命する官僚も、ボダンの言う主権者でなく、国家機関の委任に基づく委任独裁に当たる。教皇を「キリストの代理人」と解釈する教会法の「人格的代表」観念に従い、親任官僚は、「君主の人格を代表する」「君主の代理人」と見なされ、絶対主義の道具として絶対君主に奉仕した。[83]

第二にシュミットは、ルソーとシィエスの解釈に基づき、フランス国民公会の革命独裁を主権独裁の最初の事例と見なす。ルソーの社会契約説は、「主権者、即ちリヴァイアサンを一般意志に置き換えただけの文字通りの複製物」であり、人民の自己支配の教義を性善説と結合すれば、道徳的に善で徳ある者に「人民と自称し、人民と同一化する権利」を認めるから、「自由の専制の図式」を提供し、新たな革命独裁を正当化した。委任独裁が「憲法に従い存立し制定された機関の授権」に基づくのに対し、新たな主権独裁は、人民の憲法制定権力に基づく「無条件の行動代理人」を意味する。両者の違いは、前者が制定された権力の明確な意志に拘束されるのに対し、後者は、ルソーの立法者のように、制定権力の不定形な意志を「初めて形成する」よう委任される点にある。こうした主権独裁に当たるのが、一七九三年一〇月以降の国民公会とその委任による公安委員会の革命独裁である。[84]

第三にシュミットは、二つの独裁概念を現代に適用し、ライヒ大統領の緊急命令権を委任独裁の新たな事例と解釈し、ロシア十月革命で現れた「プロレタリアート独裁」を主権独裁の新たな事例と解釈する。ワイマール憲法の第四八条は「法的に限定されていない行動委任への授権」を含んでいるから、「委任独裁の全く明白な事例」を意味する。これに対し、「人民と同一視される」プロレタリアートの独裁は、究極目標に移行するため没落階級を排除する「有機的発展の規範からの例外」を意味するから、「主権独裁の概念」を前提する。[85]

こうした独裁概念の区別は、主権者の代理人の歴史的変遷を認識する上では意義があるが、現代に適用する点では大いに問題がある。第一に主権独裁の概念は、カウツキーやケルゼンが「プロレタリアート独裁」を批判したように、[86]山岳派や共産党による一党独裁の現実を覆い隠すイデオロギーの役割を果たしかねないが、シュミットは、一面的概念が現実全体を見えなくさせるバイアスの可能性を認識していない。第二に、委任独裁から主権独裁へ移行する現象がローマ共和政にもフランス共和政にも繰り返し見られたにもかかわらず、シュミットは、委任独裁を「合憲的な共和政の国家機関」と強調する余り、執行権の独裁が体制転換をもたらす可能性を見逃している。しかし、一九二一年春に『独裁』を読んだボン大学の国法学者R・スメントは、ミュンヘンのシュミットを訪問し、最初はグライフスヴァルト大学教授へ、次にボン大学教授へと招聘するように尽力するのだ。[87]

主権概念の再定義と自由主義批判

グライフスヴァルト大学を経て、一九二二年三月末にボン大学に移ったシュミットは、『政治的神学』（一九二二年末）で決断主義の立場から主権概念を定義し直し、神学的に根拠づける一方で、自由主義批判を展開する。四章からなる『政治的神学』は、日記帳によれば、最初の三章と第四章「反革命の国家哲学」では執筆の由来が異なる。前者は、『マックス・ヴェーバー追悼論集』に寄稿するため、三月二四日以降に執筆され、一二月に公刊されたが、後者は六月一八日以降に執筆され、秋に雑誌に公表された。[88] だが、隣接する時期に執筆され、一書にまとめられた経緯から、ここでは二つの部分を連続的に論じることにする。

第一にシュミットは、例外状態に基づき主権概念を再定義し、決断主義の立場を導き出す。主権者は「例外状態に対し決定する者」と定義し直され、ケルゼンらの規範主義に対し「決断主義」と呼ばれる。シュミットによれば、規範の通用する「正常な状況」でなく、規範からの例外が生じる「例外状態」こそ「誰が決定するか」という主権の本質を照らし出す。法規範と法実現を区別する『国家の価値』の二元論は、法を規範の体系と見なす規範主義と規範からの例外を扱う決断主義へと切り離され、法規範の内容には無関心なまま、主権者による暴力行使の独占が正当化される。更にシュミットは、ボダンの主権概念から自然法の規範的拘束を取り去り、ホッブズの命題「真理でなく権威が法を作る」を引用し、主権者が自然法の解釈を独占すると説く。[89] 個人の良心でなく、主権者こそ何が正しいかを決めるという思想は、教皇が自然法の解釈を独占するカトリック教会のドグマを転用したものである。そこで、『国家の価値』で導入された教皇の無謬性の教義は、主権者の無謬性の想定として受け継がれることになる。[90]

第二にシュミットは、主権概念を神学的に根拠づけ、これを「世俗化」テーゼで説明する。シュミットによれば、「近代国家論の主要な概念は全て神学的概念を世俗化したものである」。「世俗化(Säkularisierung)」は、本来は宗教改革で起こった教会財産の没収を意味するが、シュミットは、神学概念が国家論に受容される教会遺産の継承という肯定的意味に読み替える。[91] 世俗化の第一段階は、デカルトやホッブズに見られるように、超越的神の概念を世俗化したのが主権者たる絶対君主の超越性だという一七世紀の世俗化の事例である。その第二段階は、ルソーやヘーゲルに見られるように、神が内在化し汎神論化するに従い、人民が絶対君主に代わる新たな主権者になるという一九世紀の内在化の事例である。そこから、フランス革命後に、人民の制定権力に基づく新たな正統性原理、「民主的正統性」が現れる。だが、シュミットは、反革命国家哲学者の立場から、ルソーの人民主権論では「決断主義的・人格主義的要素が消え去る」、人民の統一は、絶対君主政に見られる「この決断主義的性格を持たない」と批判する。[92] ここから、絶対君主が教皇から受け継いだ「代表」の遺産を継承するならば、近代革命後の民主政は安定できるという結論が引き出されるだろう。続いて執筆された『ローマ・カトリシズムと政治的形式』(一九二三年四月)(以下、『カトリシズム論』と略す)でシュミットは、官職組織の教会が「キリスト自身を人格的に代表する」というカトリック的代表理論を展開する。そして、ゾームが、カトリック教会を「法学的形式」として定義しつつ、教会がキリスト教を「私事や内面性」として理解せず、「目に見える制度へと形態化」したのを「堕罪」と見なした点を批判する。[93]

第三にシュミットは、J・ド・メストルやドノソ・コルテスら反革命国家哲学者に従い、自由主義思想への論争を展開する。自由主義者ヴェーバーは、「価値自由」論文で、自分の価値基準を自覚する「価値討議」の必要を説き、『職業としての学問』（一九一七年一一月）で、様々な価値の間の抗争――「神々の永遠の闘争」――が訪れると予言していた。反自由主義的弟子シュミットは、自由主義が、諸価値の抗争を解決する手段として自由な討議に逃げ込み、決定を先延ばしして、独裁か否かの二者択一を回避する「永遠の会話」だと批判する。[94]『政治的ロマン主義』（一九一九年）でシュミットは、『国家の価値』の反個人主義的立場を発展させ、神を主観化し、個人の主観を世界の中心に据えた近代主観主義の立場を、任意の内容と結びつく「機会原因論」だと批判した。そして、ロマン主義者が熱烈な関心を示したカトリック教会を、ゾームとは逆に、「キリスト教の法制化の偉大な機構」と呼んで称賛した。[95]J・S・ミルの自由主義が、ルソーの純粋民主主義を批判し、人類が誤りうる事実から出発して思想・討論の自由を根拠づけたのに対し、シュミットの自由主義批判は、逆に主権者の無謬性の想定から出発して、良心の自由を放棄し、主権者の決定に服従するよう勧める。

シュミットが反自由主義的帰結を導き出した例外状態の原体験は、一九一九年四月にミュンヘンのレーテ共和国と国防軍・義勇軍の間で戦われた戦闘経験にあった。シュミットは、この内戦経験から、「不断の例外状態」に置かれた国家では、内戦の勝者、即ち「例外状態を支配する者が国家を支配する」という洞察を引き出し、三年後に決断主義へと定式化したと考えられる。彼の言う例外状態とは、「銃殺が判決に先行する」即決裁判が例外法として通用する戦場の世界なのだ。[96]

議会主義批判と民主主義の再解釈

一九二三年には、一月のフランス・ベルギー軍によるルール占領から共和国の危機が始まる中で、シュミットは、四月半ばのミュンヘン旅行から帰った後、五月に『現代議会主義の精神史的状況』(以下、『議会主義論』と略す)を執筆し、一〇月末に公刊して、例外状態論を議会主義批判と民主主義の再解釈へと展開する。

第一にシュミットは、反自由主義的立場から、議会主義の理念と現実を共に批判する。議会主義の精神的基礎は公開の討論という自由主義の要求であり、意見の自由競争から真理が生じるという想定に基づく。だが、この自由主義的想定は、ロマン主義と同じく、最終結果を断念する「永遠の対話」にすぎない。しかも、議会主義の今日の現実は、議会主義の自由主義的理念から遠く隔たっている。議会に責任を負う議会主義的政府では、重大な決定は本会議の討論の結論でなく、政党の小委員会で既になされている。そこで、公開の討論は空虚な形式となり、議会主義の精神的基礎はもはや失われたという。[97] こうしてシュミットは、独立した議員の討論と説得の場という古典的議会政の条件が大衆政党の組織化により失われた第一次大戦後の議会主義の現実を鋭く批判した。

第二にシュミットは、民主主義を議会主義から切り離して権威主義的に再解釈する。シュミットによれば、民主主義は、決定する者自身が決定に服するというルソーの意味で、「治者と被治者の同一性」と定義されるが、民主主義の同一性は、万人の普遍的平等という自由主義原理でなく、一定の基準を共有する国民の「同質性」から生じる（一九二六年版加筆）。そこで、人民の意志をいかに形成し、被治者を治者に同一化するか、誰が意志形成の手段を握るかが重要になる。リップマンが言うように、人民の意志は宣伝や世論操作の技術により作り出せるから、ボリシェヴィキのように、宣伝手段を握る者は「真の民主主義」の名で独裁できる。イタリア・ファシストに見られるように、人民の意志は、投票所の秘密投票よりも公開の「喝采」で表明できるから、独裁やカエサル主義は民主主義の直接的表現でありうる[98]（一九二六年版加筆）。こうしてシュミットは、議会主義から民主主義を切り離し、「独裁は民主主義の対立物でない」という反議会主義的・権威主義的民主主義観を引き出す。

ここでシュミットは、マディソンやＪ・Ｓ・ミルの純粋民主主義批判を考慮せず、ルソー的民主主義を無批判に受け入れて、執行権の独裁と結合する結果、権力濫用を予防する権力分立の意義やその責任を追及する議会主義化の意義を見逃している。だが、一九二二年一〇月にイタリアのファシスト政権が成立し、一二月にボリシェヴィキ独裁のソヴィエト連邦が成立する中で、彼の反議会主義的民主主義観は新たな時代の潮流を先取りするかに受け取られた。シュミットは、第三章でマルクス主義の独裁概念を取り上げて、プロレタリアート独裁は弁証法的発展史観と矛盾するわけではなく、人類史の発展における一契機として歴史哲学的に正当化されると内在的理解を示す。また第四章では、Ｇ・ソレルの非合理主義的直接行動論を取り上げ、大衆が革命に熱狂するゼネストの神話は、ベルクソンの言う「生の本能」「生のエネルギー」を表現しており、ムッソリーニは、フランス革命戦争やドイツ解放戦争に見られた「国民の神話」を意識的に呼び出していると説明する。[99]

直接民主主義論と喝采概念の導入

続いてシュミットは、一九二六年一二月のベルリン講演を元に、翌一九二七年七月に『人民投票と人民請願』を公刊し、直接民主主義の限界を論じる中で、民主主義論に「喝采」の概念を導入する。シュミットは、ワイマール憲法に導入された直接民主主義的制度として五つの人民投票を挙げた上で、第七三条第三項に定める人民請願と人民投票の統一的手続きを取り上げ、議会の「通常の立法手続き」と並ぶ「特別の立法手続き」「人民立法手続き」と呼ぶ。そして、第七三条第四項により予算案・租税法・俸給法という金銭法律は人民立法手続きから排除されると解釈した上で、直接民主主義の様々な限界を論じる。

第一にシュミットは、人民という言葉の多義性に注目する。有権者の一〇分の一で法案提出を請願する「人民（Volk）」とは、国家機関として選挙や投票に参加し決定する有権者――「通常は人民と同一化される多数者」――でなく、政府組織と対立する少数者――「政府機能を持たず、統治しない者」――を意味する。そこには、「人民と政務官は相互に対立し、人民は本質的に政務官（magistratus）でない」という「ローマ国法の古典古代的観念」が見られる。ここでシュミットは、ローマ史家Th・モムゼンの書『ローマ国法』（一八七一―一八八年）を引用し、ローマ共和政の人民投票モデルから直接民主主義の限界を考察する。[100]

第二にシュミットは、秘密投票による意志表明手続きの間接的限界を指摘する。秘密の個別投票を加算した結果で意志表明する人民は、スイスのように現実の集会で意志表明する「容易に認識できる量」としての人民とは異なる。というのも、集会した群衆が呼びかける「喝采（Akklamation）」こそ、ルソーの思い描いた「民主主義の根本現象」、「あらゆる政治共同体の永遠の現象」だからである。集会で喝采する人民は、「指導者（Führer）を信頼し、指導者と一体化した統一的政治意識から提案を承認する」。「人民が不屈の政治本能を持ち、味方と敵を区別できる限り、その決定は常に正しい」。集会する人民の喝采は、指導者への信仰告白を表明するものと解釈される。これに対し、人民を個別の有権者として孤立させ、秘密投票の加算手続きに還元するならば、集会する人民の直接性は否定される。「直接民主主義」の表現は相対的意味で受け取るべきであり、「真の古典的民主主義」から見れば、秘密の個別投票による意志表明ほど間接的なものはない。ここでシュミットは、ボン大学神学者E・ペテルゾンの書『一つの神』（一九二六年）から、カリスマに代わる喝采の概念を借用し、純粋民主主義のロマン主義的神話を呼び出そうとする。[101]

第三にシュミットは、秘密投票手続きが問いの定式化に依存する内在的限界を持つと指摘する。ローマ国法によれば、「市民団は、政務官と共同で初めて行動できる」と考えられた。リップマンやL・ローウェルも指摘するように、政務官のように、「問いを定式化する力を持つ者は、投票結果に決定的に影響を及ぼす」が、人民は、定式化された問いに賛成か反対で答えるだけで、自ら問うことはできない。というのも、人民は自分で法案を作成できず、法案作成は「協議」に委ねられるからである。従って、第七三条第三項で言う人民請願の決定は、協議（実際は「報道機関の宣伝や扇動」）の結果を共同で決定することを意味する。更に、秘密投票で完全に組織化された人民はもはや人民でなくなり、喝采という「人民の不可譲の権利」を失うが、ここに「あらゆる直接民主主義の自然な限界」がある。これに対し、真の政治的意志を持つ少数者が、組織されない人民として現れ、世論を支配するならば、「直接に人民だと自称し、自分の意志を人民の意志と同一化する」可能性が生じる。[102]

第四にシュミットは、直接民主主義の方法に対する自由主義者の異論に注目し、これを「議会制自由主義と現代の大衆民主主義の対立」から説明する。憲法起草者プロイスは、憲法委員会の協議で、人民投票の本来の機能は通常の立法機関の間の意見の相違と紛争を決定する点にあると考えた。そして、紛争の決定を超える人民投票は、ドイツの未熟な議会政を危機に陥れると危惧し、議会政の頭上に掛かる「純粋民主政のダモクレスの剣」だと警告した。シュミットもプロイスの警告に同意し、通常の立法手続きと並んで特別の立法手続きを導入する人民立法手続きは「この危険な作用」を及ぼすと指摘する。更に、自由主義と民主主義の分裂が最も明らかになるのが財政問題であり、近代民主主義の父ルソーも、財政という語を「奴隷の言葉」と呼び、民主主義に属さないと考えた。というのも、貧富の経済的対立が民主主義の同質性を脅かすならば、財政収支の分配観念も変わるからである。租税を支払う者が人民代表を通じて租税を承認し、支出を統制すべきだという信念は、「代表なくして課税なし」の自由主義的命題に表明された。だが、大衆民主主義の下で、租税を決定する多数者が、租税を事実上支払う少数者から乖離すれば、財政事項は直接民主主義の方法に適さなくなる[103]という。

こうしてシュミットは、指導者や喝采の概念を導入し、純粋民主主義の神話を呼び出す一方で、直接民主主義の方法が議会政を否定する「ダモクレスの剣」として働く危険性を鋭く洞察した。シュミットの予言は、二年後の一九二九年七月、ヤング賠償案に反対する右翼勢力が人民請願全国委員会を結成し、全ドイツ連盟・鉄兜団・国家人民党・ナチ党からなる「国民的反対派」が人民請願運動を開始し、一二月に国民奴隷化反対法案に対する人民投票を実施して、ナチ党の躍進を招いたことで的中するのだ。[104]

近代憲法の体系的解釈と民主主義論

シュミットは、これまで見てきた一九二〇年代著作から、『独裁』の憲法制定権力論、『政治的神学』の主権概念、『議会主義論』の議会主義批判、『カトリシズム論』の代表概念、『人民投票と人民請願』の喝采概念を取り入れて、ボン時代末期の一九二八年三月に『憲法論』を公刊し、近代憲法を体系的に解釈した。そこからは、特定の政治秩序像を前提とした独自の民主主義論を読み取ることができる。近年公刊された日記帳や書簡によれば、『憲法論』は、「政治的なものの概念」をその一章に組み込む「国家論」として構想されたことが明らかになる。シュミットは、一九二七年三月下旬から四月初旬にかけて国家論（後の『憲法論』）の「政治的なものの概念規定の章」を執筆し、五月二〇日にドイツ政治大学で講演する一方で、E・レーデラーの寄稿依頼に応えて論文として送付し、九月半ばに「政治的なものの概念」を『社会科学・社会政策雑誌』に公表した。これと並行し、六月一一日に「憲法論を執筆する」計画を立て、編集者L・フォイヒトヴァンガーの了解を得た後、七月三一日に『憲法論』の執筆を開始し、五ヵ月後の一二月二七日に完成した。[105]

第一にシュミットは、近代憲法の成立根拠としてフランス革命で現れたシィエスの憲法制定権力論を挙げる。欧州諸国で主権、即ち「政治的統一は君主の絶対主義の成果」だったが、フランス革命は、政治的実存を自覚した人民、即ち「国民（Nation）」を憲法制定権力の担い手として承認し、「人民の政治的統一」の思想に基づき、近代の市民的法治国憲法を初めて制定した。「政治的なものの概念」が、対外主権として理解された人民の政治的統一から国際関係論を始めるのに対し、『憲法論』は、対内主権として理解された人民の政治的統一から近代憲法論を始める。そして、一九一九年二月にワイマールに集合した憲法制定国民議会を「主権独裁」と特徴づけた上で、人民の制定権力に基づき制定された点で、「市民的法治国への決断」を含むワイマール憲法の正統性を承認する。[106] しかし、シュミットは、近代憲法を人民の制定権力の所産として決断主義的に根拠づけるから、ヴェーバーと同じく、自然法規範による法創造の側面を見ることができない。

第二にシュミットは、近代憲法の「政治的構成部分」と「法治国的構成部分」、即ち民主主義的部分と自由主義的部分を区別した上で、前者の政治的構成部分を民主政原理と君主政原理の混合から説明する。民主政原理は、人民の自己支配という「治者と被治者の同一性」に基づいており、この同一性は、秘密の個別投票によるよりも、現に集合する人民の喝采により実現できる。他方で、君主政原理は、目に見えない政治的統一を人格的に見えるように現前させる「代表」の思想に基づいており、絶対主義が教皇から受け継いだ代表の遺産を継承する。ここでシュミットは、教皇がキリストを人格的に代表するカトリック的代表論や群衆を「一人格に統一する」ホッブズの代表思想を取り入れて、その反対物であるルソーの純粋民主主義と結合しようとする。そこで、議会制のような貴族政原理は、同一性原理と代表原理の混合から説明できるとされ、君主政・貴族政・民主政というボダン以来の三政体論は、同一性と代表の二つの形式原理に還元されてしまう。[107] こうしてシュミットは、議会制の理念的前提を否定し、民主政や君主政の原理に解消してしまう結果、被治者代表が政府の責任を追及する議会主義化の意義を理解できなくなる。

第三にシュミットは、近代憲法の法治国的構成部分を配分原理と組織原理の混合から説明する。配分原理は、個人の自由を前国家的権利として承認し、国家の権限を普遍的規範としての法律により制約する基本権の原理を意味する。他方で、組織原理は、国家権力を分割し、三つの構成要素を結合させて、あらゆる絶対主義を阻止する権力分立の原理を意味する。従って、法治国的構成部分が政治的構成部分と結合するばかりか、後者の内部で三つの形式原理が結合し混合するという二重の意味で、市民的法治国の憲法は混合的憲法である。ここでシュミットは、近代憲法の法規範の内容を初めて論じ、権力濫用を事前に防止する権力分立の意義を認めるが、市民的法治国のモデルをなすレズロープの権力均衡論を、「最終の免れがたい政治決断」を回避する「法治国理念一般に特有な欠点に悩むだけ」だと批判する。[108] そして、権力分立の組織原理をワイマール憲法の議会制に適用すれば、①議会多数派が支配する狭義の議会制、②連立政府が支配する内閣制、③議会多数派の長が支配する首相制、④執行権の長が支配する大統領制という議会制の四類型が全て運用可能だと解釈する。その上で、英国の政党指導者を模範とするヴェーバーの首相制構想を批判し、議会多数派から選抜された首相ばかりか、人民の喝采で選ばれた大統領も政治指導者だと結論する。[109]

ここに取り入れられた独裁、喝采、代表の概念は、いずれも、被治者を治者に同一化し、現実の人民を「政治的統一」の擬制に媒介する機能を果たしていることが分かる。そして、直接民主主義論の喝采概念とカトリシズム論の代表概念を結合させる論理に従い、ライヒ大統領を人民の喝采で信任された政治的統一の代表者と見る人民投票的民主主義論が導き出される。だが、シュミットは、レズロープの権力均衡モデルを受け入れて、大統領が政党を超越した「中立的権力」として調停者の役割を演じる可能性に期待をかける。

大統領選挙を二週間後に控えた一九二五年三月一五日の論説「ライヒ大統領とワイマール憲法」でシュミットは、ワイマール憲法固有の二重の欠陥を次のように論じていた。第一に、大統領と首相の間で指導的地位が二重化する問題に関し、議会の機能不全に対し両者が協力するならば、立憲君主政に見られなかった権力集中と「合憲的独裁」が生じると指摘し、ナポレオン三世のように、「クーデタを容易に合法化する」危険を警告する。第二に、大統領と議会が衝突する問題について、初代大統領F・エーベルトが、中立的権力の担い手として衝突を回避するのに成功したと評価し、新大統領により憲法が「全く新たな顔を持つ」可能性を指摘する。[110] 事実、同年四月二六日に第二代大統領に選出されたP・v・ヒンデンブルク（一八四七―一九三四年）は、第一次大戦のロシア戦勝利で国民に崇拝された保守派の軍事指導者だった。そして、一九三〇年三月に多数派の社会民主党が財政上の妥協を拒否した結果、大連立政権が崩壊して中央党H・ブリューニングの少数派内閣が成立し、議会制の危機に見舞われるのだ。

中立的国家から全体国家へ

『憲法論』で憲法学者の地位を確立したシュミットは、公刊直後の一九二八年四月にベルリン商科大学へ転出し、ベルリン大学のスメントら公法学者ばかりか、財務次官J・ポーピッツら官僚、ジャーナリストたちと交友する。ベルリンに移ったシュミットは、二年後に始まる議会制の危機に対していかに対処するのだろうか。

一九二〇年代後半の相対的安定期を背景にシュミットは、『憲法論』に続いて市民的法治国原理を解釈し、中立的国家論を展開する。一九二九年三月の「憲法の番人」では、国家機関の間に生じる見解の相違は、中立的第三者により仲裁され、調停されるべきだと論じ、この第三者を「憲法の番人」と名付ける。これが、自由主義者コンスタンが唱えた「中立的・仲介的権力」という市民的法治国の古典学説の意味であり、ライヒ大統領の地位も、中立的権力により説明できるという。一九三〇年一月の講演「フーゴー・プロイス」では、中立的権力論を国家論に適用し、ワイマール憲法の国家思想の特色は、立法機関の多数を獲得する平等な機会を様々な政治勢力に与えるという意味で、「内政上の中立的国家」という自由主義的観念にあるという。更に、一九二九年一〇月の講演「中立化と脱政治化の時代」では、欧州近代史が、政治的なものの中心領域が神学的領域から形而上学的・道徳的領域を経て経済的領域へ移行するに従い、従来の中心領域が脱政治化し中立化していく過程として理解され、一九世紀に見られる君主と国家の中立化過程から、中立的権力や中立的国家の自由主義的学説が説明される。[111]

ところが、一九三〇年九月の議会選挙でナチ党と共産党がそれぞれ第二党と第三党に躍進し、議会制が機能しない危機に陥ると、シュミットは、E・ユンガーら青年保守派の知識人たちと付き合う中で、全体国家論を唱え始める。一九三一年五月に『憲法の番人』改訂版を公刊し、中立的国家から全体国家への転換を初めて論じる。一九世紀の自由主義的国家は、国家と社会の二元論に基づき、政府の経済的介入を排除し、国家を中立化する「中立的国家」だったが、国家が「社会の自己組織」と化し、国家と社会が同一化すると、国家が不介入の中立性を放棄し、あらゆる領域に介入する「全体国家」へと転換する。だが、人民代表の議会は、全体政党の組織化と選挙の人民投票化により、「国家統一が多元主義的に分割された舞台」と化し、「多元主義的政党国家」が出現している。これに対し、シュミットは、ライヒ大統領こそ、「多元主義に対する対抗力」として人民の政治的統一を守る「憲法の番人」だと結論する。[112]これは、議会制よりも大統領制に期待し、議会から独立した大統領内閣を正当化する言説である。事実、一〇月二九日にハレでドイツ国法学者大会が開かれ、公務員給与を削減する大統領緊急令の是非が議論された時、シュミットは、スメントら多数派の警告決議に対し、ブリューニング内閣を支持する側に立った。[113]

続いて一九三一年一一月に『政治的なものの概念』改訂版を公刊するが、ここでも、全体国家への言及を追加し、初版では対外的に使用された敵と味方の二分法を対内政治的文脈に適用する。第一に、国家と社会が区別される場合、国家と関連づけるならば、政治的なものの概念を定義できるが、国家と社会が相互に浸透すれば、国家的なものと政治的なものは同一視できなくなる。というのも、「中立化と脱政治化に対する論争的対抗概念」として「全体国家」が現れ、全ての領域が政治的になるからである。第二に、国家の政治的統一が力を失い、国家内部の対立が対外政治的対立よりも強度を増すならば、「国家内部の味方と敵のグループ分け」が決定的になり、闘争の可能性が「内戦」の形で現れる。危機的状態では、法規範が妥当する「正常な状態」を国家内部で創り出すため、国家が内敵を決定する「国内的内敵宣言」が出されるが、これは「立憲的市民的法治国」にも当てはまるという。[114]

議会主義的合法性の批判と人民投票的正統性の呪縛

一九三二年四月一六日の大統領選挙でヒンデンブルクが再選された後、四月二四日のプロイセン州議会選挙でナチ党が第一党に進出するが、議事規則を変更した社会民主党がプロイセンの暫定政府にとどまる。五月三〇日に社会民主党の許容していたブリューニング内閣が罷免され、議会から独立したパーペン内閣に交代した後、七月二〇日にプロイセン政府を罷免し、ライヒ政府の代理人を派遣する大統領緊急令が出される。そして、七月三一日のライヒ議会選挙でナチ党が第一党に進出し、ワイマール憲法が脅かされる政治危機に陥る。シュミットは、一月一三日のハイデルベルク講演以来、合法性概念を度々論じていたが、六月一〇日に「合法性から正統性への移行」を扱う草稿を編集者に送付し、八月半ばに『合法性と正統性』のタイトルで公刊する。[115]そこで、シュミットは議会主義の合法性原理を批判し、ワイマール憲法が二つの憲法に分裂していると論じる。

第一にシュミットは、憲法第一編の組織する議会制立法国家は、議会の多数が立法する価値中立的な決定手続きを意味すると指摘し、議会主義が自己否定する可能性を警告する。議会主義の合法性原理は、多数を獲得する平等な機会という「自己自身の前提に対し中立的であってはならない」。というのも、民主政が国民の同質性に基づく限り、多数を獲得した者は少数派を非合法化し、「自分がくぐり抜けた合法性の扉を合法的に背後で閉ざす」ことができるからである。シュミットは、「今日最も一般的な正統性の形式は合法性信仰である」というヴェーバーの命題を引用し、合法性を正統性から区別すべきだと批判する。そして、憲法第一編には特別立法者として「議会主義的合法性」と「人民投票的正統性」が並存すると指摘し、人民投票的正統性の担い手たるライヒ大統領に最後の期待をかける。[116]

第二にシュミットは、ワイマール憲法が、組織原理を定める第一編の価値中立性と基本権を定める第二編の価値内容の間で「文字通り分裂している」と指摘し、憲法改正限界説に基づき、後者の「第二憲法」を選択すべきだと主張する。憲法改正の限界を認めない第七六条の支配的解釈は、「合法性そのものを排除する合法的手段」を提供するから、「その価値中立性において自殺にまで至る」。しかし、憲法第二編が保障する自由権の基本原理は、フランス憲法学者M・オーリウの言うように、「憲法上の超合法性」の価値内容を備えており、第七六条の憲法改正手続きにより除去できない。[117] シュミットは、一九三一年六月に執筆した「憲法第二編の意義と内容」で、憲法第一編と第二編のいずれが優位するかを論じ、同年一〇月に執筆した「自由権と制度的保障」で、自治体・公務員・大学自治の制度的保障は自由権を補完する役割を果たすと論じていた。[118]

ここでシュミットが合法性と正統性を対置する時、合法的支配とカリスマ的支配というヴェーバーの支配の正統性類型を念頭に置いているのは間違いない。しかし、実定法を超えた価値への信仰を欠いているという正統性概念の欠陥は、実定法主義者シュミットにもそのまま受け継がれている。というのも、国家のみが法規範を実現し、主権者が自然法解釈を独占するという初期シュミットの国家観からすれば、個人が自然法を解釈し、新たな法を創造していく自由は考えられないからである。従って、彼が最後の望みを託した人民投票的正統性の担い手が、自由主義的第二憲法を選択する保障は、「憲法を守る」という大統領の宣誓以外には存在しなかった。更に、同質性の基準から人民意志の同一性を導き出すシュミットの民主主義論は、多数者の意志に対し保護すべき少数者の権利を認めることができない。というのも、多数者の意志を自分の意志と見なす純粋民主主義の神話に呪縛されている限り、同質的国民国家観を克服し、修正民主主義を構想する観点は出てこないからである。

合法的国民革命の神話

大統領ヒンデンブルクに期待をかけるシュミットは、一九三一年一一月四日の講演「立憲国家と国家非常事態」以来、第四八条の大統領緊急命令権を拡張解釈する必要を説いていたが、八月下旬以降、国家非常事態計画に加わり、実行に移す[119]。それは、大統領緊急令により「国家非常事態」を宣言し、ナチ党が第一党になったライヒ議会を（憲法第二八条に反し）無期限に解散する計画だった。E・オット少佐を介して国防大臣K・v・シュライヒャーと連絡を取ったシュミットは、九月四日に大統領緊急令の文面を起草したが、九月一二日のライヒ議会で政府不信任決議が可決されたため、最初の非常事態計画は中止される。一一月六日の議会選挙でナチ党が後退した後、首相F・v・パーペンの望んだ第二の非常事態計画はシュライヒャーの反対で実行されず、一二月三日にシュライヒャー内閣が成立する。シュミットは、議会の否定的多数派による政府不信任決議を無視する大統領緊急令を助言するが、七日にヒンデンブルクに拒否されて失望する。翌一九三三年一月一六日にシュライヒャー内閣の決定した第三の非常事態計画は、二三日にヒンデンブルクに拒否され、社会民主党と中央党党首L・カースに抗議されたシュライイヒャーは二八日に辞職する。

この間ライヒ政府は、ライヒ議会との政治紛争と並行して、プロイセン政府との憲法紛争にも直面していた。[120] 七月二〇日にライイヒ政府がプロイセン政府を罷免し代理人を派遣したのに対し、プロイセン政府が国事裁判所に提訴すると、シュミットは、七月二六日に内務省で内務大臣W・v・ガイルと会談し、ライヒ政府に依頼されて三名の訴訟代理団を編成する。一〇月一〇日からライプツィヒの国事裁判所でライヒ政府対プロイセンの訴訟が審議され、一七日の最終弁論を経て、二五日に判決が出されるが、訴訟に同伴したW・イェリネックによれば、判決内容は「ライヒが九五パーセント勝利した」ものだった。ライプツィヒ訴訟に参加したシュミットは、一一月二六日に首相府でパーペンと個人的コンタクトを持ち、翌年一月一八日講演でライヒ－プロイセン二元主義の克服を表明するようになる。

一九三三年一月三〇日に第一党党首ヒトラーが首相に任命されると、シュミットは、二月一六日に副首相パーペンと首相府で会談し、二月二二日の講演「連邦・国家・ライヒ」で、政治的統一を基準にライヒ－プロイセンの二元主義を批判する。[121] 二月二七日に国会議事堂放火事件が起こり、ヒトラー内閣が大統領緊急令で共産党を実質的に非合法化すると、三月五日の議会選挙で、ナチ党が国家人民党と合わせて過半数を得る。そして、三月二三日にライヒ議会は三分の二多数の賛成で授権法を可決してしまう（翌二四日に発効）。授権法は、四年の期限でライヒ議会がライヒ政府に立法権を授権し、しかも憲法に反する法律の制定も認める違憲の法律であり、ワイマール憲法を実質的に廃止し、執行権の主権独裁を正当化するものだった。

では、授権法制定に対してシュミットはいかに反応したのか。[122] 三月二七日のワイマール講演でシュミットは、合法性批判を放棄し、「この間、われわれは合法的な仕方で超合法性の領域に入り込んだ」と述べ、授権法を「正統性が合法性に勝利した」所産だと説明する。四月一日の『ドイツ法律家新聞』論説では、憲法改正限界説も放棄し、授権法の基礎は、形式上は第七六条の憲法改正手続きによるが、実質上は「国民的革命の勝利の表現」だと説明する。三月三一日にミュンヘンからベルリンに呼び戻されたシュミットは、四月一日から四日まで首相府で「州をライヒに画一化する第二の法律」、即ちライヒ総督法の立法作業に協力し、四月末に公刊した『ライヒ総督法』で、これを授権法の結果と正当化する。四月七日に制定されたライヒ総督法と職業官吏再建法により、州政府はライヒ政府と一体化し画一化されたばかりか、公務員と大学も、ユダヤ人や社会民主党員が排除されて画一化される。四月一八日にケルン大学に転任したシュミットは、ケルゼン復職の嘆願書に署名を拒否し、九日後の二七日にナチ党に入党する。入党に先立ち、シュミットは、四月二五日から二八日にかけて『政治的なものの概念』を再改訂し、八月に公刊する。再改訂の目的は、敵と味方の関係を転倒させ、ワイマール連合を批判し、ナチ党の側から内敵宣言を再解釈する点にあった。

では、シュミットは、なぜ『政治的なものの概念』の再改訂作業を進め、ナチ党に入党したのか。一九三二年八月末以来の非常事態計画は、ナチ党の権力掌握を阻止するため、ライヒ議会とライヒ政府の対立を取り除き、七月二〇日のプロイセン一撃は、同じ理由からライヒ対プロイセンの対立を取り除こうとした。一九三三年一月三〇日にヒトラーが首相に任命されて以来、前者の計画は、権力分立を廃棄する授権法に受け継がれ、後者の措置は、連邦主義を廃棄するライヒ総督法に受け継がれるが、授権法とライヒ総督法の政治目的は、ナチ党の一党独裁に奉仕する反対物へと転倒していた。六月一三日のベルリン講演「新国法の精神」でシュミットは、授権法を「合法的」に遂行された「国民的革命」だと正当化し、六月一六日のケルン講演「ライヒ・国家・連邦」では、ドイツ連邦主義の歴史を振り返り、ライヒ総督法は連邦主義を廃棄したと正当化する。[123] 従って、シュミットが国民社会主義の信奉者へと転向した主要要因の一つは、政治的統一を基準とするドイツ連邦主義の批判であり、もう一つの要因は人民投票的選挙で正当化された合法的国民革命の神話だったと言える。実定法を超えた価値への信仰を失い、多数者の意志は常に正しいという純粋民主主義の神話に呪縛されるならば、民主主義は指導者の決定に喝采するだけの人民投票的民主主義に還元されてしまうのだ。

ヴェーバーとシュミットの連続と断絶

最後に、ヴェーバーとシュミットの連続性を理由に、シュミットだけでなく、ヴェーバーも第三帝国創立の責任を負うべきか、というW・モムゼンの提起した問題を考えてみたい。

最初に、ヴェーバーのカリスマ的支配の類型、そこから導き出される指導者民主政の思想、大統領制の憲法構想を見てみよう。第一にカリスマ的支配は、ヴェーバーにとり一つの理念型であり、あくまでも社会科学的認識の手段だった点に注意したい。だが、カリスマ的支配は、彼自身の価値理念に従い、歴史現象の中から創り出された純粋型だから、一面的観点に特有のバイアスを背負っていた。つまりカリスマ的支配の原型は、指導者に服従するカリスマ組織というゾームの初期教会観、そしてナポレオンやビスマルクに代表されるカエサル主義の統治方法だった。そこでヴェーバーは、歴史を転換させる個人の能力に注目する余りに、自然法的理念が新たな法を創造する役割を見逃した。第二にヴェーバーは、価値自由の原則により、初期ナショナリズム論の同質的国民観を相対化するのに成功した反面で、指導者中心の戦略的観点から民主主義を偏って理解し、英国議会をモデルとするドイツの議会主義化に期待を寄せた。第三にヴェーバーは、一九一八年一一月の帝政崩壊に直面し、直接公選の大統領制を導入し、執行権を強化して議院内閣制と並存させる憲法構想を唱えた。そこでは、フランス第三共和政の議会不信の経験から学ぶ一方で、フランス第二共和政の崩壊経験から学ぶことができなかった。

これに対して、シュミットのカトリック的世界観と人民投票的民主主義、大統領制強化の憲法解釈を見てみよう。第一にシュミットは、ゾームが批判した法的組織としてのカトリック教会をモデルとし、教皇無謬性の教義や人格的代表の原理を取り入れ、特定人格が政治的統一を現前する代表原理を唱えた。そこでシュミットは、個人が自然法規範を解釈し、新たに法を創造していく可能性を認めなかった。第二にシュミットは、国民の同質性の基準から治者と被治者の同一性を導き出し、人民の喝采により純粋民主主義が成立すると考えた。そこで、多数者の意志を自分の意志と見なさない少数者の権利を保護する必要を認めなかった。そして、政治的統一の代表を人民投票による正統性と結びつけて、大統領制を説明する一方で、被治者が政府の責任を追及する議会主義化の意義を理解できなかった。第三にシュミットは、ワイマール末期に機能不全に陥った議会主義に対し、危機克服のため大統領権限の拡大に期待したが、指導者の無謬性を暗黙に想定していた。そこで、大統領の独裁権限がナチ党のクーデタを合法化する危険を見誤り、事実上の権力関係による憲法規範の失効を「国民的革命」と呼んで是認した。

従って、ヴェーバーとシュミットは、自然法規範の法創造作用を理解できず、大統領制による体制転換に警戒しなかった点で同じ誤りを犯したが、カトリック教会の階層制とドイツ・ナショナリズムの同質的国民観を無批判に受け入れた点は、シュミットに特有の欠陥だった。更にヴェーバーは、一九一八年末にドイツ民主党と社会民主党のワイマール連合に尽力したのに対し、シュミットは、一九三三年春に非常事態計画の助言者からナチ党の画一化の協力者へと転身した。こうした理論面と実践面の大きな相違を考え合わせるならば、ワイマールの創立者ヴェーバーに対し、シュミットのように、第三帝国の創立者の責任まで負わせることはできないだろう。

第三節　民族自決権の適用とその帰結

ウィルソンによる民族自決権の宣伝

前章で見た通り、一九世紀半ばの欧州ナショナリズム運動で民族自決権の用語が最初に用いられ、続いて一九世紀末から二〇世紀初めにかけて、国際労働者運動やオーストリア・ロシアの社会民主主義政党の内部で民族自決権が論じられ、理論的に発展していった。民族自決権の概念は、大きく分けて、第一に居住地域（属地原理）または個人の選択権（属人原理）による民族の文化的自治を要求するカウツキーやオーストロ・マルクス主義者の用法、第二に民族の分離と独立を要求する集合体の権利というレーニンの用法に区分することができる。これら民族自決権の理論は、第一次大戦とロシア十月革命を契機に実践に移され、戦間期欧州の歴史ばかりか、二〇世紀ナショナリズムの歴史を左右することになった。

一九一一年、オーストリア社会民主党は、民族紛争に悩んで民族単位の党に分裂した後、一九一四年八月、ドイツ社会民主党はドイツ政府の戦時公債を支持し、「城内平和」を唱えたため、第二インターナショナルは崩壊した。これに対し、少数派社会主義者（主に中立国の南グループ）は、一九一五年九月にスイスのツィマーヴァルトで、一九一六年四月にキーンタールで、一九一七年九月にストックホルムでそれぞれ国際社会主義者会議を開いた。そして、第二インターナショナルの帝国主義戦争支持を非難し、城内平和の清算と内戦への転化を主張した結果、国際労働者運動の内部対立が明らかになった。[124]

一九一七年一一月七日、戦争続行するケレンスキー臨時政府から権力奪取したレーニンらボリシェヴィキは、即時の戦争終結、無賠償・無併合の平和と並んで、分離・独立の権利という意味の全民族の自決権を要求する。一一月八日の「平和の布告」では、自決権を「全民族の分離権」と理解し、植民地帝国に対する対外的闘争手段として利用する。一一月一五日の「ロシア諸民族の権利宣言」では、ロシアの全民族に「自由な自決権」を国内的に約束しつつ、大国を創出するため権利を行使しないよう希望し、ロシア諸民族からなる多民族帝国を継承しようとする。この結果、翌一九一八年三月三日のブレスト・リトフスク講和では、無賠償・無併合の要求を実現できなかったが、中欧諸国は分離・独立の権利というレーニンの自決権を受け入れ、自決権のレーニン的意味が確定した。[125]

レーニンの新たな公式を全世界に宣伝し、民衆の間に定着させたのは合衆国大統領W・ウィルソン

（一八五六―一九二四年）だった。ウィルソンは、一九一七年四月六日、合衆国の第一次大戦参戦を民主主義のための「専制政との闘争」と正当化し、翌一九一八年一月八日に発表した一四ヵ条平和構想で、「自決権」の言葉のみを受け入れたため、用語の混乱を招く結果になった。というのも、ウィルソンは、二月一一日、人民の「自己支配（self-government）」という、人民が政府を選択する権利の意味で自決権を使用していたが、分離・独立の権利というレーニンの意味で誤解されたからである。[126] 米国南部で生まれ育ち、内戦敗北による分離禁止を幼時に経験したウィルソンは、植民地独立を暴政への抵抗権で正当化し、条件付き権利と理解していた独立宣言以来の伝統に忠実だった。にもかかわらず、民衆は、ウィルソンをレーニン的意味での自決権の予言者と見なし、神格化したが、一九一九年一月から開かれたパリ講和会議でこうした誤解は解消した。というのも、ウィルソンは、植民地代表者を出迎えず、請願書を無視したばかりか、九月一七日に自決権は講和会議の権限に属さないと言い放ち、彼らを失望させたからである。[127] しかし、ウィルソンがレーニンの自決権を援用したことは、講和の締結を著しく困難にしたばかりか、勝者による戦争の成果を修正する手段を敗者に提供することになった。

戦後処理と民族自決権の適用

一九一九年一月から始まったパリ講和会議は、従来の講和に見られなかった二重の困難に新たに直面した。[128] 第一に、勝者の権利という古典的基準に対し、自決権という新たな基準が現れて、相互に否定し合う二律背反の状況が生じた。一方で自決権は、戦争終結時にスローガンとしての重みを持っていたため、戦勝国も住民の意向を完全に無視することができなかった。だが、他方で、自決権を中欧に全面的に適用し、人民投票を実施すれば、オーストリア・ズデーテン地方・南チロルがドイツに加入するという、勝者にとり破局的な帰結が予想された。そこで、戦勝国は、大ドイツ形成を何とか阻止しようとした。

第二に、自決権そのものも、当事者の主観的意志表明と言語・宗教等を共有する同質性という二つの対立する基準へと分裂した。というのも、言語・宗教等の客観的基準をそのまま適用すれば、人民投票による自己決定ではなく、他者決定という逆の帰結が予想されたからである。主観的意志表明と客観的基準が一致するはずだという信仰は、充分な根拠を持たない「欧州国民国家イデオロギー」にすぎなかった。

戦争終結時に講和を議論するに当たり、これら三つの基準を全て考慮する必要があった。ブレスト・リトフスク講和の中欧諸国であれ、連合国の英米であれ、戦勝国は、自決権という新たな基準による講和を結ぶ用意を敗戦国に告げていた。しかし、敗戦国ドイツ・オーストリアの領土再編が、自決権ではなく、勝者の権利で決定され、しかも、言語地図という客観的基準で決定された時、自決権という「正義」の要求は、敗者が勝者の権利による恣意的決定を「不正」だと示し、「不正な平和」を告発するのを可能にした。[129] ドイツは、勝者の権利で国境を決定され、アルザス＝ロレーヌや上部シュレジエン・ダンツィヒ・ポーゼン・西プロイセンと全ての植民地を失ったが、ザール地方と北シュレスヴィヒ以外、人民投票を実施しなかった。オーストリアは、南ケルンテンとエーデンブルクで人民投票を行った以外、勝者の権利で国境を決定され、言語上の境界により、ポーランド、チェコスロヴァキア、ハンガリーが独立した。だが、オーストリアのドイツ加入は禁じられ、ズデーテン地方はチェコスロヴァキアに、南チロルはイタリアにそれぞれ帰属した。従って、ウィルソンがレーニンの自決権を受容したことは、自決権が宣伝上の成功を収め、勝者の立場を弱体化するという高価な代償を支払った。というのも、自決権は、人民投票により失地を回復し、現状修正する修正主義の可能性を敗者に提供することになったからだ[130]。

そこで、民族自決権は、第一次大戦後の中東欧に選択的に適用された結果、三つの多民族帝国を解体し、新たな独立国家を生み出した。オーストリア＝ハンガリー帝国から、ポーランド、チェコスロヴァキア、ハンガリーが独立し、ルーマニアが領土を拡大した。オスマン帝国から、独立国のセルビア、モンテネグロを中心に、クロアチア、スロヴェニア、ボスニアが加わり、多民族国家ユーゴスラヴィアが独立した。ロシア帝国から、フィンランドとバルト三国（エストニア、ラトヴィア、リトアニア）が独立した。しかし、中東欧に適用された自決権原理は、同質的国民からなる国民国家を創立するどころか、逆に少数派民族を増やし、大戦以前に見られた民族紛争を深刻化する結果になった[131]。というのも、旧神聖ローマ帝国地域では、多様な民族が混在し、言語・宗教等の地理的分布が複雑に交錯しており、国民国家の同化モデルを採用するのは最初から困難だったからである。

戦間期における民族自決権の帰結

一八六〇年代から七〇年代にかけてイタリアとドイツに国民国家が創立されて以来、少数民族問題は、国民国家を絶えず悩ませるアキレス腱であり続けた。一八七一年以後の統一ドイツには、アルザス＝ロレーヌのフランス系住民、シュレスヴィヒ北部のデンマーク系住民の他に、プロイセン人口の一〇パーセントを占めるポーランド系少数派住民が存在した。これに対し、ビスマルクは、一八八六年、東部辺境でポーランド人移民労働者を排除する土地のゲルマン化政策を開始した。一八六七年に二重帝国となったオーストリアでも、一八八〇年代から汎ゲルマン主義者G・v・シェーネラーとキリスト教社会主義者K・ルエーガーが反ユダヤ主義運動を始めた。一八九七年にはボヘミア・モラヴィア地方でドイツ人とチェコ人の間の言語紛争が深まり、オーストリア社会民主党も民族問題への対応を迫られた。フランス第三共和政でも、一八九四年のドレフュス事件を契機に反ユダヤ主義運動が最初のピークを迎え、フランス革命以来の人権理念が試された。

だが、第一次大戦前に比べて大戦後の民族紛争が一層深刻化したのは、戦勝国のナショナリズムと敗戦国のナショナリズムが少数民族問題を中心に正面から衝突したからである。戦勝国は自由主義的同化モデルを採用し、少数派住民の同化を要求したのに対し、敗戦国は現状修正モデルを取り、少数派住民の住む失地の回復を要求した。そこで、二つのナショナリズムの間で相互に敵意が高まり、新興国家の少数民族問題を激化させることになった[132]。

①独立国家として再興されたポーランドでは、上部シュレジエンで、かつて支配的だった少数派ドイツ人をポーランド化する計画が実行され、ドイツ人少数派学校への通学が禁じられて、ドイツ・ナショナリストから抗議を受けた。②一九一八年一〇月に独立宣言したチェコスロヴァキアでは、チェコ人が、スロヴァキア人（二五〇〇万人）ばかりか、ズデーテン・ドイツ人（三〇〇万人以上）、ハンガリー人、ポーランド人の少数派住民と対立し、隣国が失地回復を要求し続けた。③一九一九年に領土

を倍増したルーマニアでは、トランシルヴァニアのルーマニア人が少数派マジャール人と対立し、前者が同化政策を、後者が領土回復を要求するという悪循環が生じた。そこには、大戦前に故国なき少数派民族として抑圧された国民が、大戦後に故国を持つ少数派国民になった住民に対し、逆の同化政策で報復する集団心理が働いていたことは否定できない。

だが、自分の故国を持つ少数派国民以上に大戦後に深刻な状況に置かれたのは、自分を保護する故国を持たない少数派民族のユダヤ人だった。[133] ④ロシア（六〇〇万人）とポーランド（三一〇万人）を初め、東欧諸国に分散していた東方ユダヤ人は、一八八〇年代から第一次大戦後にかけて反ユダヤ主義の虐殺と略奪――ロシア語で「ポグロム」――を経験した結果、オーストリアやドイツに移住するとともに、欧州以外に故国を建設するナショナリズム運動を始めた。「シオニズム」の運動は、パリでドレフュス事件を体験したオーストリア人Th・ヘルツルが、一八九七年、バーゼルで第一回シオニスト大会を開催し、国際シオニスト連盟を結成した時に誕生した。シオニズム運動は、民族自決の理念により反ユダヤ主義的暴力に応答するという二重の意味で、欧州ナショナリズムから生まれた産物である。そこで、シオニズム運動は、ドイツと同じく、外国征服から誕生した外発的ナショナリズムの類型に属しており、故国パレスチナの記憶を共有する前近代的民族意識と深く結びついた。

全ドイツ主義からナチス結成へ

第一次大戦後に高まる敗戦国ナショナリズムと反ユダヤ主義運動の中から出現したのが、アドルフ・ヒトラー（一八八九―一九四五年）の率いる国民社会主義運動だった。オーストリアのブラウナウで生まれたヒトラーは、一九〇〇年以来通ったリンツの実科学校時代に、シェーネラーの全ドイツ主義から影響を受け、税官吏の父親が勤めるオーストリア帝国に対して反感を抱く。一九〇八年二月から芸術アカデミー受験のため訪れたウィーンで、多民族帝国における「人種のるつぼ」を体験し、一九一〇年二月以来暮らした男性単身者用宿舎で、地区人口の一七パーセントを占める東方ユダヤ人への個人的憎悪を募らせていく。そして、ビスマルク帝国を崇拝し、オーストリア併合と反ユダヤ主義を唱える全ドイツ主義者G・v・シェーネラー（一八四二—一九二一年）を信奉すると共に、親ハプスブルクの立場から下層中産階級にキリスト教社会主義と反ユダヤ主義を説くウィーン市長K・ルエーガー（一八四四—一九一〇年）に心酔する。[134]

一九一三年五月にオーストリアの兵役を逃れるためにミュンヘンに移住したヒトラーは、翌一九一四年第一次大戦が起こると、八月にバイエルン軍に志願して入隊する。そして、四年余り上等兵として前線で勤務した後、一九一八年一〇月に毒ガス攻撃を受けて入院したが、パーゼヴァルトの病院で、一一月一〇日にドイツの敗戦と革命を聞き、衝撃を受ける。一一月末にミュンヘンに戻ったヒトラーは、翌一九一九年二月にバイエルン共和国のアイスナー首相が暗殺され、四月にレーテ共和国が反革命軍に制圧されるのを兵士評議会の大隊代表として経験する。そして、国防軍内部で調査委員として同僚兵士を密告したのを見込まれて、六月に教育コースに派遣され、八月下旬に兵士を再教育する講師に抜擢された後、九月一二日、K・マイヤー大尉の命令により、A・ドレクスラーが一月に創立したドイツ労働者党の集会に参加して入党する。間もなく二〇〇〇名の聴衆を集める弁士・宣伝家として頭角を現したヒトラーは、翌一九二〇年二月の党集会で、「国民社会主義ドイツ労働者党」（俗称「ナチス」）と改称して二五ヵ条の党綱領を公表する。党綱領の第一条は、「民族自決権に基づき、大ドイツへの合併を要求する」と記し、ヴェルサイユ講和条約に対し敗戦国ナショナリズムの闘争を宣言していた[135]。ここで「民族」とは、第四条で定めるように、もっぱらドイツ人の血統を共有する「民族ドイツ人」を意味し、ユダヤ人を完全に排除するばかりか、「自決権」も特定の優越的民族の権利にすぎなかった。

一九二一年七月二九日に他党との合同問題を契機にナチス党首に就任し、独裁的権力を手にしたヒトラーは、翌一九二二年一〇月にファシスト党がローマ進軍して以来、「ドイツのムッソリーニ」と追従され、党員数も、三三〇〇人から二万人へ、翌年には五万五〇〇〇人へと急激に伸ばしていく。そして、一九二三年一月、フランス・ベルギー軍のルール占領に対し国内で抵抗運動が広がり、九月末に保守派のG・v・カールがバイエルン州総督に任命される中で、一一月八日夜、E・ルーデンドルフやカールを巻き込んでベルリン進軍を目指して失敗し、三日後に逮捕される。翌一九二四年四月一日にバイエルン特別裁判所で五年の禁固刑という異例の寛大な判決を受けたヒトラーは、このミュンヘン一揆で指導者としての自信を深め、ランツベルク要塞で九ヵ月間服役した後、一二月二〇日に早期釈放された[136]。

国民社会主義のイデオロギー

ヒトラーは、ランツベルク収監中に読書しつつ、『わが闘争』（一九二五—二七年）を執筆する中で、独自の世界観を完成させた。ランツベルクのヒトラーは、ニーチェ、ステュアート・チェンバレン、ランケ、トライチュケ、マルクス、ビスマルクを読み、R・ヘスを通じて地政学の第一人者K・ハウスホーファーを知った[137]。ヒトラーの世界観は、第二帝政期以来の全ドイツ連盟やドイツ民族至上主義攻守同盟から、帝国主義・人種主義・反ユダヤ主義といった全ドイツ主義の遺産を受け継ぐ一方で、反ユダヤ主義を反ボリシェヴィズムと結びつけて、生存圏の獲得という地政学的思想と組み合わせた点で独創的だった[138]。

第一に初期のヒトラーは、一九一九年九月一六日のゲムリヒ宛書簡が示すように、G・フェーダーの影響を受けて、金融資本を国際ユダヤ人の陰謀だと批判する反資本主義的性格の反ユダヤ主義を唱えていた。しかし、一九二〇年七月末から、バルト海沿岸出身のA・ローゼンベルクに影響されて、ロシア革命やドイツ革命をユダヤ人の国際的陰謀だと決めつけ、反ユダヤ主義を反マルクス主義と融合させて、「ユダヤ・ボリシェヴィズム」の絶滅こそドイツ人の使命だと語り始める。

第二にヒトラーは、過剰人口問題を解決し、ドイツ民族の生存を確保するため、東欧に「生存圏（Lebensraum）」を獲得するという大陸帝国主義の発想を、全ドイツ連盟やハウスホーファーの地政学から取り入れた。だが、初期のヒトラーは、ブレスト・リトフスク講和条約を称賛し、ロシアと協力すれば東方に領土を拡大できるという全ドイツ主義と同じ外交政策を語っていた。ところが、一九二二年末から、ロシア・ボリシェヴィキを破壊し、ロシアを犠牲にすれば東方に生存圏を拡大できるという新たな立場に転換していく。この結果、対ロシア戦争でユダヤ・ボリシェヴィズムを絶滅すると同時に、新たな生存圏を手に入れてドイツ国民を救済するという独自の世界観が生み出される[139]。

反ユダヤ主義や生存圏思想と並んで、ヒトラーの世界観の第三の要素をなすのは、指導者崇拝の要求である。ヒトラーは、ランツベルクで追従と称賛の嵐を浴びて、一九二四年に「太鼓叩き」の宣伝家から国民の指導者へと自己認識を大きく変えていく。東方に生存圏を得てドイツ救済の目標を達成できるのは「偉大な指導者」だけだが、この指導者は、ルーデンドルフや保守派でなく、自分自身以外にないと確信する。国民を救済するには大衆を動員するプロパガンダが必要であり、大衆を動かす宣伝力のある者こそ指導者に相応しいからである。一九二五年二月末に合法路線に転換したナチスが再建され、翌一九二六年二月一四日に綱領論争に決着を付け、指導者の人格に党の理念が体現されると確認された結果、最初はナチ党の内部で指導者崇拝が確立され、党は指導者政党へと変貌していく。[140]

こうしたヒトラーの支配様式は、ヴェーバーが戦前から戦後に作り上げた「カリスマ的支配」の理念型がまさに典型的に当てはまる事例だと言える。ヴェーバーは、「カリスマが有効に働く源泉は被支配者の信仰に見出される」と述べ、カリスマ支配者の権力は、追随者が指導者に寄せる期待と動機から創り出される社会的産物だと指摘した。「指導者の意をくんで指導者のために働く」追随者の行動様式こそがカリスマの権力を創り上げるのだ。[141]この意味で、ヒトラーの権力を創り上げるのに貢献した追随者は、初期からヒトラーに従った古参党員の従者だけに限られない。ドイツ社会を支える既成エリートの支援者――例えばヒトラーに入党を命じた国防軍のマイヤー、初期ナチスを実践的に支援した全ドイツ連盟のH・クラース、ミュンヘン一揆を偏向裁判したバイエルン州司法当局のF・ギュルトナー、一九二九年夏の国民請願運動でナチスに再起の機会を与えた国家人民党のA・フーゲンベルク――も、追随者としてヒトラーの権力を創り上げる上で大いに寄与した。そして、一九三〇年九月の総選挙でナチスが第二党に躍進し、一九三二年七月末の総選挙で最大の第一党に到達した後も、ヒトラーは、パーペン元首相やヒンデンブルク大統領、国防大臣W・v・ブロンベルクといった保守派エリートの協力を得て、合法的に権力を獲得し、独裁体制を築き上げていくのだ。

合法的権力獲得と独裁体制の構築

ヒンデンブルク大統領は、一九三二年八月一三日にヒトラーの首相要求を拒絶した後、八月三〇日、議会を解散して選挙を無期限延期する大統領緊急令――国防相シュライヒャーの「非常事態計画」――に同意していた。だが、九月一二日のライヒ議会で、パーペン首相が議会を解散する前に内閣不信任決議が可決されたため、最初の非常事態計画は中止される。一一月六日の議会選挙でナチスが議席を減らした後、一二月二日の閣議で、パーペンの要求する第二の非常事態計画はシュライヒャーの反対で合意されず、パーペン内閣が辞職してシュライヒャー内閣が成立する。副官G・シュトラッサーを入閣させ、ナチ党の分裂を図るシュライヒャーの構想は成功せず、翌年一月一六日に閣議で合意された第三の非常事態計画は、二三日にヒンデンブルクに拒絶されて、二八日にシュライヒャー内閣は辞職する。同じ日にパーペンは、自分を副首相とするヒトラーの首相就任と議会解散にヒンデンブルクの同意を取り付け、一九三三年一月三〇日に保守派の閣僚多数からなるヒトラー内閣が成立した。従って、別の選択肢が開かれていた限り、ヒトラーの権力掌握は決して不可避だったわけでなく、「ヒトラーを封じ込める」のが可能だと過信した大統領側近の「政治的判断ミス」の産物だった。[142]

権力を掌握したヒトラーは、二月二七日夜の国会議事堂放火事件を共産党の陰謀と断定し、大統領緊急令で非常事態を宣言し、政敵を武力弾圧する。そして、三月五日の総選挙で国家人民党と合わせて過半数の議席を獲得すると、三月二三日、中央党を含む三分の二の多数を得て、立法権限を政府に委譲する授権法を制定する。この結果、四月七日に州政府と公務員を「画一化」したのを手始めに、五月二日に労働組合を解散し、六月末から各政党を解散に追い込み、カトリック教会と政教条約を締結して(正式には七月二〇日)、七月一四日にナチスの一党独裁を確立した。[143] ヒトラーの首相就任から半年も経たない間に、急速なスピードで州・公務員・組合・政党・教会の画一化は成し遂げられた。

翌一九三四年に入り、突撃隊の民兵化を計画するE・J・レームとこれに反対する国防軍の間で対立が深まると、国防軍の支持を求めるヒトラーは、六月一七日のパーペンの政府批判演説を契機に、二一日に病床のヒンデンブルクを訪問し、三〇日にレームら突撃隊幹部とシュトラッサー、シュライヒャーら党内外の反対派を粛清する。そして、八月二日に高齢のヒンデンブルクが死去すると、軍最高司令官の大統領権限を「指導者」に委譲させ、三日に国防軍の将校・兵士から個人的忠誠を誓わせると共に、八月一九日の人民投票で八九・九パーセントの賛成を得て、わずか一年余りで個人独裁を完成させた。[144]

一九三三年七月のナチス一党独裁が、ワイマール議会制の転覆を望む保守派エリートと、大衆の支持を得て反革命を実行できるヒトラーの間の協力関係の産物だったとすれば、一九三四年八月の個人独裁は、再軍備のため突撃隊の排除を望む国防軍・大統領と、対外戦争のため国防軍の協力を必要とするヒトラーの間の提携関係の所産だった。そして、全面的権力を手にしたヒトラーは、民族自決権の実現と東方生存圏の獲得という対外的目標に向けて乗り出していくのだ。

民族自決権の濫用と倒錯

独裁者ヒトラーは、領土回復を望む敗戦国ナショナリズムから最大の利益を得た真の受益者だった。例えば、敗戦で失われた領土に隣接する国境地域は、かねてからナチスを支持する最強の地方だった[145]。そこで、ヒトラーは、レーニンが定式化し、ウィルソンが宣伝した民族自決権の理念を、主権回復と大ドイツの目標を達成する手段として濫用し、現状修正の手段として単独行動を正当化した。既に一九三三年一〇月一四日、ヒトラー政府は、軍備対等を認めない軍縮交渉から離脱し、国際連盟から脱退した後、一一月一二日の人民投票で九五パーセントの賛成を得ていた。一九三五年三月一六日には、フランスの兵役期間延長を口実に再軍備を宣言し、一般徴兵制を再開したが、フランスが講和条約違反と抗議したのに対し、英国は宥和的姿勢を見せた。翌一九三六年三月七日には、国内の不満を解消するため、非武装地帯のラインラントにドイツ軍三万人を進駐させ、再武装を成し遂げて、三月一二日の人民投票で九八・八パーセントという圧倒的多数の支持を獲得した。ドイツ再軍備もラインラント再武装もヴェルサイユ条約に違反していたが、英国もフランスもドイツの主権回復に対し対抗措置を取れず、ここにヴェルサイユ体制は崩壊した[146]。

二年後の一九三八年三月一二日、ヒトラー政府はオーストリアにドイツ軍を進駐させ、翌日オーストリア併合を宣言し、四月一〇日の人民投票で九九・七パーセントという両国民の圧倒的支持を得て、「大ドイツ」という民族自決権の目標を達成した。更に同年九月、チェコスロヴァキアにズデーテン地方の割譲を要求したのに対し、英国とフランスは、九月二九日にミュンヘン会談を開いてズデーテン地方の割譲を認めた。ミュンヘン会談で頂点に達する英仏の宥和政策は、ヒトラーの自決権要求が収めた最大の勝利だった。[147] ヒトラーは、自決権の名で領土併合による現状修正の単独行動を正当化すると同時に、その修正主義外交の成功こそカリスマ指導者への国内世論の支持を高めた。そして、一九三三年一〇月以来、ナショナリズムの対外拡張手段としても指導者への喝采獲得手段としても活用されたのが、議会選挙に代わる人民投票の手段であり、人民投票で民主主義が成立するかのような擬制だった。しかし、翌一九三九年三月一五日、ヒトラー政府はチェコのボヘミア・モラヴィア地方に侵攻し、ポーランドにダンツィヒとポーランド回廊の返還を要求すると、もはや自決権で正当化できないと気付いた英国は、宥和政策を放棄して戦争準備を始めた。

だが、ヒトラーが自決権を濫用してヴェルサイユ体制の現状を修正し、ドイツ・ナショナリズムの外交的勝利を収めるに従い、反ユダヤ政策も急進化していった。[148] 既に一九三三年四月七日、ヒトラー政府は最初の反ユダヤ立法として職業官吏再建法を制定し、ユダヤ人を公職から追放していた。一九三五年春から反ユダヤ主義的暴力が急進化すると、同年九月一五日にニュルンベルク法を制定し、ユダヤ人から公民権を剥奪し、二級国民へと差別化して、フランス革命以来進んだユダヤ人解放の過程を逆転させる。国外退去を命じられたポーランド・ユダヤ人の発砲事件を契機に、一九三八年一一月九日、宣伝相J・ゲッベルスはユダヤ人への報復を命じ、全国のシナゴーグやユダヤ人商店・企業・学校が襲撃・放火・破壊されて、九百人以上が殺害され、二万六千人が強制収容所に送られる（「水晶の夜」）。更に一九三九年九月一日にドイツ軍がポーランドに侵攻し、第二次世界大戦が始まると、一〇月から、占領地ポーランドでは、民族ドイツ人を東部編入地域に入植させ、ユダヤ人を総督府領に退去させる強制移住政策が推進される。一九四一年六月二二日、東方に生存圏を獲得するため、ドイツ軍がソ連に侵攻し、独ソ戦が始まるが、秋にその長期化が明らかになると、ユダヤ人の東方追放政策から絶滅政策への転換が検討され、翌一九四二年一月に「ユダヤ人問題の最終解決」が確認される。この結果、アウシュヴィッツを初めとする六つの絶滅収容所で五五九万六〇〇〇人のユダヤ人が大量虐殺された。

従って、ヒトラーの自決権濫用がもたらした帰結は、他国を犠牲に領土を拡大する侵略戦争ばかりか、征服地の少数派住民を強制的に移住させ、東方に追放し、最後は虐殺するという強制的な同質化政策だった。そこに見られたのは、レーニンが唱えた民族自決の理念が、同質性の一定条件を前提する限り、個人の自決を尊重せず、個人を徹底的に抑圧する反対物に転じるという「自決権の倒錯」である。[149]というのも、一九一三年の帝国国籍法以来、ドイツ国民は、個人の選択という主観的基準ではなく、同質性の客観的基準から、しかも言語・宗教等の文化的基準ではなく、血統・人種の自然的基準から定義されてきたからである。更に、一八七一年のドイツ統一以来、自決権は全ての民族の普遍的権利でなく、特定の優越的民族の権利と理解されてきたからである。

この自決権の倒錯現象は、ウィルソンが唱えた人民の自己支配という純粋民主主義の神話にも全く同様に当てはまる。シュミットが指摘するように、人民が自己同一的であるべきだという民主主義の同一性要請は、同質性の一定条件を前提するならば初めて充たされる。そこで、治者と被治者の同一性という民主主義の擬制は、少数派の異なる意志を保護するどころか、これを多数派の意志に強制的に同質化する反対物に転じる危険性を秘めている。これこそ、一九三三年三月の授権法制定以後、中間団体の画一化と独裁者への人民投票的喝采に現れた民主主義の倒錯現象だった。

国民国家イデオロギーの同質化欲求が行き着いた帰結が、ナチスのユダヤ人絶滅政策という自決権の倒錯だったとすれば、純粋民主主義イデオロギーの同質化欲求が生み出した帰結こそ、ナチスやボリシェヴィキの指導者崇拝という民主主義の倒錯だった。スターリン体制のソヴィエト連邦にも見られた同じ時代経験こそ、一九三九年八月の独ソ不可侵条約締結以後、スターリン型共産主義に幻滅した左翼思想家により「全体主義」と呼ばれて論じられ、第二次大戦後に民主主義論を再構築する出発点になっていくのだ。

第四章

民主主義の再検討とナショナリズムの封じ込め

アレント

ハーバーマス

シュンペーター

ダール

本章では、まず、戦後ドイツの思想家アレントとハーバーマスの全体主義批判を取り上げ、両者がいかにして指導者民主主義論を克服しようとしたか、見てみたい。次に、米国の思想家シュンペーターやダールによるルソー民主主義論の批判を取り上げ、彼らが、どのようにルソーと異なる多元主義的民主主義論を作り上げたか、見てみたい。最後に、民族自決権の理念が第二次大戦後に普遍的権利として受容された後、いかなる仕方で東西冷戦の終結とともに欧州世界に再び回帰してきたか、見てみよう。

第一節　全体主義批判と民主主義論の再構築

アレントと全体主義の時代体験

一九三九年九月一日に始まった第二次世界大戦が、一九四五年五月八日にナチス・ドイツの無条件降伏で欧州では終結した時、戦後欧州の人々が目撃したのは、爆撃による無数の瓦礫の山と並んで、膨大な死者の遺体と瀕死の生存者からなる強制収容所の存在だった。こうした前代未聞の出来事の意味を考え抜き、「全体主義」という新たな用語で把握しようとしたのが、米国に亡命したドイツ人思想家アレントだった。

ハンナ・アレント（一九〇六―七五年）は、ハノーファーでユダヤ系ドイツ人の中産階級に生まれ、ケーニヒスベルクで育ち、一九二四年から一九二八年までマールブルク、フライブルク、ハイデルベルク各大学で学んだ。一九三一年から研究滞在したベルリンで、一九三三年一月以後、ヒトラーの権力掌握と国会議事堂放火事件を経験し、共産党員の支援に加わった。同年七月にシオニストの非合法活動に関わり、逮捕された後、秋にパリへ亡命し、シオニスト団体で働きながら、W・ベンヤミンや元ドイツ共産党員H・ブリュヒャーら左翼知識人と交流した。ドイツがフランスを占領した一九四〇年六月二二日以後、ギュルの外国人収容所から間一髪で脱出し、夫のブリュヒャーと共に米国の入国ビザを得て、翌一九四一年一月にリスボンへ逃れ、五月にニューヨークへと亡命した。[1] 米国でユダヤ人難民として一〇年間生活した後、一九五一年に米国国籍を得て、主著『全体主義の起原』『人間の条件』『革命について』を公刊し、一九六三年にシカゴ大学教授、一九六七年に社会研究新学院教授に就いた。

アレントは、一九四五年から一九四九年秋にかけて最初の主著『全体主義の起原』（一九五一年、ドイツ語版：一九五五年）を執筆し、無国籍者と収容所生活を経験した一九三〇年代の時代体験を歴史的に認識しようとした。最初は、反ユダヤ主義・帝国主義・人種主義というナチズムに結晶化する三つの要素を三部構成で分析しようとしたが、ナチズムとスターリン体制が強制収容所の存在で共通することに気付いた後、一九四七年秋までに最初の計画を変更し、両体制の共通性を「全体主義(totalitarianism)」の用語で分析した。[2] 全体主義の概念は、この書が出版された一九五〇年代初めには、とりわけ論争的性格を持っていた。「全体主義」は、一九二三年以後、最初はイタリア・ファシズムを指していたが、一九三九年八月以後、独ソ不可侵条約に幻滅した左翼思想家により、ファシズムとスターリン体制を共に意味する言葉として使用され、一九四七年に米ソ冷戦が始まると、もっぱらソ連共産主義を批判する用語になった。[3] アレントの全体主義概念は、概念史の中で第二期の反スターリン的用法に由来する点で、第三期の冷戦イデオロギーから区別される。『全体主義の起原』全三巻は、途中の構想変更のために複雑な構成を取り、各巻のつながりは見通しやすくない。だが、欧州ナショナリズムの歴史の中で眺めれば、全体の見通しを得るのは困難でないことを以下で示したい。

アレントの全体主義批判(1)

『全体主義の起原』の第一巻「反ユダヤ主義」は、一九世紀末に発生した近代の反ユダヤ主義が、キリスト教と同じほど古い宗教的ユダヤ人憎悪とは異なるという認識から始まる。アレントによれば、近代反ユダヤ主義は、ユダヤ人に法的同権を認め、同化しようとしたユダヤ人解放の過程と共に誕生したのであり、一七九二年から一八七〇年までユダヤ人解放を徐々に実現した国民国家の歴史の中で初めて理解できる。一七—一八世紀の絶対君主政時代に特権を付与され、国家に奉仕した宮廷ユダヤ人は、一九世紀の国民国家時代には御用銀行家に転じ、ロスチャイルド家に象徴されるように、一家族の血縁が五ヵ国の金融資本を結びつける国際主義的役割を演じた。一八七三年にドイツで株式市場が暴落して小市民層が大損失を被ると、ユダヤ人金融資本を攻撃するA・シュテッカーの反ユダヤ主義宣伝が喝采を博し、一八八〇年代には種族的民族観による反ユダヤ主義政党の国際組織も結成された。同じ時期のオーストリアでは、ドイツ帝国を支持するシェーネラーのドイツ自由党とハプスブルク家を支持するルエーガーのキリスト教社会党が、大衆獲得のために反ユダヤ主義を宣伝した。フランスでは、一八九二年のパナマ運河疑獄でユダヤ人仲介者への大衆の反感が高まると、一八九四年に機密漏洩で処罰されたユダヤ人参謀将校ドレフュスの再審請求運動に対し、イエズス会や参謀本部がモッブ（暴徒）の反ユダヤ主義運動を組織し、エリートとモッブの同盟が見られた。この反ユダヤ主義運動に対するユダヤ人の政治的回答こそ、一八九七年に誕生したシオニズム運動だった。[4]

　第二巻「帝国主義」は、帝国主義的膨張の二つの型と要因を区別し、人種主義・反ユダヤ主義との結合を論じる。一八八四年以来の三〇年間を「帝国主義時代」と呼ぶ際に典型とされるのは、海外植民地を求めて膨張する英国の海洋帝国主義であり、その膨張は、ブルジョアジーの解放に伴う資本の自己増殖や失業者の海外移住という経済的要因で説明される。過剰資本の輸出と過剰労働力の輸出が同時進行した結果、一八七〇年代以降の南アフリカ植民地では「資本とモッブの同盟」が見られた。そこでは、未開部族の主人となった白人の選民意識が人種思想と結合し、ユダヤ人金融家への憎悪が反ユダヤ主義と結合した。これに対し、一八七〇年頃に多民族帝国のオーストリア・ロシアで見られたのが大陸帝国主義であり、その要因は、海洋帝国主義の領土膨張に加われず、国民国家を設立できない二重の不満に駆り立てられた汎民族運動（汎ゲルマン主義や汎スラブ主義）だった。そこでは、自民族こそ支配民族だという種族意識で結束する「種族的ナショナリズム」が生まれ、自民族こそ選ばれた民族だという選民意識から競争相手を嫉妬する反ユダヤ主義と結合した。[5]

　従って、大陸帝国主義を推進した汎民族運動こそ全体主義運動の先駆者であり、ナチスやボリシェヴィキの全体主義運動は、三つの条件下で汎民族運動の後継者になった。第一は、英国の二党制と異なり、大陸の多党制では複数政党制や議会への不信が高まった点であり、第二は、第一次大戦後に民族自決権に従い多民族国家を解体した結果、同質的国民国家が崩壊し、少数民族との抗争や国家に保護されない無国籍者が出現した点であり、第三は、階級社会が崩壊した結果、階級的土台を持たず、世界に対する関係を失った根無し草的個人からなる大衆社会が生まれた点である。アレントは、未開部族と同じく、世界との関係を失った無国籍者やアトム化した大衆の特徴を「無世界性（Weltlosigkeit）」と呼び、大衆社会の無世界性こそ全体主義運動の第一の前提条件をなすと考える。[6]

第三巻「全体主義」は、全体主義運動と全体主義体制の特徴を取り出し、全体主義が新しい国家形式である理由を論じる。まず、全体主義運動が大衆を獲得するプロパガンダは、第一に、疑似科学的予言の性格を持っており、自然や歴史の法則を認識し、未来の必然を予言する「指導者の無謬性」を大衆に信じ込ませる役割を果たす。第二に、ユダヤ人やトロツキストの世界陰謀説といった首尾一貫した虚構の教義を創り出し、首尾一貫性を求める大衆の願望に応える役目を引き受ける。全体主義運動が大衆を組織する方法は、第一に、党員とシンパ（同調者）を区別する二重構造を取り、シンパからなる「前面組織」が、外界から党を守る防壁をなすと同時に外界に対する架け橋になる二重の役割を果たす。第二に、単独の指導者が幹部任命権を独占する「指導者原理」を採用し、運動の全責任を引き受ける指導者が運動の意志を全面独占できるようにする。そこで、全体主義運動の構造は、「我々」と外部世界を区別する点で秘密結社に類似しており、敵の世界陰謀と闘い、世界支配を目指すため、謀略活動を組織すると共に、組織手段として指導者の嘘を多用する。[7] アレントは、ナチ党とボリシェヴィキに共通する全体主義運動の特質が、アトム化した大衆を動員し、指導者崇拝へと組織する指導者政党にあると考える。

次に全体主義体制の最重要課題は、権力を掌握した全体主義運動が安定化し、国家機構の中に解消されてしまう矛盾を解決する点にある。そのため、運動の指導者は、虚構を事実に変え、運動の安定化を妨げる「永久革命」の実験を続ける必要がある。そこで、全体主義体制の国家機構は、国家機関と党機関を融合せず、二重化したまま、党機関を増殖させて各機関を競争させる。こうした国家機構の無構造性――ナチズム研究で言う「多頭支配（Polykratie）」――こそ、指導者原理の実現に適しており、これにより、運動指導者は、権力掌握後も運動原理に一致し続けることができる。これに対し、国家と党が合体する唯一の機関は秘密警察であり、その任務の第一は、テロルにより虚構の教義を実現する点にある。最高指導者は、自然や歴史の法則に従い、誰が「客観的敵」かを決定し、警察は、秘密の決定を執行し、犠牲者の痕跡まで消し去る。秘密警察の第二の任務は、全ての市民を常に監視すると共に、隣人を探る警察の手先に利用し、スパイ心理を日常化する点にある。更に強制収容所は、収容者から自発的に新しく始める能力を取り去り、パブロフの犬のように同じ反応と行動を繰り返す動物――「生きた屍」――に変えてしまう。そこでは、法的・道徳的人格ばかりか、個性も抹殺されて、全ての人間は動物だというニヒリズムが実現される。[8] アレントは、ナチズムとスターリン体制に共通する全体主義体制の特質が、個人の自発性を抹殺し、指導者の意志に全面服従させる全体的支配の実験にあると考える。

最後に、一九五三年に書かれ、一九五五年版で結びに追加された最終章は、「イデオロギーとテロル」こそ、全体主義という新たな統治形態の原理と本質に当たると結論する。アレントは、全体主義の本質をなすテロルは、「鉋《かんな》をかければ木屑が落ちる」と言うように、行為モデルでなく、制作モデルで人間を考える近年の有力な試みだという。「行為（Handeln）」が他者と共同で行う複数性を原理とし、新しく始める自由の能力に基づくのに対し、「制作（Herstellen）」は一人の主体が行う単数性を原理とし、鉄のタガをはめて自由の空間を破壊する。他方で、全体主義の原理をなすイデオロギーは、自然や歴史を、人種闘争や階級闘争の運動法則に従う過程として演繹論理で説明する。その上で、テロルは、劣等人種や死滅階級を取り除いて、運動法則を実現し、自然や歴史の過程を執行する。一九三六―三八年のモスクワ裁判でボリシェヴィキの古参党員が罪を進んで告白したように、テロルの外的強制で「見捨てられている状態（Verlassenheit）」を経験した者は、演繹論理の内的強制に容易《たやす》く同調してしまう。[9]アレントは、制作モデルや自然・歴史の過程の一部という人間観こそ、全体主義運動の第二の前提条件をなすと考える。

アレントの全体主義批判（2）

『全体主義の起原』を読む者が誰でも気付くのは、反ユダヤ主義と帝国主義というナチズムの歴史的背景は詳細に分析されているのに対し、スターリン体制のイデオロギー的・歴史的背景の分析は極めて乏しい点である。アレント自身、全体主義論の重大な欠陥はマルクス主義イデオロギーの分析が欠けている点にあると自覚していた。そこで、一九五二年から一九五六年にかけて、「全体主義のマルクス主義的要素」を研究し、マルクス主義論を執筆する計画と取り組んだ。その計画は、マルクスの労働概念と歴史概念、一八七〇年以後の欧州マルクス主義、レーニンからスターリンへの移行期という三部構成で構想されており、最終的に完成されなかったが、この構想から、一九五八年以後、『人間の条件』や『革命について』が生まれたという。[10] 従って、第二の主著『人間の条件』（一九五八年、ドイツ語版：一九六〇年）は、最終章「イデオロギーとテロル」の考察を受け継いで、全体主義の時代体験を思想化しようとした全体主義論の産物と見ることができる。

ここでアレントは、「活動的生活」に関わる人間の活動力を、労働、仕事・制作、行為という三つの類型に区分する。「労働（labor）」は、生命維持の必然に仕える「労働する動物」の活動であり、種の生命過程という人間の条件に対応する。「仕事（work）」ないし制作は、材料を道具で加工し、人工的世界を作り出す「工作人」の活動であり、世界の永続性という人間の条件に対応する。「行為（action）」は、対等者の間で新しく始める自由の能力であり、複数性という人間の条件に対応する。古代ギリシアは、活動的生活の内部で行為が最上位に、仕事が中間に、労働が最下位に位置するヒエラルヒーを維持した。この古代的ヒエラルヒーは、ポリスの公的領域と家族の私的領域を峻別し、公的領域が複数者の自由を実現し、私的領域が生命の必然を引き受ける分業関係に基づいていた。ところが、現代では、新たな社会的領域が現れたため、公的領域と私的領域の境界線が消されて曖昧になり、更に社会的領域が大衆社会へと拡大したため、公私の混同傾向は加速されたという。ギリシア的公共性では、異なる視点の多様性が保証され、他人に卓越しようとする競技精神が息づき、自由を実現する行為が中心だったが、大衆社会では、単一の視点が支配し、誰でも他人と同じ行動を取り、必然に奉仕する労働と消費が中心になる。[11] この大衆社会批判が、無国籍者やアトム化した大衆の無世界性への第一の全体主義批判を受け継いでいるのは明らかだろう。

更にアレントは、「世界疎外（world-alienation）」という近代の特質により、活動的生活の内部でヒエラルヒーが二重に転倒してしまったと説明する。ギリシア的公共性を支える行為モデルは、行為の結果を予測できず、その結果を取り消せないという二重の難点に付きまとわれた。そこでプラトンは、複数者の行為モデルを単一主体の制作モデルで置き換え、複数性の条件を哲学者の単独支配に代える解決策を試みた。次に、望遠鏡の発明に始まる近代の科学革命が、活動的生活の上位にあった「観照的生活」を排除し、道具を制作して実験する制作モデルに置き換えたため、観照する哲学者に対し工作人が勝利した。

他方で、ロックが財産の起源は肉体の労働だと見なして以来、近代人は古代人が軽蔑した労働を賛美し始め、マルクスが全ての労働は生産的だと宣言して以来、生産労働の評価が急上昇する。近代の宗教改革に始まる教会財産と農地の「収用（expropriation）」は、世界の安定性を支える財産を、富の獲得を目指す「専有（appropriation）」に変えて、世界の永続性を掘りくずし、更に産業革命による労働の解放は、仕事の産物だった使用対象物を、労働の産物たる消費財へ変えてしまう。こうして人間が自分を制作の主体でなく、「自然や歴史の包括的過程の一部」と見なす結果、工作人に対し労働する動物が勝利した。そして、労働が最上位に、仕事が中間に、行為が最下位に位置する現代的ヒエラルヒーが成立し、全ての活動力が種の生命過程に従属する幸福原理が支配するという[12]。プラトン哲人王やマルクス労働哲学の批判が、制作モデルや自然・歴史過程の一部という人間観に対する第二の全体主義批判を受け継いでいるのは明らかだろう。

アレントは、行為モデルに対し制作モデルが、工作人に対し労働する動物が勝利する二重の転倒過程として近代の世俗化を描き出すが、こうした反近代的歴史観は、社会的領域の形で現れた「労働の中の解放の契機」（ヘーゲル）を把握できないと批判するのは容易だろう。またアレントは、ヘーゲルの歴史哲学やデカルトの内省を世界疎外の一環と批判し、古代ギリシアまで遡る点でニーチェやハイデガーを受け継いでいるが、こうした起源回帰の哲学史観は、目的が再び別の目的の手段となり、目的が無限に遡及するニヒリズムの代償を支払わざるをえない。[13] だが、全体主義批判の観点から見るならば、アレントの狙いは、貧困の克服や生活保障と引き換えに思考・行為の自由を放棄するように説く全体主義の誘惑に対し、革命の大義を理由に自由の能力を手放すならば全体的支配への道が開かれると警告する点にあった。[14] そこで、第三の主著『革命について』（一九六三年）では、二〇世紀に支配的だった近代革命観を相対化し、反全体主義的民主主義論を構想しようとする。

ロシア十月革命の成功は、フランス革命に始まる近代革命を、社会問題解決の観点から歴史の必然として解釈する唯物史観のドグマを強めた。アレントは、まず、こうした二〇世紀の近代革命観を疑問視し、ロシア革命の呪縛から解放しようとする。アレントは、抑圧からの解放という否定的意味の自由（liberty）と、新たな政治体の構成という肯定的意味の自由（freedom）の創設を区別し、フランス革命が、前者の解放的自由に執着する余りに、後者の自由創設を放棄したと見なす。また「革命（revolution）」の用語は、本来は天体の周期的回転や政体の循環運動を意味したが、フランス革命の最中に不可抗力的運動へと意味が変化し、革命後に歴史的必然を指すようになったという。[15]

第二にアレントは、社会問題やルソーを中心とするフランス革命観を再検討し、労働モデルや制作モデルの支配的革命観から解き放とうとする。米国革命では社会問題が不在だったのに対し、フランス革命は、自由の創設を放棄し、生命過程の必然に従属したため、社会問題に支配された。また革命で使用されたルソーの一般意志は、共通の敵を想定して味方の意志を統一する作用を及ぼし、同情や哀れみへのルソーの訴えは、敵への怒りや暴力を解放して革命家の自己粛清を招いた[16]。

第三にアレントは、米国革命に新たな解釈を加えて、制作モデルから行為モデルへの転換を図る。米国革命の課題は、社会問題の解決ではなく、新たな権力の創造と自由の創設にあったが、連邦派マディソンは、後者の課題を、連邦制と権力分立からなる連邦共和国のモデルで解いた。フランス革命は、絶対主義との闘争から始まったため、「絶対者」、即ち法と権力の源泉を同じ人民の意志（憲法制定権力）に求めた結果、神の意志にまで遡る創造・制作のモデルに支配されて失敗した。これに対し、米国革命は、制限君主政と闘争したため、法と権力の源泉は区別されて異なっていた。つまり権力の源泉は連邦制と相互契約に置かれ、複数者の行為から権力を導き出したのに対し、法の源泉は独立宣言前文の「自明の真理」やローマの先例に置かれた。従って、米国革命の失われた革命精神は、保守主義者バークと異なり、世界の永続性・安定性への関心と新しい始まりの経験という相対立する二つの要素を結合するものだった。前者の保守的要素は、連邦制と権力分立からなるマディソンの連邦共和国であり、後者の革新的要素は、タウンや集会を下から積み上げるTh・ジェファーソンの評議会制だった[17]。

最後にアレントは、革命政党の一党独裁に対し、評議会制をモデルとする反全体主義的民主主義を構想する。アレントは、評議会制という新しい統治形態が、フランス革命でコミューンや人民協会に現れて以来、後の革命でも規則的に現れたと指摘する。まず一八七一年春にパリ・コミューンがマルクスに非常な感銘を与え、次に一九〇五年と一九一七年二月にソヴィエトがロシア革命の主役を演じ、一九一八年から一九一九年春にかけて労働者・兵士のレーテがドイツ革命を担った後、一九五六年秋にもハンガリー革命で評議会が形成された。これら評議会は、①職業革命家によらず、下から自発的に発生する点、②全市民が直接参加する統治の永久的機関をなす点、③革命党の一党独裁に挑戦し、連邦制原理による新たな政治体を構成する点で共通しており、革命の伝統の「失われた宝」を伝えているという。[18]

アレントが一九三六年に出会った夫のブリュヒャーは、第一次大戦に従軍し、敗戦後に兵士評議会に加わり、スパルタクス団の一員としてドイツ革命を担い、ドイツ共産党反対派として党のボリシェヴィキ化と闘った人物だった。[19] アレントが、二〇世紀革命で「政党と評議会という二つの制度の間の闘争」が見られたと述べる時、ブリュヒャーのレーテ革命経験が生かされているのは間違いない。そして、両制度の闘争の原因は、行為でなく執行を命じる党綱領だというR・ルクセンブルクのロシア革命批判を引用する時、アレントも、レーニン主義の帰結を見通したルクセンブルクの評議会制民主主義の伝統に連なっていると言える。[20] 一党独裁を打破する評議会制に対するアレントの期待は、二六年後の一九八九年にポーランドの自由化に始まる東欧革命の激動の中で実現されるだろう。

ハーバーマスの全体主義批判

アレントは、全体主義の起源を、反ユダヤ主義や帝国主義・種族的ナショナリズムばかりか、「西欧の偉大な政治哲学的伝統」の中に探し求め、近代革命を支配した二つのモデル、即ちプラトンの創造・制作モデルとマルクスの生命・労働モデルに辿り着いた。他方でアレントは、第一次大戦後に汎民族運動から全体主義運動が誕生した歴史的要因として、議会・政党制への不信、国民国家の崩壊、大衆社会の成立という三点を挙げるのみであり、戦間期を内在的に分析していたとは言い難かった。そこで、アレントの政治哲学をいち早く受容し、その全体主義批判を市民的公共性の崩壊という近代史に内在する仕方で論じたのが、戦後西ドイツの哲学者ユルゲン・ハーバーマス（一九二九年―）だった。ハーバーマスは、ナチス・ドイツに生まれ育ち、西ドイツで戦後民主主義の再教育を受けた戦後世代の一人であり、初期著作『公共性の構造転換』（一九六二年）で、市民的公共性が現れて崩壊していく歴史の転換過程を描き出した。

最初にハーバーマスは、絶対主義時代に国家の公的領域から市民社会の私的領域が分離する歴史的過程を踏まえて、後者の民間領域の中に市民的公共性を見出す。中世盛期の封建社会には公的領域から区別された私的領域は存在しなかったのに対し、絶対主義が公権力の領域から市民社会の領域を分離した一八世紀末に初めて、公衆を担い手とする世論の領域という意味の「市民的公共性」が生まれた。ここで、市民的公共性は、ギリシア的公共性と異なり、ヘーゲルによる国家と市民社会の区別を前提しており、アレントの言う社会的領域に対応している。[21]

次にハーバーマスは、市民的公共性が、劇場・美術館・演奏会で芸術作品を批評し合う「文芸的公共性」の中から誕生したと指摘する。文芸的公共性は、小家族の親密領域を拡張しつつ、サロン・喫茶店・読書会で文化を論議し、相互に啓蒙する公衆を組織したが、そこから、政治的に論議し、公権力を批判する政治的公共性も形成されたという。ここでも、市民的公共性は、ギリシア的公共性と異なり、親密領域の個人的経験に支えられ、国王の既成権威に挑戦するという私的で論争的な性格を備えていた。[22]

更にハーバーマスは、市民的公共性が、絶対主義に対し普遍的規範としての法律を要求する点で、議会的公共性を基礎づけたと指摘する。英国に見られたように、論議する公衆が担う世論の領域は、議会内の討論を通じ、支配者の意志の表明たる法律を批判し、権力を普遍的に拘束する理性的規範へと作り変える――「意志を理性に転化させる」――役割を果たした。そこで、市民的公共性は、「権威でなく真理が法を作る」というホッブズ的命題の逆転を表現しており、支配一般の解消を目指す「市民的法治国の組織原理」をなした。[23]

ここでハーバーマスは、アレントが大衆社会の前段階と見なした社会的領域の中に、古代ギリシアとは異なる政治的公共性を見出し、シュミットが批判した市民的法治国の理念の中に位置づける。市民的公共性は、教養と財産ある財産所有者の市民のみが入場できる点で、階級利害を表明するイデオロギーの性格を帯びていたが、参加基準を充たす限り、誰もが入場できる開放性の理念を掲げていた点で、イデオロギー以上のイデーだったという。[24]

これに対し、ハーバーマスは、一九世紀末、国家が行政を通じて社会的領域に介入する一方で、社会が利益団体や政党を通じて公権力を行使する傾向が始まると、国家と市民社会の分離という市民的公共性の前提が失われると指摘する。国家の公的領域と市民社会の私的領域が交錯し、相互に浸透し合う結果、「再政治化された社会的領域」が現れて、公共性の構造が転換してくる。[25]ここでハーバーマスは、一九三一年五月にシュミットが論じた、中立的国家から全体国家への転換という現状診断を念頭に置いている。

続いてハーバーマスは、師のTh・アドルノを引きつつ、国家と社会の交錯に伴う市民的公共性の崩壊を大衆社会の出現として描き出す。そこでは、生活の必要から解放され、「文化を論議する公衆」に代わり、レジャー活動を通じ、「文化を消費する大衆」が新たな公共性の担い手として登場する。文化は消費される商品と化し、公共の論議も権力批判の機能を失い、私事化して私的経歴の暴露圏に化してしまう。こうして国家と社会を媒介する市民的公共性は解体し、消費する大衆は、宣伝活動により利益団体や政党に操作される対象になってしまう。[26]

更にハーバーマスは、シュミットを引きつつ、市民的公共性の解体に従い、議会的公共性も支配権を理性化する機能を失い、「人民投票的公共性」へと転換すると指摘する。議会が組織された私的利害の闘争場になると、議会的公共性は、有権者に訴える理性的討論の場ではなくなり、大衆を喝采へと動員する「人民投票的性格」を帯びる。そこでは、法律と措置の区別が曖昧になり、立法と行政の権力分立が解消される一方で、議員は、有権者から自由に委任されず、政党から命令的に委任される。そして、封建社会に見られた「代表的公共性」が回帰し、人格的威信のアウラを帯びる「公共性の再封建化」が進行する。[27] これが、ワイマール末期のヒトラー政権前夜の政治状況を理論的に反映しているのは明らかだろう。

ここでハーバーマスは、シュミット学派に対し、自由主義的法治国から社会国家への構造転換を不可避だと認めた上で、転換に伴う新たな公共性の問題点を、カントの啓蒙理念を通じて内在的に克服できると考えている。その限りで、アレントのような起源回帰の哲学史や新人文主義とは異なる道を歩もうとする。だが、戦後世代のハーバーマスは、一九世紀末以来見られた構造転換の過程を、アレントのように、国民国家の創立・没落史の中に位置づけておらず、国家と社会が同一化する要因が、大衆民主化だけでなく、ナショナリズムの発展にもあるとは考えない。これに対し、ハーバーマスがアレントの遺産として継承するのは、『人間の条件』で論じられた行為・実践モデルと制作・労働モデルの区別である。「古典的政治学」（一九六一年）でアリストテレス実践概念の再生を論じ、「労働と相互行為」（一九六七年）でヘーゲル精神概念の形成史に行為と労働の区別を読み取った後、ハーバーマスは、「ハンナ・アレントの権力概念」（一九七六年）で、制作・労働モデルと行為・実践モデルに対応する二つの政治的行為の類型、即ち権力を獲得し維持する「戦略的・道具的行為」と他者と協力し権力を生み出す「了解志向的行為」を区別する。そして、前者を、意図した目的に適合する手段を選択する「目的合理的行為」として、後者を、他者と共同で理性的合意を創り出す「コミュニケーション行為」として説明する。[28] そして、これらの行為類型は、『コミュニケーション行為の理論』（一九八一年）以後に展開されるハーバーマスの民主主義論で主要な役割を果たすことになる。

シュンペーターの競争的民主主義論

アレントやハーバーマスが全体主義の時代体験を思想化しようと努め、民主主義論を後回しにしたのに対し、第二次大戦中に民主主義論を再構築する作業を進めたのは米国の社会科学者だった。オーストリア出身で一九三二年から米国で教えた経済学者ジョゼフ・A・シュンペーター（一八八三―一九五〇年）は、『資本主義・社会主義・民主主義』（一九四二年）で、ルソーの古典的民主主義学説を批判し、新たな民主主義論を唱えた。

古典的民主主義学説は、民主主義を「人民による支配」、即ち人民自身が問題を決定し、公共利益を実現する仕組みだと説いたが、シュンペーターは、一義的に明確な「人民の意志」も「公共の利益」も存在しないと指摘する。というのも、ウォーラスやG・ル・ボンが言うように、典型的市民は、政治問題に関して非合理的な偏見や衝動に動かされやすく、職業政治家や革命家は、人民の意志を任意に形成し、創造しさえできるからである。これに対し、シュンペーターは、人民の役割を、（米国大統領制のように）政府を作り出す点、または（英国議院内閣制のように）政府を作る中間団体を作り出す点に限定し、民主主義概念を再定義する。シュンペーターによれば、民主主義とは、「人民の投票を獲得するための競争的闘争」により代表者が決定力を得る制度的仕組みであり、企業家が消費者に宣伝するように、政治家が有権者に宣伝し、「指導力（leadership）を獲得するための競争」、即ち複数政党制による自由選挙を意味する。シュンペーターは、選挙民の役割を、誰が指導力を持つかを決定する機能に限定し、この機能を果たす上で比例代表制は望ましくないと考える。他方で、「天職として政治に従事する社会階層」、即ち職業政治家の役割を重視し、民主主義は、有権者が政治家と分業する「政治家の支配」に帰すると説く。[29]

ここでシュンペーターは、ウィーン時代に知り合った晩年のヴェーバーから、指導者民主政の思想を継承し、有権者の得票を求める複数政党間の自由競争という市場モデルで民主主義を再解釈している。シュンペーターも、英米型の議会制民主主義を、自由選挙による指導者選択の手続きと見て、その延長線上に資本主義体制から社会主義体制への移行を展望する。だが、一九三〇年代の人民投票的独裁を警戒する余り、ヴェーバーと異なり、議会制民主主義を極めて狭く貴族制的に理解することになった。[30]

第一にシュンペーターは、選挙民の役割を指導者選択に極小化し、議会選挙を指導者への授権手続きへと矮小化するため、議会制民主主義は民主化以前の寡頭支配に退行してしまう。彼の寡頭制的民主主義論には、バジョットが指摘した内閣と議会の相互作用も見られなければ、ヴェーバーが指摘した議会の官僚統制機能や指導者選抜機能も見られない。

第二に、議会制民主主義の寡頭制化を根拠づけるのは、市民の合理的判断力に対する根深い不信感であり、有権者の判断力の質を高める工夫が見られない反面で、指導者は誤ることがないという無謬性が想定されている。だが、権力者が誤った決定を下しうるという可謬性の事実があるからこそ、議会の自由な討論が、誤りを予防し是正する自己修正メカニズムの機能を持ち、市民的公共性が、意志決定を理性化する意義を持つはずである。

第三にシュンペーターは、一党独裁の独占状態に対し、複数政党間の自由競争を重視するが、比例代表制の拒否から生じる二大政党制の想定は、選択肢を二者択一に限り、多様な利害を反映しない点で寡占市場の不完全競争であり、「競争的民主主義」というよりも「寡占的民主主義」でないかという批判を免れない。従って、政治の世界に市場モデルを導入するシュンペーターの民主主義論は、一九三〇年代初めに見られたように、通常時を非常時と偽り、「独占的指導力」へと移行する議会制民主主義の危機を予防することができない。

ダールの多元主義的民主主義論とその批判

シュンペーター民主主義論の欠陥を克服し、米国の多元主義的伝統により修正しようと試みたのが米国の政治学者ロバート・A・ダール（一九一五―二〇一四年）だった。ダールがシュンペーター・モデルを継承している点は、最初にポリアーキー論を展開したC・E・リンドブロムとの共著『政治・経済・厚生』（一九五三年）から明らかになる。

第一にダールは、シュンペーターが、代表制を政策間の選択ではなく、指導者間の競争と選択に限定していると批判し、非指導者が「指導者に対する高度のコントロール」を及ぼす社会過程を「ポリアーキー（polyarchy）」と定義する。選出された指導者が非指導者の選好に敏感に応答するならば、指導者が一方的に統制する寡頭制化の傾向を防止できる。ダールは、選挙時や中間期に非指導者の選好に応答する支配こそ、指導者をコントロールする手段として有効だと考える。

第二にダールは、ルソーの古典的民主主義学説を、社会の多様性を考慮しない点で批判し、指導者をコントロールする手段として社会的多元主義を要求する。マディソンは、大共和国における利害の多様性を理由に、政府が政府自身を抑制する立憲的抑制・均衡のメカニズムを工夫したが、ダールは、多様な少数者集団が意見表明する社会的抑制・均衡のメカニズムを重視する。つまり、マディソンの政治的多元主義を社会的多元主義に読み替えて、シュンペーターの指導者民主政的偏向を克服しようとする。

第三にダールは、指導者をコントロールする別の手段として、全市民が政治に参加し、自分の選好を表明する平等な機会を持つよう要求する。政治参加の平等な機会が与えられれば、行動する少数者は行動しない多数者を代表する可能性が高いから、政府の政策は、多数者の広範な選好よりも少数者の特定選好を反映する傾向がある。[31] 従って、ダールのポリアーキー論は、シュンペーターの寡頭制的民主主義を修正し、エリートの統制手段として社会の利害表出や政治参加の機会を拡大するよう意図していたと言える。

次の『民主主義理論序説』（一九五六年）でダールは、マディソン主義とポピュリズムという二つの民主主義モデルを検討する。ダールは、立憲的抑制・均衡を工夫するマディソン主義が、多数者の暴政が少数派の自然権を剝奪した全体主義体験に対して有効な回答になると認める一方で、社会的抑制・均衡よりも政府内部の統制を重視する点を批判し、少数者を保護するイデオロギーになると指摘する。他方で、多数者支配を原理とするポピュリズムは、二つの同数集団に社会を分断する恐れがあり、選好の強度の違いを無視するばかりか、多数者が体制を破壊しかねないと批判する。そして、合衆国では、政策問題に関して選挙時にも中間期にも見られるのは、「多数者の支配」よりも「複数少数者の支配（minorities rule）」だと指摘する。選挙と政治的競争は指導者をコントロールする手段として重要であり、指導者が非指導者に反応する「ポリアーキー」は、政治的活動者からなる複数少数者の数・規模・多様性を増大させる。[32]

こうした多元主義的モデルを踏まえた上で、ダールは、『ポリアーキー』（一九七一年）で、政府に異議を申し立てる「自由化」と、選挙で投票し政治に参加する「包括化」という二つの基準から、「ポリアーキー」を再定義した（序章、参照）。

これに対し、米国の政治学者セオドア・ローウィ（一九三一―二〇一七年）は、『自由主義の終焉』（一九六九年、第二版：一九七九年）で、少数派集団の間の相互作用で政治過程を説明する多元主義モデルを「利益集団自由主義」と呼んで、市場モデルに由来する多元主義理論の欠陥を批判した。ローウィによれば、多元主義モデルは、多元的集団の間の自由競争から生じる市場の均衡を「公共利益」と見なすが、これは、組織されざる潜在的利益を排除し、既成集団の特権を温存する点で、米国の現状を正当化する保守的機能を果たす。ローウィは、一九三〇年代に始まり、一九六〇年代に完成した合衆国の政治体制を、多元主義モデルを実現した点で「第二共和政」と命名し、ニューディール自由主義の弊害を克服する必要があると説く。[33]

しかし、ローウィの多元主義批判には、次の二点にわたる問題を指摘できる。第一にローウィは、ダールの多元主義理論を一九六〇年代合衆国の政治体制とそのまま同一視し、多元主義モデルこそ、一九七〇年代米国に見られた公的権威の衰退に責任があると主張する。[34]だが、ダールの多元主義モデルは、一九六〇年代の公民権運動やベトナム反戦運動に見られたように、行動する少数者が政府指導者をコントロールする機能に期待するものだった。これに対し、ローウィの多元主義批判は、社会正義の実現を目指す政治的活動家を、部分的利益を追求する利益集団から理論的に区別できていない。

第二にローウィは、利益集団自由主義に代わる選択肢として「依法的民主主義」を提唱し、F・v・ハイエクに従い、行政への権限委任によらない、立法部の法制定による「法の支配」を説く。[35]だが、連邦政府の権限を強化し、政治過程を集権化すれば、多元主義社会の規範的前提を転換させる現状変革作用を及ぼしかねない。例えば、一九六四年の公民権法のように、少数派人種に対する社会的隔離を効果的に取り除くばかりか、市場の規制を撤廃し、低所得者層を市場原理の猛威に委ねる新自由放任主義の魔力をも解き放つことになる。

現在から改めて振り返れば、一九七九年五月に英国のサッチャー政権が、民営化と減税・支出削減からなる新自由主義政策を開始し、二年後に米国のレーガン政権に継承される中で、ローウィの多元主義批判は、ニューディール自由主義に代わる強力な対抗イデオロギーの出現を告げ知らせる合図だったと言える。

第二節　民族自決権の受容と回帰

第二次世界大戦の戦後処理と自決権の拒否

前章で見た通り、ウィルソンの民族自決権は政府選択の権利を意味していたが、分離・独立の権利というレーニンの自決権の意味で誤解されて全世界に宣伝された。その結果、自決権は、敗戦国が勝者の権利による戦後処理を「不正」と告発し、現状を修正する手段となった。しかも、自決権は、多民族が混在する中東欧地域に選択的に適用されたため、第一次大戦後に少数派民族問題を激化させ、敗戦国ナショナリズムと戦勝国ナショナリズムの深刻な衝突を招いた。少数民族紛争と敗戦国ナショナリズムから最大の利益を引き出したのはヒトラーだった。ヒトラーは、一九三三年以後、主権回復と大ドイツを達成する手段として自決権を濫用し、侵略戦争を推し進めた。そればかりか、征服地の少数派住民を強制的に移住・追放・虐殺する同質化政策を取り、ここに自決権の倒錯現象が明らかになった。

第二次世界大戦の戦勝国となった連合国は、ヒトラーによる自決権の濫用と倒錯を踏まえて戦後処理を行おうとした。英国やフランス、オランダ、ベルギーは、どれも植民地帝国だったため、レーニンの自決権には関心がなく、また戦間期の経験から、自決権を欧州に適用すればドイツを強大化すると知った。合衆国は、独立以来の反植民地的伝統を持っていたが、英仏との連帯を理由に植民地独立運動を支援しようとしなかった。これに対し、一九二二年に多民族帝国を継承したソヴィエト連邦は、一九三九年八月の独ソ不可侵条約以来、ポーランド、バルト三国、フィンランドの自決権を侵害していたが、海外植民地を持たなかったため、レーニンの伝統に従い、植民地民族の分離・独立を支援することができた。[36]

そこで、一九四一年八月に英仏が共同宣言した大西洋憲章は、自決権に何ら関心を示さず、人民が政体を選択する権利のみを語った。そして、一九四三年から一九五一年までに締結された休戦協定や講和条約は、いずれも自決権を援用せず、自決の手段である人民投票も一貫して回避した。また一九五五年五月に連合国がオーストリアと締結した講和条約も、合併を禁じる条項を含んでおり、自決権を放棄するという自決権の行使だと説明された。従って、戦間期の濫用・倒錯経験のため、自決権は、第二次大戦と講和条約では何の役割も演じず、一貫して拒否されたと言える。[37]

しかし、自決権の理念は将来の約束として放棄されず、大戦後も生き延びることになる。というのも、大戦後のナショナリズム運動は、新たに植民地の独立運動と結合したばかりか、植民地列強と手を結ぶ合衆国に対して、ソ連が植民地民族の自決権を擁護する者として現れたからである。

戦後の植民地独立運動と自決権の受容

一九四五年四月二五日から六月二六日に開かれた国連創立会議でソ連の植民地擁護政策は成功し、国連憲章は、ソ連の支持を得て、「諸民族の同権と自決の原理」に二回にわたり言及した。ここで「自決」とは、植民地民族の脱植民地化という目標を指しており、この点で、委任統治システムを採用し、独立を引き延ばした国際連盟よりも進歩していたが、自決の権利でなく、「原理」を認めただけにとどまった。次に、一九四八年一二月一〇日に世界人権宣言が国連総会で採択された時、ソ連は、自決権を採用するように提案したが、西欧列強はこの提案を拒絶した。だが、一九六〇年一二月一四日の国連総会決議一五一四は、「植民地主義の無条件的終結を望む」と述べ、「全国民は自決権を持つ」と新たに宣言した。更に、一九六六年一二月一六日に国際人権規約が採択され、批准国に対し法的拘束力を持つことになった。ソ連と大多数の独立国は、自決権を採用するよう提案したのに対し、植民地列強は、一〇年後の一九七六年まで発効を延期するよう抵抗する以外になかった。国際人権規約の第一条は、「全国民は自決権を持つ」と述べ、自決権を脱植民地化の普遍的権利として初めて法制化した。[38] 一九六二年にアルジェリアがフランスから独立し、一九六五年二月から米軍の北ベトナム空爆でベトナム戦争が始まる中で、一九六〇年代の国際連合は、脱植民地化論者とソ連の支持を得て、植民地帝国の解体を要求する舞台になった。だが、国際連合は、全ての民族の国家的独立を望んだわけではなかった。というのも、国連憲章の第二条第四項は領土保全原則を保証しており、自決権を援用するか、領土不可侵を援用するか、任意に選択することができたからである。

先に第二章第二節で、近代ナショナリズムの果たした歴史的役割を三点にわたり指摘した。第一の役割は、多民族が混在する中東欧の多民族帝国を解体して旧欧州の封建制秩序を刷新するという旧帝国解体作用であり、第二の役割は、自由主義者の統一運動と結合し、同質的国民からなる国民国家を創出するという国民国家形成作用である。近代ナショナリズムの第三の役割は、一八八〇年代から帝国主義政策と結合し、欧州外部に植民地帝国を建設するという新帝国建設作用だった。そこでは、自決権の主体は、文明化した欧米白人に限定されており、自決権は、白人人種の文化的優越という人種主義と結合した。これに対し、文明化されていないアジア・アフリカの諸国は、自決能力を欠いているか未成年状態にあるという理由から、他者決定の客体と見なされた。更に、自決権が特定の優越した民族の権利を意味し、アーリア人種の優越という人種主義と結合した時、第一次大戦前のナショナリズム運動は、大戦後にファシズム運動と結合し、自決権の濫用と侵略戦争を引き起こした。

これに続き、近代ナショナリズムの第四の役割は、第二次大戦後に植民地独立運動と結合し、西欧列強の植民地帝国を解体するという新帝国解体作用である。そこでは、国際人権規約に謳われたように、自決権の主体はアジア・アフリカ諸国にまで拡大され、自決権は、欧米白人に限定されない全民族の普遍的権利と見なされたからである。一九七三年一月にベトナム和平協定が結ばれ、ベトナム戦争が終結した後、一九七六年に北ベトナムによりベトナムが再統一されたのは、普遍的権利としての自決権の受容を象徴していた。

従って、二〇世紀の近代ナショナリズムは、帝国主義と結合すれば、抑圧と侵略のシンボルを意味し、脱植民地化運動と結合すれば、逆に自由と独立のシンボルを意味するという相反する作用を及ぼしたと言える。だからこそ、近代ナショナリズムは、嫌悪や憎悪の対象にもなれば、称賛と願望の対象にもなるというアンビヴァレントな性格を持ったのだ。

東西冷戦と自決権の侵害

第二次大戦後にアジア・アフリカ各地で起こった植民地独立運動は、自決権が国連で受容され、法制化されるのと並行して、植民地列強の抵抗を排し、分離・独立の権利というレーニンの意味の自決権を実現していった。しかし、一九四七年三月のトルーマン・ドクトリンと共に始まった米ソ冷戦は、政府・体制を選択する権利というウィルソンの意味の自決権をしばしば侵害した。というのも、連合国による被占領国の戦後処理や途上国の脱植民地化の過程で、東西いずれの体制を選択するかをめぐる紛争が起こると、米ソ両大国が占領国や途上国の国内紛争に介入し、ベルリン封鎖（一九四八年）や朝鮮戦争（一九五〇年）のように、東西両国の分断や代理戦争にまで発展したからである。特に東欧や東アジアの紛争地域では、体制選択の問題は、一国の主権に委ねられず、逆に米ソが介入して、ウィルソンの意味の自決権を大きく侵害した。

例えば、スターリン死後の一九五六年一〇月にハンガリー動乱が起こり、ナジ政権が東側からの離脱を宣言すると、ソ連軍が侵攻し、ナジを処刑して東欧の脱スターリン化を阻止した。また一九六八年春にチェコスロヴァキアでドプチェク政権が自由化改革を進めると、八月にソ連軍がチェコスロヴァキアに侵攻し、「プラハの春」を圧殺した。同年一一月にブレジネフ書記長は、社会主義体制を維持するために一国の主権は制限されるという「ブレジネフ・ドクトリン」を唱え、ソ連の軍事介入を正当化した。ブレジネフの制限主権論は、「プロレタリアートの自決」が民族自決権の行使に優先するというレーニン自決権の論理から内在的に導き出すことができる。更に一九七九年一二月、ソ連軍がアフガニスタンに侵攻し、アミン政権を転覆して親ソのカルマル政権を誕生させた[39]。ソ連のアフガン侵攻は、東欧の衛星国以外でも政府・体制選択の自決権を侵害したため、共産主義理念の信用を失墜させた。

だが、謀略機関を利用して政府・体制選択の自決権を侵害する点では、合衆国も劣らなかった。例えば、一九五三年にイラン首相モサデグが、英国系石油会社の国有化に対する米国の禁輸措置に対し、ソ連の支援を通告すると、アイゼンハワー大統領は、ＣＩＡを利用してモサデグ政権を転覆した。同年にグアテマラのアルベンス大統領が、米国フルーツ会社の接収へのＣＩＡの謀略計画に対し、ソ連の支援を要請すると、翌一九五四年に米軍が空爆し、親米政権に交代させた。また一九五九年にカストロがキューバ革命を起こし、米国企業を国有化してソ連の支援を受けたのに対し、一九六一年四月、ケネディ大統領は、ＣＩＡの政権転覆計画に同意し、キューバに侵攻して失敗した。更に一九五四年七月、インドシナ戦争に敗北したフランスがインドシナ休戦協定に合意した後、米国は南ベトナムのジェム政権を支援し、フランス撤退後も統一選挙を拒否した。アイゼンハワーは、インドシナが共産化すればアジア全土に波及するという「ドミノ理論」でインドシナ関与を正当化した。一九六三年一一月にケネディが、ＣＩＡの支援で南ベトナム軍に政権転覆させ、北と交渉を考えるジェムを暗殺させたのも、アジアの共産化を恐れるドミノ理論を受け継いでいた[40]。

米ソ両大国が、北大西洋条約（一九四九年）と東欧相互援助条約（一九五五年）のように、同盟国と同盟条約を結び、仮想敵国に対し相互防衛を約束した時、東西の軍事的分断は決定的になった。東西冷戦時代には、「味方と敵のグループ分け」（C・シュミット）が進み、東西体制の両極化が固定される中で、植民地独立運動を除けば、同盟国の自決権は制約され、ナショナリズムは封じ込められていたと言える。だが、一九九〇年に東西冷戦が終わりを告げる時、東西両体制に凍結されてきたナショナリズムの氷塊が解凍されて再び動き出すことになる。

冷戦終結と自決権の回帰

では、東西冷戦はいかに終結し、ナショナリズムはいかに回帰したのだろうか。

東西冷戦の終結過程は、大きく分けて三つの段階に区別することができる。第一に冷戦終結の前提条件となったのは、一九八五年のゴルバチョフ共産党書記長就任に始まる米ソの核軍縮推進と途上国からの撤退だった。一九八七年一二月、米ソは中距離核戦力（ＩＮＦ）全廃条約に調印し、長年にわたる相互不信を取り除いた後、翌一九八八年から戦略兵器削減条約（ＳＴＡＲＴ）と欧州の通常兵力削減に向けて努力し始めた（一九九一年七月と一九九〇年一一月に条約締結）。これに並行して、一九八八年四月、ソ連はアフガニスタンからの撤退に合意し、翌一九八九年二月にソ連軍一〇万人の撤退を完了して、衛星国以外でウィルソンの意味の自決権を尊重する姿勢を示した。

第二に冷戦終結の主要な出来事をなしたのは東欧の自由化とドイツ再統一だった。一九八〇年にポーランドで結成された自主管理労組「連帯」は、翌年末の戒厳令で非合法化されていたが、一九八九年四月、ポーランド政府との円卓会議で合法化され、両者は自由選挙に合意した。六月に実施された自由選挙で連帯が圧勝したが、ソ連は、西ドイツとの共同声明で「どの国家も政治・社会体制を自由に選択する権利を持つ」と述べ、ウィルソンの意味の「諸国民の自決権の尊重」を約束した。この結果、八月に東欧で四一年ぶりの非共産政権がポーランドで誕生した。また、六月にナジの名誉回復を行ったハンガリー政府は、九月一〇日にオーストリア国境を開放したため、東ドイツから大量の入国者と西側への脱出が相次いだ。一〇月七日の東ドイツ建国式典にゴルバチョフが訪問し、一〇月九日にライプツィヒで、旅行の自由を求める七万人の市民デモが起こった後、一ヵ月後の一一月九日夜、旅行の自由を認める法律が発効するという東ドイツ報道官の誤報により、東西ベルリンを隔てる壁が開放された。続いてチェコスロヴァキアやルーマニアでも共産政権が崩壊し、一二月に東ドイツで自由選挙が合意される中、ソ連はブレジネフ・ドクトリンを放棄し、ウィルソンの意味の自決権を東欧諸国に承認した。一二月のマルタ首脳会談では、米国大統領ブッシュとソ連共産党書記長ゴルバチョフの間で米ソ協調が確認され、一九八九年末に米ソ和解型の冷戦終結が宣言された。[41]

ベルリンの壁開放を見た西ドイツ首相コールは、ドイツ統一を目指して米ソの合意を取り付け、翌一九九〇年三月に東ドイツ初の自由選挙では、コール率いるドイツ連合が四八パーセントの得票を得て勝利した。この結果、新憲法を制定する対等合併型の統一ではなく、東ドイツが西ドイツに加入する吸収合併型の統一が選択され、議会選挙がドイツ統一方式をめぐる人民投票の役割を果たした。七月の独ソ首脳会談では、ソ連軍撤退費用を援助する代わりに、統一ドイツが（NATOを東方拡大しない条件で）NATOに加盟すると合意され、九月一二日の二プラス四会談で、連合四ヵ国が占領権を返還し、ドイツが主権を回復すると合意された。そして、一〇月三日に東ドイツが西ドイツに加入する仕方でドイツが再統一された[42]。

分離・統一して独立するレーニンの意味の自決権がドイツにも認められたのであり、先に第二章第二節で見た国民国家創立の三類型の中では、ドイツ再統一は、一八七一年ドイツ統一と同じく、小国の統一・加入型に当たると言える。ドイツの戦後処理が米ソ対立の主要要因だった点で、東欧自由化ではなくドイツ問題の最終解決こそ東西冷戦の終結を意味していた。だが、一九九〇年のドイツ再統一が米ソ和解型の解決とならなかった点は、冷戦終結の意味が変化しているのを示していた。

第三に冷戦終結の思わぬ副産物こそソ連解体であり、これは冷戦終結の意味を転換させた。ソ連では、一九八八年六月に人民代議員大会の設立が合意された後、一九八九年三月に人民代議員の自由選挙が行われ、共産党は敗北し、急進派と民族主義派が圧勝した。翌一九九〇年三月には大統領制が導入され、ゴルバチョフが初代大統領に選ばれた。同じ三月にリトアニアを初め、バルト三国が独立を宣言し、五月にロシア最高会議議長に選ばれたエリツィンがロシアの主権を宣言したため、連邦制の再編が必要になった。そこで、翌一九九一年四月にゴルバチョフは、各共和国の自治を認めて国家連合に再編する新連邦条約案を作成した。だが、調印前日の八月一九日に保守派指導部がクーデタを起こし、三日後に失敗した結果、八月二四日にゴルバチョフは党書記長を辞任し、ソ連共産党は解体した。連邦政府の権威が低下し、各共和国が権力掌握する中で、一二月八日にロシア・ウクライナ・ベラルーシ各共和国が「独立国家共同体」（ＣＩＳ）を宣言し、二一日に一〇共和国が独立国家共同体条約に調印した。この結果、一二月二五日にゴルバチョフはソ連大統領を辞任し、ソ連邦は解体した。[43]

ソヴィエト連邦は、一九二二年一二月、民族の文化的自治、各共和国の対等、社会主義の同質性からなる多民族連邦国家として成立した。しかし、東欧自由化が共和国のナショナリズムを解放したため、各共和国は文化的自治に満足せず、分離・独立するレーニンの意味の自決権を要求した。しかも、ゴルバチョフの情報公開が歴史の見直しを議論させたため、共産党支配の正統性が疑われ、社会主義の同質性は失われた。[44] 従って、多民族を束ねる共通項が脱落し、各民族が独立を要求した結果、多民族連邦国家は解体したと言える。これは、国民国家創立の三類型の中では、大国からの分離・独立型に当たる。だが、一九九一年末のソ連解体は、一九八九年末に見られた米ソ和解型の冷戦終結を、米国勝利・ソ連敗北型の冷戦終結へと転換させることになる。[45]

ここで冷戦終結の三段階を振り返るならば、途上国撤退と東欧自由化は、人民が政府・体制を選択するウィルソンの自決権の承認を、ドイツ再統一とソ連解体は、民族が分離・統一して独立するレーニンの自決権の承認を意味していた。従って、東西冷戦の終結は、二重の意味における民族自決権の勝利と回帰を意味したと言える。それは、第二次大戦後に長らく封じ込められてきた民主主義とナショナリズムの相互作用の力学を、冷戦終結後の世界に解き放つことになるだろう。

結び

冷戦終結後の民主主義とナショナリズム

ドイツ再統一の日、国会議事堂前
(Bundesarchiv, Bild 183-1990-1003-400, photo by Peer Grimm CC-BY-SA 3.0)

民主主義とナショナリズムに関する最終考察

最後に、これまで見てきた近代革命以来の民主主義思想の発展とナショナリズムの歴史を振り返り、そこからどんな一般法則を引き出すことができるのか、考えてみたい。

第一章では、ルソーの民主主義論が、シィエスの思想を媒介として民主主義革命を推し進め、革命独裁と近代ナショナリズムを生み出した点、軍隊指揮者ナポレオンのクーデタが、これら革命の遺産を継承し、革命を終結させた点を見た。そして、近代ナショナリズムを、近代革命の産物として生まれた内発的ナショナリズムと、外国征服の産物として生まれた外発的ナショナリズムという二つの類型に区分した。前者の内発型ナショナリズムが、個人の主観的願望・意欲という主観的基準で定義され、前近代的民族意識から断絶していたのに対し、後者の外発型ナショナリズムは、言語・宗教・歴史の同質性という客観的基準で定義され、前近代的民族意識と連続する傾向が見られた。

第二章では、英仏の自由主義者J・S・ミルとトクヴィルが、ルソーの純粋民主主義思想を批判し、修正された民主主義のモデルとして議会制民主主義を正当化しようとした点、他方で、米国型大統領制を第二共和政憲法に導入した結果、ナポレオン三世のクーデタを招いた点を見た。また近代ナショナリズム運動が、イタリアとドイツに新たな国民国家を創立したこと、自由主義的市民層や国際労働者運動の中で民族自決権の思想が生み出され、民族が分離し独立する権利というレーニンの自決権と、人民が政府・体制を選択する権利というウィルソンの自決権に区別できることを見た。

第三章では、国内の選挙権民主化に伴い、少数派の同化・排除、帝国主義や人種主義との結合、指導者崇拝との結合という近代ナショナリズムの大衆化現象が現れた点、大衆化したナショナリズムの特徴が、第一次世界大戦後にヴェーバーの指導者民主主義論を経て、シュミットの人民投票的民主主義論に継承された点を見た。またレーニンの意味の自決権が、第一次大戦後の中東欧に適用された結果、少数派民族問題を激化させ、敗戦国ナショナリズムを高めて、ヒトラーのカリスマ的支配を可能にしたこと、純粋民主主義の同一化欲求が、一九三三年三月以後、少数派を抑圧し、強制的に排除する倒錯現象をもたらしたばかりか、民族自決権の同質化欲求が、一九四二年一月以後、個人の自決を抑圧し、強制的に同質化する倒錯現象を生み出したことを見た。

第四章では、第二次世界大戦後の全体主義批判が、イデオロギーとテロルを駆使する指導者民主主義への批判として展開された点を見た。アレントによれば、全体主義運動は、アトム化した大衆を動員し、自然・歴史過程の一部に組み込む組織手段として人種闘争史観や階級闘争史観のイデオロギーを利用し、全体主義体制は、個人の自発性・自由を抹殺し、指導者の意志に全面服従させる制作手段として秘密警察や強制収容所のテロルを活用していた。戦後に合衆国で再構築された多元主義的民主主義論は、議会主義の枠内で継承された指導者民主主義論に対し、マディソンの多元主義的伝統から批判を加えていた。また戦後の東西冷戦時代には、レーニンの自決権が植民地解放運動に受容される一方で、ウィルソンの自決権は米ソの衛星国でしばしば侵害されたが、一九九〇年の冷戦終結とともに、ウィルソンとレーニンの二重の意味で民族自決権が回帰していた。

民族自決権の擬制と現実

本書では、民族自決権の概念を手掛かりに民主主義とナショナリズムの相互作用を考察してきた。

そこでは、「民族」の意味内容が、主観的基準と客観的基準、更に文化的基準と自然的基準へと分裂し、相互に衝突し合うことを既に確認した。「自決権」の意味も、政府・体制を選択する権利というウィルソンの自決権と、分離・統一し独立する権利というレーニンの自決権に区別されることも既に論じた。

だが、人民の自己支配というウィルソンの自決権に関して、J・S・ミルは、支配する人民は支配される人民と決して同じでなく、人民の中の最も活動的な部分、多数者の支持を得た少数者を意味すると指摘していた。例えば、フィヒテの言うドイツ民族の「自己統治権」は、プロテスタントのプロイセンがカトリックのオーストリアや南ドイツを支配する体制を意味していた。またレーニンの言う「プロレタリアートの自決」は、ソ連共産党が勤労者大衆を一党支配する体制を意味していた。更にシュミットの言う「治者と被治者の同一性」は、人民の自己支配でなく、人民から喝采された指導者の支配を意味していた。

同様に、民族の自己支配というレーニンの自決権も、決定する民族は決定される民族と一致しない現象がしばしば見られた。例えば、ドイツ統一を自決権の行使として正当化したプロイセン自由主義者は、「ドイツ民族の自決権」の名目でシュレスヴィヒ北部やアルザス＝ロレーヌの少数派民族を併合できると信じた。ヒトラーのオーストリア併合も、ユダヤ人の少数派民族を二級国民として徹底的に排除するものだった。

なぜなら、ここで言う自決権とは、いずれも対内的統一と対外的独立を創り出すのに役立つ法律上の「擬制（Fiktion）」にすぎず、様々な党派・宗派や民族に分裂した現実とのギャップを含んでいたからである。そこで、この擬制概念を実体そのものだと誤解するならば、自決権は、党派分裂した国民の現実を覆い隠す虚偽意識というイデオロギーの役割を果たすことになる。同様に、シュンペーターの「指導力」（リーダーシップ）も、多数派政党の指導者を議会の指導者と見なし、議会指導者を政府の指導者と見なし、政府指導者を国民世論の指導者と見なすという何重もの擬制（法律上の「見なし」規定）に基づいている。この擬制概念を実体概念として濫用すれば、党内の党派対立、議会内の与野党対立、議会と政府の対立、国内の階級対立という厳しい現実を覆い隠すイデオロギーとして作用することを忘れてはならない。

人民投票とナショナリズム・カリスマ的支配

自決権や指導力の擬制が分裂した現実を覆い隠す役割を果たすとすれば、人民投票こそ、多数決の擬制により擬制と現実のギャップを媒介するため考え出された純粋民主主義の政治手法である。人民投票は、一七九〇年代にフランス共和国が領土併合を正当化する対外的手段として利用され、後に軍隊指揮者が簒奪権力を対内的に正当化する手段として転用されたことは既に見た。そこで、人民投票とは、第一に、党派間に分裂した国民を再統一し、対内的統一や対外的独立を達成する近代ナショナリズムの最終手段である。議会制民主主義の下では、議会選挙が時には人民投票と同じ機能を果たすこともある。本書で取り上げた具体的事例に即して見てみよう。

第一に、一七九九年一一月、ナポレオンが総裁政府を打倒したクーデタは、王党派と山岳派の党派対立を克服するため計画されたが、一八〇四年五月にナポレオンを皇帝に推した人民投票も、王党派のテロに対し第一統領の地位を安定化させる意味を持った。第二に、一八五一年一二月、ルイ・ナポレオンが議会解散のクーデタを人民投票で正当化したのも、憲法改正をめぐる大統領と議会多数派の対立を克服するためだった。第三に、一八六〇年三月と一〇月、中部イタリアとシチリア・南イタリアでそれぞれ実施された人民投票は、憲法制定議会を開催せず、サルデーニャ王国への合併か否かという二者択一に回答を迫り、イタリアの統一と独立を達成した。第四に、一八六六年七月のプロイセン議会選挙は、普墺戦争に勝利した日に実施され、ドイツ統一政策の是非を問う人民投票の意味を持った。プロイセン首相ビスマルクは、議会選挙で勝利した結果、自由主義者多数の支持を得て、九月に予算なき統治の事後承諾法案を可決し、一八六二年以来の議会対立を終結させた。第五に、一九三三年一一月、一九三六年三月、一九三八年四月にヒトラーが国際連盟脱退・ラインラント再武装・オーストリア併合の是非をそれぞれ問うた人民投票は、主権回復と大ドイツの目標を達成する手段として活用された。第六に、一九九〇年三月に東ドイツで実施された議会選挙は、西ドイツ首相コールの提案する東ドイツの吸収合併か、社会民主党の提案する東西ドイツの対等合併かを選択する人民投票の意味を持ったが、前者が勝利した結果、一〇月に東ドイツが西ドイツに加入する仕方でドイツが再統一された。

これら人民投票または人民投票的選挙の六つの事例が、いずれも対外戦争または体制転換によるナショナリズムの高揚期と重なっているのは決して偶然でない。人民投票こそ、共通の敵と闘い、国民の一致結束を創り出すナショナリストの闘争手段であり、もし成功すれば、統一と独立を目標に掲げる指導者に喝采する形式を取るからである。

そこで、人民投票とは、第二に、カリスマ志向のイデオローグが、簒奪権力を正当化し、体制転換を成し遂げるために活用できる危険な手段でもある。ヴェーバーは、ナポレオンやナポレオン三世の人民投票的支配やビスマルクの統治方法を「カエサル主義」と呼び、そこにカリスマ的支配の原型を見出した。「人民投票は選挙でなく、人格的に資格あるカリスマ的支配者だと要求する者の、最初の承認あるいは（一八七〇年のように）新たな承認である」。「支配権力の投票が、人民投票的性格、即ちカリスマ的性格を持つ場合も、選挙は一般に存在しない」[1]。そして、ビスマルクのカエサル主義的方法を「可能的なものの術」と呼び、予想される結果を目的達成の手段として利用する「目的合理的行為」のモデルと見なした。ヴェーバーがワイマール憲法に導入した大統領直接公選制や人民請願という人民投票的規定が、議会制を葬り去る体制転換の手段としてカリスマ要求者により濫用されたのは間違いない。だからこそ、戦後のドイツ基本法（一九四九年）は、人民投票的民主主義を拒否し、大統領の実質的権限を剥奪して、直接公選制でなく議会選出制とした。

人民投票と純粋民主主義の神話

そして、治者と被治者が一致する純粋民主主義というルソー的神話こそ、第三に、分裂した現実を覆い隠し、指導者の提案へ喝采する人民投票の採用を正当化するイデオロギーである。ルソーは、党派結成を禁じるならば、人民集会では、全員一致に近い形で一般意志が表明されると期待し、人民投票を行えば、多数者が正しいと証明されると想定したが、これは、価値観や利害が共通する同質的共同体の中で初めて可能だった。また、執行権の担い手は、人民投票の提案権を認められたから、人民投票による意志決定は、執行権者が国民全体を代表するという人格的代表の擬制と結びつきやすい。そこで、純粋民主主義の論理に従えば、同質性の特定基準（徳や言語・宗教、更に人種・血統）で少数派を同化し、多数派に融合するのが望ましいという同質的共同体への願望が生み出される。そして、同質的共同体へのロマン主義的願望は、排外的ナショナリズムと結びつくならば、人民を代表する者が、同化しない（または同化できない）少数派を強制手段で抑圧し、人民の敵として排除する強制的同質化をもたらす。これこそ、一七九三年から一七九四年にかけてジャコバン派の革命独裁で最初に見られ、一八七一年以後のビスマルク期ドイツにカエサル主義の統治方法として現れた後、一九三三年三月の授権法制定後の画一化過程に再現され、一九三四年八月一九日にヒトラーを指導者として承認した人民投票で頂点に達した民主主義の倒錯現象である。

カール・シュミットは、『議会主義論』（一九二三年）で、議会制民主主義を民主主義と自由主義の二分法で解釈した後、『憲法論』（一九二八年）で、ライヒ大統領こそ人民の喝采で信任された政治的統一の代表者だと説明し、人民投票的民主主義を基礎づけていた。だが、議会制民主主義が自由主義的部分と民主主義的部分からなるというシュミットの説明は、自由主義者による純粋民主主義の批判を真剣に受け取らない点で誤っている。マディソンやJ・S・ミルの自由主義的批判が、ルソー的民主主義の肯定に対する否定だとすれば、ミルの議会制民主主義論は、自由主義的否定を踏まえた修正民主主義の提案という否定の否定に当たる。これに対し、修正民主主義まで発展しない議会制民主主義の二分法的理解は、自由主義的法治国の保障を欠くならば、容易に純粋民主主義へと逆戻りし、多数派による「少数派の暴行」まで民主主義の論理で正当化することができる。シュミットによれば、民主政が「不可分の同質的国民」の前提に基づく限り、少数派と多数派への分裂も存在しなければ、「多数派に対し不断に保護するに値し、保護を必要とする少数派も存在しない」。そこで、「真の民主政または高次の民主政から、真の少数派保護を期待してもほとんど役立たない」と自覚すべきである[2]。では、なぜシュミットは自由主義者の民主主義批判を真剣に受け取らなかったのだろうか。J・S・ミルは、「国家の価値は、究極的には国家を構成する個人の価値にある」と信じたのに対し、シュミットは、一九一四年以来、強力な国家に奉仕する限り、個人の価値があると考えたからだ。

純粋民主主義の退行現象を超えて

では、こうした純粋民主主義の退行現象に陥らないためには、どんな予防策が考えられるだろうか。

第一に、ミルの提案する修正民主主義を学説の発展として承認し、ヴェーバーの指導者民主主義へ移行する道を選ばないことである。というのも、第一次大戦後の時代体験に照らすならば、指導者民主主義は、保守主義的ナショナリズムやカリスマ的支配と結合しやすく、体制転換への歯止めを根本的に欠いているからである。他方で、指導者民主主義への対抗モデルとして持ち出される評議会制民主主義も、パリ・コミューンの経験から生み出され、立法権と執行権を明確に分離しないため、一党独裁の手段に利用されやすい点に注意しなければならない。

第二の予防策は、一九三〇年代の時代体験から真剣に学んで、執行権の権力濫用を未然に防止し、政府の責任を追及できる万全の仕組みを作り上げることである。権力濫用を事前に予防するには、立法権が執行権を統制する権力分立や、党内反対派の存在を保障する党内民主主義の仕組みが必要になるし、権力濫用の責任を事後に追及するには、複数政党制と自由選挙による議会制と政府解任の仕組みが必要になる。

そこで、自由主義者の修正民主主義提案を真剣に受け取り、執行権の統制メカニズムを作り上げる上で、どんな民主主義モデルを採用するべきだろうか。シュンペーターの競争的民主主義論は、既に見たように、指導者民主主義に偏っており、英国の二大政党制をモデルとする点で不充分である。他方で、ダールの多元的民主主義論は、シュンペーターの寡頭制モデルを修正するため、異議申し立てと政治参加を重視するが、米国の政治体制と政治経験を前提とする点で、民主主義モデルとして一般化するには無理がある。

これに対し、オランダ出身の米国政治学者A・レイプハルトは、政治決定の仕組みに注目し、世界三六ヵ国の戦後民主主義体制を、英国の多数支配型と欧州大陸のコンセンサス型という二つのモデルに区分した。[3] 多数支配型民主主義（別名ウエストミンスター・モデル）は、単独政権を想定する二大政党制と小選挙区制を取り、多数派が組織した内閣に権力を集中する仕組みであり、迅速な決定を可能にするが、英国のように（本当か？）、同質性の高い社会にのみ適合する。他方で、コンセンサス型民主主義は、連立政権を想定する多数政党制と比例代表制を取り、権力を共有・分割して少数派を代表する仕組みであり、欧州大陸（特にドイツ、オーストリア等の中欧諸国）のように、民族・宗教・言語による社会的亀裂の深い社会に適合するという。既に見たように、ルソーの純粋民主主義は、同質性の一定基準を前提するため、排外的ナショナリズムと結合しやすく、少数派を強制的に同質化する倒錯現象を生み出した。そこで、全体主義の時代経験から真剣に学ぼうとすれば、国民の同質性を前提できない現代の多元的社会では、多数支配型でなく、コンセンサス型の民主主義モデルを採用するのが望ましいと結論できる。

冷戦終結後のナショナリズム

これまで見てきた民主主義思想の発展とナショナリズムの歴史から歴史家として引き出せる一般的考察は以上の通りである。先に第四章第二節の末尾で、冷戦終結後の世界ではナショナリズムが回帰すると共に、民主主義とナショナリズムの相互作用の力学が再び解放されるだろうと予告した。そこで、最後に、過去三〇年に及ぶ冷戦終結後の世界にいかなる形でナショナリズムが回帰し、いかなる仕方で民主主義が論じられたか、日本を中心に見てみたい。

しかし、過去三〇年間は、著者自身が歴史の当事者として体験した同時代史である反面で、冷戦終結後の歴史全体を観察者の視点から総合的に見渡し、歴史家として公平に分析する作業はまだ始まったばかりである。従って、以下の同時代史的考察は、これまでの歴史的考察に比べれば、著者自身の時代体験と価値評価に左右される度合いが大きいことを予め断っておきたい。だが、本書の最初に述べたように、過去二世紀余りの歴史全体を統一的に把握し、歴史の中で現在を位置付けるならば、絶えず変転するかに見える現在の現象をより良く理解できると示すことができると信じる。

東西冷戦の終結は、既に見た通り、二重の意味の民族自決権の勝利を意味していた。そこで、冷戦終結直後に見られた第一の現象はナショナリズムの解放であり、ソ連解体に続いて進んだ多民族国家ユーゴスラヴィアの解体と内戦だった。一九九一年六月にスロヴェニア、クロアチア、マケドニアが独立を宣言し、翌一九九二年三月にボスニア・ヘルツェゴヴィナが独立を宣言すると、翌四月、残されたセルヴィアとモンテネグロは新ユーゴスラヴィアを創立し、クロアチア、ボスニアやコソボ自治州に介入して、民族浄化を伴う内戦が始まった。クロアチア内戦（一九九一―九二年）、ボスニア内戦（一九九二―九五年）、コソボ内戦（一九九八―九九年）では、少数派住民を強制的に追放し虐殺する自決権の倒錯が再び繰り返された。

冷戦終結直後に見られた第二の現象は一九九一年初めの湾岸戦争と米国の単独行動主義である。一九九〇年八月、イラクが石油資源を求めてクウェートに侵攻し、湾岸危機が発生すると、一一月末に国連安全保障理事会で期限付きの武力行使が決議された。そして、翌一九九一年一月に米国中心の多国籍軍がイラクを空爆し、翌二月にクウェートを奪還した結果、ソ連の地位低下と米国への一極集中傾向が明らかになった。

冷戦終結直後に見られた第三の現象は欧州共同体（ＥＣ）諸国による欧州統合の本格化である。一九九二年二月にＥＣ諸国はマーストリヒトで欧州連合条約を調印して、欧州中央銀行を設立し、単一通貨による共通の市場、共通の市民権と外交政策を創出する点で合意した。そして、加盟国の国民投票を経た上で、一九九三年一一月に欧州連合（ＥＵ）が誕生した後、二〇〇四年から東欧諸国とバルト三国が次々と加入し、ＥＵが東方まで拡大した。

こうした冷戦終結直後の新たな現象は、一九九〇年代以後の日本でも、ナショナリズムの再評価と新ナショナリズムの台頭をもたらした。第一の事例は、湾岸戦争を契機に保守政治家が提起した米国中心の多国籍軍への「国際貢献」論議（一九九三年）である。一九八九年から一九九一年に自由民主党幹事長だった小沢一郎は、日本が多国籍軍に人員を出さず、資金だけ出したという欧米諸国の批判が、日米同盟にとり負の遺産となったと嘆き、日本も、国際社会に貢献するべく「普通の国」になるべきだと訴えた。具体的には、国連中心の米国の平和維持活動に積極的に協力するばかりか、自衛隊を国連待機軍に提供し、国連の指揮下で活動させるため、憲法第九条に第三項を追加し、国連安保理の常任理事国入りを目指すべきだと提案した。[4] これは、「普通の国」の名で戦勝国と対等の地位に復帰したいという敗戦国の無意識的願望に訴える敗戦国ナショナリズムの典型例だと言える。

第二の事例は、「戦争を知らない」戦後世代左派の唱えた「憲法選び直し」論（一九九七年）である。文芸評論家の加藤典洋は、平和憲法を理由に湾岸戦争への加担に反対する文学者の声明に異論を唱え、彼らは憲法第九条が武力の威嚇で強制された事実を覆い隠していると批判する。戦後日本人は、戦後の原点にある「ねじれ」「汚れ」を自覚せず、隠蔽した結果、ジキル博士とハイド氏のように、護憲派と改憲派へと人格が分裂し、死者への追悼も分裂しているという。そこで、人格分裂を克服し、「一人の人格に立ち返る」ため、現行憲法を国民投票で選び直し、九条を選ぶか捨てるか選択すべきだと訴える。[5] これは、「国民というナショナルなものの回復」を願う点で、有機体的国民観に基づく新ナショナリズムの表明であり、敗戦国ナショナリズムが人民投票的民主主義と結合した事例だと言える。憲法選び直し論の根底に見られるのは、ベルリンの壁開放により、マルクス主義のような「大きな物語」が消え失せたという「歴史の終焉」の感覚である。ポストモダン派の批評家柄谷行人は、一九八九年夏にF・フクヤマが唱えた「歴史の終焉」を、A・コジェーヴに従い、ヘーゲル的目的論の終焉と解釈し、C・シュミットを引きつつ、歴史の終焉後に「自由主義と民主主義の相克がはじまった」と予言していた。[6]

第三の事例は、敗戦国ナショナリズムの受容から生じる民主主義と愛国心の共存論（二〇〇二年）である。社会学者の小熊英二は、戦後民主主義を唱えた戦後日本の知識人が、「戦争体験から生まれた真の愛国」の立場から、近代ナショナリズムを肯定しており、「ナショナリズムとデモクラシーの総合」「民主と愛国の両立」を要求していたと強調する。そして、戦後知識人のナショナリスト的見方を戦後思想一般の解釈にまで拡大し、一九六〇年安保闘争まで「第一の戦後」に見られた「民主と愛国の共存状態」が、一九六〇年代以後の「第二の戦後」では忘れ去られたと論じ、一九九一年の湾岸戦争に始まる「第三の戦後」では、「新しい時代に即した」ナショナリズムの言語が必要になると説く。[7]だが、小熊は、近代ナショナリズムの歴史を充分に踏まえていないため、フランス革命の内発的ナショナリズムを愛国心のモデルとする一方で、敗戦国ドイツの外発的ナショナリズムが愛国心をいかに理解していたかを忘れ去り、戦前日本のナショナリズムがいかに戦後にも継承されたかを充分に問わない。実際、二〇〇六年に教育基本法が改正され、第二条の教育目標に「愛国心」が追加された時、「忠君愛国」を教え込んだ戦前ナショナリズムの記憶から、改正を問題視する声は上がらなかった。

第四の事例は、二〇〇一年以後の新自由主義時代に見られた、市場の「グローバル化」が必然的に進むという市場中心史観（二〇〇六年）である。既に見た通り、一九八九年末に支配的だった米ソ和解型の冷戦終結の見方は、一九九〇年一〇月のドイツ再統一を経て、一九九一年末のソ連邦解体により米国勝利型の冷戦終結観へと転換した。西側勝利という冷戦終結の新たな意味付けは、「計画経済が見えざる手の前に敗れた」という市場原理勝利型の誤った冷戦終結観を広めたばかりか、英国ブレア政権誕生（一九九七年）以後、競争力強化の手段としてサッチャーの新自由主義政策を再評価する結果になった。一九九〇年代末にバブル崩壊後の経済不況に陥った日本では、「失われた十年」「第二の敗戦」を嘆く声が財界で高まる中で、「改革なくして成長なし」の標語で経済成長願望をあおり、「聖域なき構造改革」を説く保守政治家小泉純一郎が、二〇〇一年以後、支出削減・規制緩和・民営化からなる新自由主義的改革を推進した。成長願望ナショナリズムの絶頂期には、市場の「グローバル化」が歴史を推進させるという市場中心史観が新自由主義政策を正当化する一方で、[8]東方拡大するEUこそ、貿易・金融・移民を自由化するグローバル化のモデルとされた。民営化の標的とされた国立大学では、国際競争が激化するグローバル化の中で、競争原理の導入と「ガバナンス」（企業統治）の強化を歴史の必然だと信じ、世界の大勢に追随する左翼知識人の集団転向も見られた。[9]だが、二〇〇八年九月の金融危機で新自由主義政策は破綻し、二〇一五年以来の難民・移民問題でグローバル化の必然史観も消え去った。二〇〇一年以後の新自由主義時代を改めて振り返れば、資本主義体制は東側から学んで市場原理を是正することで、体制を正統化できない危機を克服したという一九三〇年代以来の歴史経験が完全に忘れ去られていたと言える。

冷戦終結後の民主主義

では、一九九一年以来の敗戦国ナショナリズムの覚醒と成長願望ナショナリズムの拡大は、冷戦終結後日本の民主主義にいかなる影響作用を及ぼしただろうか。

冷戦終結後の日本で支配的になったのは、第一に、「一九五五年体制」という戦後政治の枠組みを克服する「政治改革」論議である。五五年体制批判の出発点となったのは、一九八〇年代に政治学者が論じた日本型利益政治の批判だった。そこでは、業界団体・族議員・官庁の間の非公式な取引と交渉により利益配分する政治システムが、ローウィの利益集団自由主義批判に従い、日本型多元主義モデルとして批判され、これに対し、「政治的意味空間」を再活性化する共和主義のモデルが対置された。[10] 冷戦の終結した一九九〇年には、オランダ人ジャーナリストのK・v・ウォルフレンが、日本型権力構造の欠陥は、戦前の統治体制以来、政治責任の主体が不明確で、権力中枢が不在な点にあると論じた。これを受けて、第八次選挙制度審議会（一九八九―一九九〇年）に参加した政治学者の佐々木毅は、中選挙区制廃止による「政治力の集中と責任体制の確立」を提案し、政治改革論議を主導した。政治改革を旗印に掲げた小沢一郎も、国際貢献論議の延長上に、湾岸戦争の対応が遅れた要因は、首相の指導力が欠如し、権力中枢が不明なため、「決められない政治」に陥ったからであり、先の大戦で軍部の暴走を許した要因と同じだと論じた。[11] だが、ウォルフレンが引き合いに出す戦後知識人は、政治家の指導力の不在ではなく、戦前日本のナショナリズムの呪縛こそ、日米開戦を招いた根本要因だと論じていた。

冷戦終結後の日本で政治改革論議から生じたのは、第二に、衆議院で中選挙区制を廃止し、小選挙区制を新たに導入する選挙制度改革である。小沢一郎は、小選挙区制で勝者総取りの原理を導入すれば、二大政党が競争し、政権交代が起きやすくなるメリットがあると宣伝し、佐々木毅も、レイプハルトの多数支配型デモクラシーやシュンペーターの競争的デモクラシーで小選挙区制の採用を正当化できると論じた。[12]そして、与野党が小選挙区制か比例代表制かを争った後、一九九三年八月に誕生した細川連立政権は、一九九四年一月に政治改革法案を成立させ、小選挙区三〇〇議席と比例代表二〇〇議席からなる小選挙区比例代表並立制を導入した。

しかし、レイプハルトは、多数支配型デモクラシーを批判し、単純多数・絶対多数の選挙制度では、過半数の得票がない政党に過半数の議席を与える「人工的過半数」のデメリットが四割以上の事例で生じると指摘する。またレイプハルトは、日本の選挙制度を、一九九六年選挙後も、単純多数制と比例代表制の異質な原理からなる混合型に分類している。[13]そこで、一九九四年選挙制度改革は一方の制度のみを選択したわけでなく、どちらの方向性を取るかは今後の制度の運用に委ねられていると言える。

冷戦終結後日本の政治改革論議が行き着いたのは、第三に、「強力なリーダーシップ」の名目で首相権限を強化し、首相に権力集中する議院内閣制の指導者民主政的解釈である。二〇〇一年六月に小泉首相の諮問で始まった首相公選制論議（二〇〇二年八月報告書）で、政治改革派の学者は、住民から直接選出された知事の地方首長政治が大統領制の利点を示すという認識に立ち、大統領制と議院内閣制の間の優劣を論じた。そこでは、大統領制の導入に賛成する論者も反対する論者も、日本型利益政治を克服するため、首相に権力集中するべきだと考える点で一致していた。[14]

この論議に加わった政治学者の山口二郎は、多数支配型デモクラシーに属する体制の中で、合衆国大統領制と英国議院内閣制を次のように対比した。大統領制は、議会と政府の間の権力分割を特徴とし、両者の多数派が一致すれば、「強力なリーダーシップ」を発揮できるが、一致しなければ「分割政府」に陥る。これに対し、議院内閣制は、議会が政府を任命し解任する権力共有を特徴とし、政党規律が厳格ならば、多数党党首の首相が「強力なリーダーシップ」を行使できる。この意味で、二〇〇五年九月の郵政民営化をめぐる人民投票的選挙は、「議院内閣制は小泉首相の下でようやく確立した」と高く評価される。[15]

この対比は、立法権と行政権を結合する英国議院内閣制は、両者を分離する米国大統領制よりも優れているというバジョットの比較を指導者民主政の観点から再解釈したものである。だが、英国国制では、内閣と下院、上院の間で抑制・均衡作用が働く点を重視するバジョットの解釈を正しく捉えていない。また合衆国憲法は、立法部の権力簒奪を阻止するため、権力を分割したという憲法起草者マディソンの洞察も見逃している。しかも、戦後英国政治が内閣制から首相制へ移行したと指摘した労働党議員クロスマンは、首相に権力集中する傾向があるからこそ、首相権力の民主的統制が必要になると述べ、政治改革派とは全く逆の結論を引き出している。

ところが、二一世紀臨調を結成した政治改革派の学者は、「政治主導」の名で経済財政諮問会議を設置し、首相官邸の機能を強化するとともに、英国の二大政党制をモデルにマニフェスト選挙を導入するよう訴えた。しかし、二〇〇九年九月の民主党政権誕生と二〇一二年一二月の再政権交代を経て明らかになったのは、過半数議席を人工的に手に入れた選挙の勝者は、一強多弱の議会で権力を濫用し、反対派を排除して体制転換する機会も手に入れるという政治改革の大きなリスクである。しかも、内閣人事局を設置し、首相が官僚の人事権を掌握した結果、政権に都合良く公文書を偽造し隠蔽する官僚制の体質劣化が見られた。また、首相が議会解散権や予算編成権を濫用した結果、合法的に議会多数派を維持するサッチャー時代の政治スタイルも回帰した。[16]

政権の一党独占状態を維持するため、解散権や予算権を濫用するサッチャー流の政治手法が、権力の自己目的化を厳しく戒めるヴェーバーの責任倫理と相容れない反対物であるのは明らかだろう。例えば、二〇〇四年に独立行政法人化された国立大学は、予算・組織の規制を緩和すると称しつつ、予算削減の圧力で学術の自由を侵害し、実務家中心の職業教育を導入する政治家の大嘘と財務官僚の詐欺に恒常的にさらされている。サッチャー流の首尾一貫したメソジスト的政治に適合するのは、党内外の敵と闘うカリスマ指導者の軍事戦略的視点であるから、全体主義運動を特徴づける指導者の嘘と追随者の謀略活動こそ、政治改革派が倦《う》むことなく要求してきた「強力なリーダーシップ」の実態をなす。政治改革の信奉者は、戦後ドイツの思想家が「道具的理性」や「戦略的・道具的行為」と呼んで克服しようとした全体主義の時代体験をすっかり忘れ去っており、サッチャー時代の新自由主義的政治こそ、冷戦終結直後の一九九〇年一一月に人頭税反対運動で破綻し、敗北したことも完全に忘れている。

従って、冷戦終結後日本の政治改革論議は、湾岸戦争とバブル崩壊の後に広がった敗戦国の成長願望ナショナリズムが生んだ特異な時代の産物である。それは、「歴史は終焉した」と錯覚する余り、冷戦期の経験も忘れ、戦前ナショナリズムの記憶も忘れ、全体主義の経験も忘れ、冷戦終結の記憶すら忘れた何重もの歴史忘却の上に試みられた間違った政治実験である。

この実験は、第一に、湾岸戦争の対応という非常時の危機管理を通常時の政治モデルと混同する点で誤っており、冷戦終結で一党独裁国家が激減し、権力集中のリスクが見えなくなった冷戦終結後の時代に制約されている。この実験は、第二に、執行権への権力集中による危機克服が、近代革命で繰り返し試みられて破綻したシナリオだったのを忘れ去る点でも誤っている。フランス革命が国民主権を宣言して以来、立法権と執行権の相剋は、自由主義者が絶えず直面した難問だった。シィエスは、一七九五年共和政憲法に基づく総裁政府の不安定から軍隊指揮者の強力な指導力に期待し、一七九九年一一月にクーデタに加担した。トクヴィルは、一八四八年の第二共和政憲法に、議会制と並ぶ直接公選大統領制を導入し、執行権の集中に期待したが、三年後に大統領のクーデタを許した。ヴェーバーは、一九一八年一二月、新憲法に議院内閣制と並ぶ直接公選大統領制を再び導入し、議会制君主以上に執行権を強化して、一五年後に大統領権限によるクーデタの合法化を許した。この意味で、「国民から負託を受けた強力なリーダーシップ」とは、人民投票的選挙で選ばれた執行権の独裁を正当化し、少数派排除と体制転換を誘発する極めて危険なドグマだと言える。

本書で見た通り、民主主義の思想とナショナリズムの歴史は、指導者民主政が、人民投票的選挙を通じて敗戦国ナショナリズムや純粋民主主義の神話と結びつくならば、カリスマ指導者の全体主義支配を生み出すと教えてくれる。こうした民主主義とナショナリズムの相互作用の歴史を想い起こして内面化するならば、冷戦終結後三〇年の時代の誤りを是正し、克服する道も開けるだろう。かつてヘーゲル左派のF・ラサールは、「新しい時代の開幕は、既存の現実自体がいかなるものであったかについての意識を闘い取ることの中にある」と述べた。本書も、過去の時代を歴史の中で正しく認識できるならば、その時代が終わりを迎えていることを証明する試みであった。

註

［序章］

1　R. A. Dahl, *Polyarchy, Participation and Opposition*, New Haven 1971, pp. 5-8, 33-47. 邦訳、R・A・ダール『ポリアーキー』（高畠通敏・前田脩訳、三一書房、一九八一年）一〇頁以下、四三頁以下。ダールの図式を欧州政治史に適用した事例として、篠原一『ヨーロッパの政治――歴史政治学試論』（東京大学出版会、一九八六年）七頁以下、参照。

2　C. Schmitt, *Volksentscheid und Volksbegehren*, 1927, Berlin 2014, S. 51ff. 邦訳、C・シュミット『国民票決と国民発案』（松島裕一訳、作品社、二〇一八年）；H. A. Winkler, *Der lange Weg nach Westen*, Bd. 1, *Deutsche Geschichte vom Ende des Alten Reiches bis zum Untergang der Weimarer Republik*, München 2000, S. 478, 481f. 邦訳、H・A・ヴィンクラー『自由と統一への長い道――ドイツ近現代史１７８９―１９３３年』I（後藤俊明・奥田隆男・中谷毅・野田昌吾訳、昭和堂、二〇〇八年）四七四、四七六―四七七頁。

3　木畑洋一『二〇世紀の歴史』（岩波書店、岩波新書、二〇一四年）。

4　丸山眞男「日本ファシズムの思想と運動」『現代政治の思想と行動』（増補版、未來社、一九六四年）二九頁以下；山口定『ファシズム――その比較研究のために』（有斐閣、一九七九年）一五頁以下、参照。

5　丸山眞男「ナショナリズム・軍国主義・ファシズム」『現代政治の思想と行動』二七四頁（引用を一部変更）。

6　J. Fisch, *Das Selbstbestimmungsrecht der Völker, Die Domestizierung einer Illusion*, München 2010, S. 97-103.

7　G. W. F. Hegel, *Werke in zwanzig Bänden*, Bd. 18, *Vorlesungen über die Geschichte der Philosophie 1*, Frankfurt a. M. 1971, S. 28ff. 邦訳、G・W・F・ヘーゲル『哲学史序論――哲学と哲学史』（武市健人訳、岩波書店、岩波文庫、一九六七年）五三頁以下。ヘーゲルの真理観につき、権左武志『ヘーゲルとその時代』（岩波書店、岩波新書、

二〇一三年）七二頁以下、一〇四頁以下、参照。

8 Q. Skinner, "Meaning and understanding in the history of ideas", in: J. Tully (ed.), *Meaning and Context, Quentin Skinner and his Critics*, Cambridge 1988, pp. 29-67. 邦訳、Q・スキナー『思想史とはなにか——意味とコンテクスト』（半澤孝麿・加藤節編訳、岩波書店、一九九〇年）四七頁以下、特に八三頁以下、九六頁以下、一〇八頁以下、一一九頁以下、参照。

9 Montesquieu, *Œuvres complètes* 2, Paris 1951, pp. 362-365, 369-370. 邦訳、モンテスキュー『法の精神』上巻（野田良之ほか訳、岩波書店、一九八七年）一七〇頁以下、一七九頁以下。

10 J.-J. Rousseau, *Œuvres complètes* 3, Paris 1964, p. 430. 邦訳、『ルソー全集』第五巻（白水社、一九七九年）二〇三頁。

[第1章]

1 H. Arendt, *On Revolution*, Penguin 1977, p. 30. 邦訳、H・アレント『革命について』（志水速雄訳、筑摩書房、ちくま学芸文庫、一九九五年）四〇頁；佐々木毅『プラトンと政治』（東京大学出版会、一九八四年）三四頁以下。

2 伊藤貞夫『古典期アテネの政治と社会』（東京大学出版会、一九八二年）七九頁以下。

3 アリストテレス『政治学』（牛田徳子訳、京都大学学術出版会、二〇〇一年）三五六頁。

4 福田歓一『近代民主主義とその展望』（岩波書店、岩波新書、一九七七年）二二、三二頁。トクヴィル『アメリカのデモクラシー』（一八三五年）が、初めて広い意味の「民主主義」を使用した用例だと思われるが、本章では一八世紀末の思想にも広義の「民主主義」を使用する。

5 F・フュレ、M・オズーフ編『フランス革命事典』五（河野健二・阪上孝・富永茂樹監訳、全七巻、みすず書房、一九九八—二〇〇〇年）「アンシアン・レジーム」二六—二八頁。

6 J. Bodin, *Les six Livres de la République* 1, Lyon 1593, Paris 1986, pp. 179f., 187ff., 295.

7　『フランス革命事典』五、「貴族政」一〇七―一一四頁；A・ド・トクヴィル『旧体制と大革命』（小山勉訳、筑摩書房、ちくま学芸文庫、一九九八年）二二三頁以下、二四四頁以下。

8　『人間不平等起源論』では、「理性に先立つ二つの原理」から生じる「自然法の全ての規則」を、理性により「他の基礎の上に建て直す」必要が説かれ、『ジュネーヴ草稿』では、「真の感性のみに基づく固有の意味の自然法」と理性により「推論された自然法」が区別される（Rousseau, *op. cit.*, pp. 126, 329）。R・ドラテ『ルソーとその時代の政治学』（西嶋法友訳、九州大学出版会、一九八六年）一五二頁以下、参照。

9　ドラテ、前掲、二〇七頁以下。ドラテの解釈の「ずれ」への批判として、L・アルチュセール「ルソーの「社会契約」について」『政治と歴史――モンテスキュー・ルソー・ヘーゲルとマルクス』（西川長夫・阪上孝訳、紀伊國屋書店、一九七四年）一六七頁以下、参照。

10　川合清隆『ルソーとジュネーヴ共和国』（名古屋大学出版会、二〇〇七年）一七一頁以下；桑瀬章二郎編『ルソーを学ぶ人のために』（世界思想社、二〇一〇年）第七章「政治制度と政治――『社会契約論』をめぐって」（吉岡知哉）一五二頁、参照。「結社行為は、公衆と個々人との相互の約束を含む」という『社会契約論』第一編・第七章の命題は、個人相互の契約が、主権者を構成する「真の自我」と主権者の法に服する「特殊な自我」という自己二重化を経ることで、同時に共同体と個人の間の契約として表象されると解釈できる。「各個人は、いわば自分自身と契約しているので、二重の関係で、即ち主権者の成員として個々人に対して、国家の成員として主権者に対して約束している」という後続する命題を参照（Rousseau, *op. cit.*, p. 362. 邦訳、一二三頁）。

11　Th. Hobbes, *Leviathan*, Cambridge 1991, pp. 151-152. 邦訳、Th・ホッブズ『リヴァイアサン』㈡（水田洋訳、岩波書店、岩波文庫、一九九二年）九六―九八頁。

12　Rousseau, *op. cit.*, pp. 360-361, 375, 376. 邦訳、一二一、一四〇、一四一頁。

13　*Ibid.*, p. 362. 同上、一二二、一二三頁。

14　*Ibid.*, pp. 362, 368, 369. 同上、一二三―一二四、一三一、一三二頁。Hobbes, *op. cit.*, pp. 127-128. 邦訳、四六―五

〇頁。ルソーが主権の絶対性をホッブズに負う点につき、ドラテ、前掲、三一二—三一八頁、参照。

15 Rousseau, *op. cit.*, p. 371. 邦訳、一三五頁。

16 D・ディドロ、J・ダランベール編『百科全書——序論および代表項目』（桑原武夫訳編、岩波書店、岩波文庫、一九七一年）二一〇頁；*Ibid.*, pp. 287, 245. 邦訳、二七八、六七頁。「一般意志」は、一七世紀以来神学用語として使用され、「全人類を救済する神の一般意志」を意味していた（川合、前掲、一九〇頁以下、参照）。

17 *Ibid.*, pp. 371-372, 364. 邦訳、一三五—一三六、一二五頁。

18 *Ibid.*, pp. 365, 381. 同上、一二六、一四七頁。

19 プラトン『国家』下巻（藤沢令夫訳、岩波書店、岩波文庫、一九七九年）二〇七—二一六頁、参照。

20 I・バーリン「二つの自由概念」（生松敬三訳）『自由論』（みすず書房、一九七九年）二九五頁以下。ルソーにおける個人の良心と国家法の関係につき、ドラテ、前掲、三二二頁、参照。

21 *Ibid.*, pp. 380, 384, 391-392, 258. 邦訳、一四五—一四六、一四九—一五〇、一五八—一五九、八二頁。

22 *Ibid.*, pp. 373-374, 375, 395-396. 同上、一三七—一三八、一三九、一六四頁。主権の限界を強調する解釈として、ドラテ、前掲、三一九、三三五頁以下、参照。

23 G. Jellinek, *Die Erklärung der Menschen- und Bürgerrechte: Ein Beitrag zur modernen Verfassungsgeschichte*, München und Leipzig 3. Aufl. 1919, S. 8, 12ff. 邦訳、G・イェリネック『人権宣言論争』（初宿正典編訳、みすず書房、一九八一年）三八、四四頁以下；J. Habermas, „Naturrecht und Revolution", in: ders., *Theorie und Praxis*, Frankfurt a. M. 1978, S. 102-108. 邦訳、J・ハーバーマス『理論と実践——社会哲学論集』（細谷貞雄訳、未來社、一九七五年）九一—九九頁。

24 『フランス革命事典』六、「人間の権利」九〇、九五頁、『フランス革命事典』五、「アメリカ革命」一一一—一一四頁。

25 Rousseau, *op. cit.*, p. 433. 邦訳、二〇七—二〇八頁。

26 *Ibid.*, pp. 433-434, 406. 同上、二〇八、一五七頁。

27 *Ibid.*, pp. 425, 426, 435-436. 同上、一九八、一九九、二一〇頁。

28 *Ibid.*, pp. 429-430, 431, 978-980. 同上、二〇三、二〇五、三九〇―三九二頁。

29 *Ibid.*, pp. 371-372, 439. 同上、一三五―一三六、二一五頁。川合は、邦訳と同様、délibérer を「討議する」と訳し、ルソーは討議デモクラシーを唱えていると説くが（川合、前掲、一九七頁以下）、ホッブズと同様、délibérer を「熟慮する」と訳する方が前後の文脈に適合する（cf. Hobbes, *op. cit.*, p. 44）。

30 Rousseau, *op. cit.*, p. 439. 邦訳、二一四頁；ドラテ、前掲、四七〇頁、注（165）。

31 Schmitt, a. a. O., S. 51f. ルソーは、ローマ共和政下の圧倒的多数の「平民決議（plébiscites）」とローマ帝政下の全員一致の「歓呼・喝采（acclamation）」を正反対の事例として区別する（Rousseau, *op. cit.*, p. 439. 邦訳、二一五頁）。

32 *Ibid.*, pp. 464-465, 468-469. 邦訳、二四四―二四六、二四九―二五〇頁。

33 桑瀬編（吉岡）、前掲、一六七頁、参照。

34 ドラテ、前掲、三二五頁以下（B・コンスタン、E・ファーゲ、L・デュギー、C・E・ヴォーンが挙げられている）；L. Strauss, *Natural Right and History*, Chicago / London 1953, pp. 273f., 282, 286. 邦訳、L・シュトラウス『自然権と歴史』（塚崎智・石崎嘉彦訳、昭和堂、一九八八年）二八三、二九二、二九六頁。

35 E. Burke, *Reflections on the Revolution in France*, Penguin 1982, p. 284. 邦訳、E・バーク『フランス革命の省察』（半沢孝麿訳、みすず書房、一九七八年）二一六頁；『フランス革命事典』六、「ルソー」二二九頁。フランス革命史の以下の記述は、柴田三千雄・樺山紘一・福井憲彦編『世界歴史大系　フランス史』2（山川出版社、一九九六年）第八章、参照。

36 E. Sieyès, *Qu'est-ce que le tiers état?*, Flammarion 2009, pp. 40-41, 45, 49, 177. 邦訳、E・シィエス『第三身分とは何か』（稲本洋之助・伊藤洋一・川出良枝・松本英実訳、岩波書店、岩波文庫、二〇一一年）一八、一九、二五、三〇、一五一頁。

37 『フランス革命事典』六、「封建制」一六一―一六二頁、「人間の権利」一〇〇―一〇三頁。

38 Sieyès, *op. cit.*, pp. 154, 155, 161, 165, 109, 170. 邦訳、一三〇、一三一、一三七、一四一、八八、一四五頁。

39 『フランス革命事典』二、「シエース」六五―六八頁、『フランス革命事典』六、「民主政」一七〇―一七一頁。

40 Sieyès, *op. cit.*, pp. 121, 127-130. 邦訳、九九、一〇五―一〇八頁。

41 Arendt, *op. cit.*, pp. 76-92. 邦訳、一一四―一三七頁。

42 Rousseau, *op. cit.*, pp. 255, 259. 邦訳、七八、八三頁；中谷猛『近代フランスの自由とナショナリズム』（法律文化社、一九九六年）三二頁以下。フランス革命戦争が近代初の総力戦だった点につき、M・ラポート『ナポレオン戦争――十八世紀の危機から世界大戦へ』（楠田悠貴訳、白水社、二〇二〇年）四四頁以下、八三頁以下、参照。

43 トクヴィル、前掲、一一二―一一四頁。

44 『フランス革命事典』五、「自然国境」二三二―二三五頁；ラポート、前掲、四一頁以下。

45 『フランス革命事典』二、「シエース」六九―七〇頁。

46 Burke, *op. cit.*, pp. 152-153. 邦訳、七八―七九頁。シュトラウスは、バークが「理論だけでは実践の十分な指針になりえないとする古い時代の見解を復活させ」、「特にアリストテレスに回帰した」と指摘する（Strauss, *op. cit.*, p. 303. 邦訳、三一三頁）。

47 I. Kant, *Werke in zwölf Bänden*, Bd. 11, Frankfurt a. M. 1968, S. 130. 邦訳、『カント全集』第一四巻（北尾宏之ほか訳、岩波書店、二〇〇〇年）一六七頁。ヴィティヘンは、ウェルギリウスの引用「向こうの宮殿で威張っておれ！」が共通する点から、バークへの反論こそカントが論文を執筆した「本来の動機」だったと指摘する（P. Wittichen, „Kant und Burke", in: *Historische Zeitschrift*, Bd. 93, 1904, S. 253-255）。同様な見解として、F・C・バイザー『啓蒙・革命・ロマン主義――近代ドイツ政治思想の起源　１７９０―１８００年』（杉田孝夫訳、法政大学出版局、二〇一〇年）七五、九二、一〇八頁注（68）、参照。

48 Kant, a. a. O., S. 145-153, 164. 邦訳、一八七―一九八、二一二頁。バイザー、前掲、七六頁以下。

49 Ebd., S. 204ff. 邦訳、二六二—二七七頁。

50 Kant, *Werke in zwölf Bänden*, Bd. 8, S. 437ff. 邦訳、『カント全集』第一一巻（樽井正義・池尾恭一訳、岩波書店、二〇〇二年）一六二—一六八頁。バイザーは、カントの抵抗権否定論をプロイセン国王への忠誠心から説明する（バイザー、前掲、一〇二頁以下）。

51 Kant, *Werke in zwölf Bänden*, Bd. 11, S. 357f., 362. 邦訳、『カント全集』第一八巻（角忍・竹山重光訳、岩波書店、二〇〇二年）一一六—一二一頁。『フランス革命事典』七、「カント」四—六頁、参照。

52 カントの「哲学的歴史」につき、権左武志「ヘーゲル——啓蒙と革命の間の政治哲学」犬塚元編『岩波講座 政治哲学』２（岩波書店、二〇一四年）二三六—二三七頁、参照。

53 J. G. Fichte, *Gesamtausgabe* III-2, Stuttgart, Bad-Cannstatt 1970, S. 298. 邦訳、『フィヒテ全集』第二巻（井戸慶治・田村一郎訳、哲書房、一九九七年）四四三頁。フィヒテ知識学とフランス革命論の密接な関連につき、バイザー、前掲、一二〇頁以下、一五七頁、参照。

54 Kant, *Werke in zwölf Bänden*, Bd. 3, S. 26, 28. 邦訳、『カント全集』第四巻（有福孝岳訳、岩波書店、二〇〇一年）三五、三八頁。

55 Fichte, *Gesamtausgabe* I-1, 1964, S. 203, 204, 207. 邦訳、『フィヒテ全集』第二巻、七五、七七、八〇頁。

56 Ebd., S. 216, 229, 237. 同上、九二、一一〇、一二三頁。

57 Ebd., S. 243, 252f., 254. 同上、一三一、一四三、一四五頁。

58 Ebd., S. 256, 290f. 同上、一四八、一九五頁。

59 Ebd., S. 299f., 302, 370. 同上、二〇六、二〇九、二九二頁。

60 Ebd., S. 278f. 同上、一七八—一七九頁。『自然法の基礎』の法・道徳二分法につき、権左武志「フィヒテ相互承認論の構造とその意義——『自然法の基礎』（一七九六／九七年）を中心として」『理想』六五五号、一九九五年、一一〇—一二二頁。

61 Ebd., S. 292. 邦訳、一九六―一九七頁。

62 Fichte, *Gesamtausgabe* III-3, 1972, S. 349, 355.『フランス革命事典』七、「フィヒテ」二〇三頁、参照。

63 M. Braubach, „Von der Französischen Revolution bis zum Wiener Kongress", in: Gebhardt, *Handbuch der deutschen Geschichte*, Bd. 3, Stuttgart 9. Aufl. 1970.

64 Fichte, *Gesamtausgabe* I-10, S. 100-103.

65 Fichte, *Gesamtausgabe* II-9, S. 395, 403, 399f., 404f. 邦訳、『フィヒテ全集』第一七巻（早瀬明・菅野健・杉田孝夫訳、哲書房、二〇一四年）三八八、三九八、三九四―三九五、四〇〇―四〇一頁。南原は、フィヒテが愛国主義と世界主義を内的に結合していると解釈し（『南原繁著作集』第二巻「フィヒテの政治哲学」（岩波書店、一九七三年）三八七頁以下）、杉田も、フィヒテ愛国主義の性格を一八世紀啓蒙の世界市民主義の圏内で理解すべきだと解釈する（杉田孝夫「ドイツ啓蒙とPatriotismus」『東京都立大学法学会雑誌』第三八巻第一号、一九九七年、三五九―三六〇頁）。これに対し、フィヒテがドイツ人を普遍主義的理念の特権的担い手と見る問題点につき、栩木憲一郎「フィヒテ政治思想の日本受容――主にナショナリズム解釈をめぐって」木村博編『フィヒテ――『全知識学の基礎』と政治的なもの』（創風社、二〇一〇年）二二九頁以下、参照。

66 Fichte, *Gesamtausgabe* I-9, S. 224, 227, 239. 邦訳、『フィヒテ全集』第一七巻、四六〇、四六四、四八一―四八二頁。

67 Ebd., S. 240, 242-244. 同上、四八三、四八六―四八八頁。フライヤーは、本論文の名宛人はプロイセン国王であり、本論文は「国王への呼びかけ」だと解釈する（H. Freyer, „Über Fichtes Machiavelli-Aufsatz", in: *Berichte über die Verhandlungen der Sächsischen Akademie der Wissenschaften zu Leipzig Philologisch-historische Klasse*, Bd. 88, 1. Heft, Leipzig 1936, S. 3-26, 17f.）。

68 Fichte, *Gesamtausgabe* I-9, S. 244f. Fichte, *Gesamtausgabe* II-10, S. 84. 邦訳、『フィヒテ全集』第一七巻、四八八―四九〇、三四〇頁。

69 Fichte, *Gesamtausgabe* I-10, S. 104f., 109f., 111f., 114. 同上、一〇―一二、一七―一八、二〇―二二、二四頁。杉田は、フィヒテが新しい国民教育とドイツ国民創出によりフランス革命の理念を実現しようとしたと解釈する（杉田孝夫「ナショナリズム――国民国家とは何であったのか」『岩波講座　政治哲学』3（宇野重規編、岩波書店、二〇一四年）一四八頁）。

70 Ebd., S. 145, 154, 267. 邦訳、六六、七八、二二九頁。

71 Ebd., S. 173, 175, 195. 同上、一〇四、一〇六、一三四―一三五頁。南原は、ここから根源的民族の基準が言語よりも「自由の自覚」にあると解釈する（南原、前掲、三五七―三五八頁）。これに対し、高田は、根源的民族を「ゲルマン民族の正統な継承者」の意味で理解する（高田純『現代に生きるフィヒテ――フィヒテ実践哲学研究』（行路社、二〇一七年）一五八頁）。

72 Ebd., S. 199, 201f., 205, 208, 212. 邦訳、一三九、一四三―一四四、一四八、一五二、一五八頁。

73 Ebd., S. 269f., 271, 261f. 同上、二三二―二三三、二三四―二三五、二二一頁。これはドイツ特有の民族自決権の最も初期の表明だと言える。

74 Ebd., S. 273, 295f., 298. 同上、二三五、二六九、二七三頁。南原は、フィヒテが民族に固有な価値を把握し、「国民主義の理論の基礎づけ」を行った点を評価する（南原、前掲、三六一―三六七頁）。

75 国民を定義する主観的基準と客観的基準につき、vgl. Fisch, a. a. O., S. 43ff.

76 Winkler, a. a. O., S. 67, 70. 邦訳、七二、七五頁。

77 Fichte, *Gesamtausgabe* I-10, S. 213, 181. 邦訳、一六〇、一一四頁。

78 権左武志『ヘーゲルにおける理性・国家・歴史』（岩波書店、二〇一〇年）九八―九九頁、参照。

79 Fichte, *Gesamtausgabe* II-15, S. 215, 245. 旧全集で「政治的著作の構想からの抜粋」と題された草稿は、新全集で「一八一三年三月二九日以後の日記」として編集し直されている。

80 Fichte, *Gesamtausgabe* I-10, S. 278-281, 294f. 邦訳、二四四―二四八、二六七―二六八頁。

81 権左『ヘーゲルにおける理性・国家・歴史』一〇四頁以下、参照。

82 E. Fehrenbach, *Vom Ancien Régime zum Wiener Kongress*, München 4. Aufl. 2001, S. 109f., 123ff.

83 Fichte, *Gesamtausgabe* I-10, S. 242, 246. 邦訳、一九七、二〇三頁。

84 Fichte, *Gesamtausgabe* I-9, S. 235f. 同上、四七五—四七七頁。

85 Fichte, *Gesamtausgabe* III-6, S. 286f. 同上、五六七—五六八頁。

86 Fehrenbach, a. a. O., S. 127f.; C. Schmitt, *Theorie des Partisanen*, Berlin 1963, S. 47-52. 邦訳、C・シュミット『パルチザンの理論』（新田邦夫訳、筑摩書房、ちくま学芸文庫、一九九五年）九三—一〇三頁。

87 J. Hoffmeister (Hg.), *Briefe von und an Hegel*, Bd. 2, Hamburg 1953, 3. Aufl. 1969, S. 28.

88 *Thibaut und Savigny, Ihre programmatischen Schriften*, München 1973, S. 61ff., 95ff.

89 一八二〇年ヘーゲルの国際関係論につき、権左武志「ヘーゲルにおける革命・戦争・主権国家」『ヘーゲル哲学研究』第二二号、二〇一六年、一〇六頁以下、参照。

[第II章]

1 B. Constant, *Écrits politiques*, publiés par M. Gauchet, Paris 1997, pp. 117ff. 邦訳、B・コンスタン『近代人の自由と古代人の自由・征服の精神と簒奪 他一篇』（堤林剣・堤林恵訳、岩波書店、岩波文庫、二〇二〇年）五三頁以下。『征服の精神』の解釈として、堤林剣『コンスタンの思想世界――アンビヴァレンスのなかの自由・政治・完成可能性』（創文社、二〇〇九年）一九七頁以下、参照。

2 *Ibid.*, pp. 589ff. 邦訳、一三頁以下。『政治の原理』（一八〇六年）のルソー批判につき、『フランス革命事典』七、「コンスタン」五六頁、参照。堤林は、コンスタンの言う近代的自由は、個人的自由と政治的自由の二種類からなると解釈するが（堤林、前掲、七一—七七頁）、コンスタンは、個人的自由こそ「真の近代的自由」だと明言しており、相互に結合すべき「二種類の自由」とは、古代的自由と近代的自由を指すと解釈する。

3　M・ゴーシェ『代表制の政治哲学』（富永茂樹・北垣徹・前川真行訳、みすず書房、二〇〇〇年）二一一頁以下、二一七頁；『フランス革命事典』七、「コンスタン」六〇頁。コンスタンの中立的権力論につき、樋口雄人「バンジャマン・コンスタンの中立権理論について――そのフランス議院内閣制理論史における位置づけの試み」『憲法論叢』第七号、二〇〇〇年、参照。

4　A. Hamilton, J. Madison, J. Jay, *The Federalist Papers*, edited by C. Rossiter, New York 1961. 邦訳、A・ハミルトン、J・ジェイ、J・マディソン『ザ・フェデラリスト』（斎藤眞・中野勝郎訳、岩波書店、岩波文庫、一九九九年）五二頁以下、二二五頁以下、二三六頁以下、一七七頁以下、四三頁以下。ただし、faction は、party と同義で使われるため、「派閥」でなく「党派」と訳する。モンテスキューは、「連邦共和国」の事例としてオランダ、スイス、ドイツを挙げる（モンテスキュー、前掲、一七九頁以下）。

5　『アメリカのデモクラシー』の執筆背景につき、宇野重規『トクヴィル　平等と不平等の理論家』（講談社、講談社選書メチエ、二〇〇七年）第一章、参照。

6　河合秀和『トックヴィルを読む』（岩波書店、二〇〇一年）七三―七四頁。

7　A. de Tocqueville, *De la démocratie en Amérique 1*, Paris 1993, pp. 37-38, 98-100, 41-43, 51. 邦訳、A・ド・トクヴィル『アメリカのデモクラシー』第一巻㊤（松本礼二訳、全二巻（各上・下）、岩波書店、岩波文庫、二〇〇五―〇八年）九―一〇、七七―八二、一三―一六、二七頁。ただし、égalité des conditions は、意味を明確にするため、「境遇の平等」でなく「諸階層の平等」と訳する。

8　*Ibid.*, pp. 104, 300, 459, 464. 同上、㊤八七頁、第一巻㊦五五、二五四―二五五、二六一―二六二頁。

9　*Ibid.*, pp. 50, 79-80, 369-372, 376-378. 同上、㊤二六、五九頁、㊦一三九―一四三、一四七―一五〇頁。「暴政（tyrannie）」と「専制（despotisme）」の概念的相違につき、松本礼二『トクヴィル研究――家族・宗教・国家とデモクラシー』（東京大学出版会、一九九一年）四五―五五頁、参照。「多数者の暴政」の概念形成過程につき、cf. J. T. Schleifer, *The Making of Tocqueville's Democracy in America*, Chapel Hill 1980, pp. 191ff.; 松本、前掲、六〇

頁。

10 Tocqueville, *op. cit.*, pp. 527-528. 邦訳、(下)三三二―三三四頁。米国の人種的抑圧を多数者の暴政の適用事例として解釈可能な点につき、cf. Schleifer, *op. cit.*, pp. 218-221.

11 Tocqueville, *op. cit.*, pp. 388-389. 邦訳、(下)一六三―一六四頁。トクヴィルは、米国旅行中に『ザ・フェデラリスト』英語版を購入し、一八三一年一二月二七日からメモを取りつつ読み始めた (Schleifer, *op. cit.*, pp. 87ff., 199)。

12 Rousseau, *op. cit.*, pp. 440-441. 邦訳、二一六―二一七頁。

13 Tocqueville, *op. cit.*, pp. 382-383, 384-387. 邦訳、(下)一五二―一五六、一五七―一六一頁。

14 *Ibid.*, pp. 235-240, 184-188, 243-244, 249-252, 257-261. 同上、(上)二四六―二五一、一八四―一八七、二五五―二五六、二六二―二六五、二七三―二七八頁。

15 *Ibid.*, pp. 148-151, 161-163, 617-618. 同上、一三七―一四〇、一五三―一五五、三一二―三一四頁。『旧体制と革命』の執筆背景につき、松本礼二『トクヴィルで考える』（みすず書房、二〇一一年）第二章、参照。

16 *Ibid.*, pp. 291-292. 邦訳、(下)四四頁。

17 *Ibid.*, pp. 396, 399, 407-408, 410. 同上、(下)一七五、一七九、一八八、一九一頁。同業団体や陪審制の役割に対するヘーゲルの同様な評価につき、権左『ヘーゲルとその時代』、一二八、一三二頁、参照。これに対し、トクヴィルは、地方自治や陪審制が地方レヴェルで多数者の暴政を促進する逆の可能性を見逃したという批判として、cf. Schleifer, *op. cit.*, pp. 211-216.

18 Tocqueville, *op. cit.*, pp. 91-92, 437, 440-441, 444-445. 邦訳、(上)六九―七一頁、(下)二二六、二三〇、二三六頁。

19 前者の説として、松本『トクヴィル研究』、一一四―一一五頁、後者の説として、宇野、前掲、一四四―一五三頁、参照。『アメリカのデモクラシー』第二巻の宗教論（第二部第一七章）は、宗教の意義を、現世を超えて「非常に遠い将来を見通す習慣」を教える点に見出しており、トクヴィル自身の意図は後者の見方にあったと思われるが、J・S・ミルは、前者の見方に立ち、トクヴィルの宗教観を克服しようとする。

20　A. de Tocqueville, *De la démocratie en Amérique 2*, Paris 1993, pp. 140-142, 143-144, 148-149, 153. 邦訳、A・ド・トクヴィル『アメリカのデモクラシー』第二巻㊤(松本礼二訳、岩波書店、岩波文庫、二〇〇八年)一七二―一七三、一七五、一八一―一八二、一八七頁。宇野は、個人主義に対処する必要から、『デモクラシー』第二巻における結社の評価の高まりを説明する(宇野、前掲、一三一―一三三頁)。

21　*Ibid.*, pp. 432-436. 邦訳、第二巻㊦二五五―二五九頁。

22　松本は、民主的専制論がルイ・ナポレオン独裁を予言していたという解釈を疑問視するが(松本『トクヴィル研究』、九、八一頁)、民主国の軍隊は「最も熱烈に戦争を望む」し、好戦的な軍隊による革命は民主国で「最も恐るべき危険の一つ」だというトクヴィルの戦争論(第三部第二二章)は、逆にナポレオンの軍事クーデタを念頭に置き、民主国における軍事独裁の危険に警告した議論だと言える(松本『トクヴィルで考える』、三八―三九頁、参照)。

23　トクヴィル『旧体制と大革命』、八七―九〇頁。

24　A・ド・トクヴィル『フランス二月革命の日々――トクヴィル回想録』(喜安朗訳、岩波書店、岩波文庫、一九八八年)二九九―三一〇頁。

25　Tocqueville, *De la démocratie en Amérique 1*, pp. 216-217, 236-237 N15. 邦訳、第一巻㊤二二三―二二四、三六〇―三六一頁。

26　第二共和政の崩壊要因が第二共和政憲法の欠陥にあった点につき、柴田三千雄・樺山紘一・福井憲彦編『世界歴史大系 フランス史』3(山川出版社、一九九五年)九二―九三、九九―一〇〇頁、参照。

27　『J・S・ミル初期著作集』第三巻(杉原四郎・山下重一編、御茶の水書房、一九八〇年)一四八―一六〇、一六五頁;『J・S・ミル初期著作集』第四巻(杉原四郎・山下重一編、御茶の水書房、一九九七年)一五九頁以下、一八一―一八八頁。トクヴィルの決定的影響につき、『ミル自伝』(朱牟田夏雄訳、岩波書店、岩波文庫、一九六〇年)一六八―一七〇頁;山下重一『J・S・ミルの政治思想』(木鐸社、一九七六年)三三頁以下;関口正司『自由と陶冶——J・S・ミルとマス・デモクラシー』（みすず書房、一九八九年）二六六頁以下、参照。

28 *Collected Works of John Stuart Mill*, Vol. 18, Toronto 1977, pp. 219-220. 邦訳、ミル「自由論」（早坂忠訳）『世界の名著49 ベンサム　J・S・ミル』（中央公論社、一九七九年）二一八—二一九頁（ただし、誤訳あり）。

29 *Ibid*., pp. 223-224, 226, 227. 同上、二二四—二二五、二二八、二三〇頁。

30 *Ibid*., pp. 221-222, 226-227. 同上、二二一—二二三、二二九頁。

31 ハリエットの影響につき、『ミル自伝』、一六三頁以下、二〇九、二一八頁以下；山下、前掲、九頁以下、二六頁以下、参照。

32 *Ibid*., pp. 229-231, 243-245, 250-251, 252-254. 邦訳、二三三—二三六、二五四—二五七、二六四—二六六、二六七—二七〇頁。ミルの真理多面説がヘーゲルの真理観と共通する点につき、権左『ヘーゲルとその時代』、二〇四頁、参照。

33 *Ibid*., p. 261. 邦訳、二七九—二八〇頁。関口は、ミルの自由擁護論を三種類に区分し、「自由が行為者自身の幸福にとって本質的要素」だという第二の擁護論のみが自由の功利主義的正当化にとり不可欠であり、真理や進歩という「派生的価値」に訴える第一、第三の擁護論は「読者を説得するための戦略」だと解釈する（関口、前掲、三七五—三八一頁）。だが、ミルは、人類の進歩への不断の努力に個人の幸福を見出す「最も広い意味の功利性」の立場を取る以上、個性の自由こそ、パターナリズムを突破し、知的・道徳的進歩をもたらす「本質的価値」だと見なしていると解釈する（山下、前掲、九七—一〇四頁、参照）。

34 村岡健次・木畑洋一編『世界歴史大系　イギリス史』3（山川出版社、一九九一年）一三一—一三二頁。

35 *Ibid*., pp. 265-266, 263. 邦訳、二八五—二八六、二八三頁。W・フンボルト『国家活動の限界』（一七九二年）の決定的影響につき、『ミル自伝』、二二二—二二三頁；山下、前掲、四〇頁以下、参照。ミルの「陶冶（cultivation）」概念とフンボルトの「陶冶（Bildung）」概念との関連は、従来の研究では充分に解明されていない。

36 *Collected Works of John Stuart Mill*, Vol. 10, Toronto 1969, pp. 211-212. 邦訳、ミル「功利主義論」（伊原吉之助訳）

『世界の名著49ベンサム　J・S・ミル』、四六八―四七〇頁。バーリンは、ミルの個性の自由を消極的自由の古典的形態に分類し、個人的自由とデモクラシーの間に必然的連関はないと主張するが（バーリン、前掲、三一一―三一六頁）、尊厳の感覚から快楽の質の優劣を説明する『功利主義論』や公共精神を陶冶する義務を課する『代議政治論』を考慮しない点で誤っている。

37　*Collected Works of John Stuart Mill*, Vol. 18, pp. 268-269, 272, 275. 邦訳、二九一―二九二、二九六、三〇〇頁。

38　『ミル自伝』、二三一―二三四頁。

39　*Collected Works of John Stuart Mill*, Vol. 19, Toronto 1977, pp. 375f., 392, 403-407, 412, 416-418, 420f. 邦訳、J・S・ミル『代議制統治論』（関口正司訳、岩波書店、二〇一九年）三―四、三一、五〇―五五、六四、七〇―七三、七七―七八頁。『代議政治論』第一五章は、公共精神を育成する政治教育の手段として地方自治を論じている。ミルが、「二月革命擁護論」（一八四九年）でフランス第二共和政を歓迎しつつ、大統領直接公選制を「最も深刻な誤謬」と批判し、クーデタの可能性を警告した点につき、関口、前掲、四〇六―四一〇頁、参照。

40　*Ibid.*, pp. 422ff., 436ff. 邦訳、八〇頁以下、一〇一頁以下。『代議政治論』第一四章は、ノースコート＝トレヴェリアン報告に始まる英国の官僚制改革を論じている。

41　*Ibid.*, pp. 448-452, 467ff., 488-491, 506ff. 同上、一二〇―一二七、一五一頁以下、一八四―一八九、二一三頁以下。

42　*Ibid.*, pp. 457, 468. 同上、一三五、一五三頁；Tocqueville, *De la démocratie en Amérique I*, pp. 298-301. 邦訳、第一巻㊦五三―五六頁。ミルは、トクヴィル書評でも、トクヴィルの普通選挙批判を取り上げている（『J・S・ミル初期著作集』第三巻、一五二―一五五頁；第四巻、一五六―一五八頁、参照）。

43　*Collected Works of John Stuart Mill*, Vol. 19, pp. 546ff. 邦訳、二七六頁以下。

44　W. Bagehot, *The English Constitution*, Ithaca 1966, pp. 59-60. 邦訳、W・バジョット「イギリス憲政論」（小松春雄訳）『世界の名著72バジョット　ラスキ　マッキーヴァー』（中央公論社、一九八〇年）六五―六六頁。

45　*Ibid.*, pp. 61, 65, 247-248, 266. 同上、六七―六八、七二、二七八―二七九、三〇〇頁。

46 *Ibid.*, pp. 65-66, 68. 同上、七三、七五頁。

47 *Ibid.*, pp. 214-215, 218-219. 同上、二四二、二四六—二四七頁。憲法起草者はジョージ三世のような暴君を恐れて主権を分割したというバジョットの米国憲法解釈は、立法部優位を阻止するため主権を分割したという憲法起草者マディソンの説明に照らすならば誤っている。

48 *Ibid.*, pp. 69-81. 同上、七七頁以下。

49 *Ibid.*, pp. 221-234, 157-170, 128. 同上、二四九—二六四、一七八—一九三、一四三—一四四頁。

50 *Ibid.*, pp. 121, 272, 274-276. 同上、一三六、三〇七、三〇九—三一一頁。

51 G. Wallas, *Human nature in politics*, New Brunswick 1981. 邦訳、G・ウォーラス『政治における人間性』(石上良平・川口浩訳、創文社、一九五八年)。ウォーラスのダーウィン受容と決定論から脱却する努力につき、杉田敦「人間性と政治——グレアム・ウォーラスの政治理論」『思想』一九八六年第一号(第七三九号)、第三号(第七四一号)、参照。

52 神川信彦「イギリス議会制民主主義の基礎にあるもの」『思想』一九六〇年第九号(第四三五号)、第一〇号(第四三六号)。

53 R・ミヘルス『現代民主主義における政党の社会学』(森博・樋口晟子訳、木鐸社、一九七三—七四年);R. H. S. Crossman, "Introduction", in: Bagehot, *op. cit.*, pp. 37-57. クロスマンは、政党と行政部への民主的統制を取り戻し、戦後も維持された「首相制の秘密」を克服するのが「私の希望で信念」だと明言している。

54 Bagehot, *op. cit.*, pp. 101-109, 221-234. 邦訳、一一三—一二二、二四九—二六四頁。

55 *Ibid.*, p. 297, 299. 同上、三三三、三三六頁。

56 E・ケドゥーリー『ナショナリズム』(小林正之・栄田卓弘・奥村大作訳、学文社、第二版、二〇〇三年)五頁;H・ラシュドール『大学の起源——ヨーロッパ中世大学史』上巻(横尾壮英訳、東洋館出版社、一九六六年)一五〇—一五二、二六二頁。

57 E. Renan, *Œuvres completes de Ernest Renan*, tome 1, Paris 1947, p. 904. 邦訳、E・ルナン「国民とは何か」（鵜飼哲訳）ルナンほか『国民とは何か』（インスクリプト、一九九七年）六二頁。

58 Fisch, a. a. O., S. 97-100. フランスによる人民投票は、一七九二年にサヴォワで、一七九三年にニース、ベルギー、ライン左岸で、一七九八年にミュルハウゼン、ジュネーヴで実施された（Ebd., S. 100f.）。

59 丸山「ナショナリズム・軍国主義・ファシズム」、二七四頁（引用を一部変更）。

60 近代説や前近代説の諸類型につき、O. Zimmer, *Nationalism in Europe 1890-1940*, Hampshire 2003. 邦訳、O・ジマー『ナショナリズム 1890-1940』（福井憲彦訳、岩波書店、二〇〇九年）八頁以下、参照。

61 権左『ヘーゲルとその時代』、四四―四六頁；P・H・ウィルスン『神聖ローマ帝国 1495-1806』（山本文彦訳、岩波書店、二〇〇五年）参照。

62 *Collected Works of John Stuart Mill*, Vol. 19, pp. 546-547. 邦訳、二七六―二七八頁。「国民の自己自身による統治は意味を持ち、現実性を持つが、国民の他の人民による統治は存在しないし、存在できない」（*ibid.*, p. 569. 同上、三一三頁）。

63 J. C. Bluntschli, *Allgemeine Staatslehre*, Stuttgart 1875, S. 106-107, 111.

64 Fisch, a. a. O., S. 139-141, 198.

65 Bluntschli, a. a. O., S. 111.

66 *Collected Works of John Stuart Mill*, Vol. 19, pp. 567, 573. 邦訳、三一〇、三二〇頁。

67 E. H. Carr, *The Twenty Years' Crisis 1919-1939*, New York 1969, p. 112. 邦訳、E・H・カー『危機の二十年――理想と現実』（原彬久訳、岩波書店、岩波文庫、二〇一一年）二二二頁。

68 Fisch, a. a. O., S. 122.

69 Ebd., S. 123.

70 Ebd., S. 124-127. 北原敦編『新版世界各国史15 イタリア史』（山川出版社、二〇〇八年）三七八―三八二、三九三一四〇七頁。

71 Ebd., S. 128. 大ドイツ主義と小ドイツ主義の分裂につき、成瀬治・山田欣吾・木村靖二編『世界歴史大系 ドイツ史』2（山川出版社、一九九六年）三二〇―三二一、三四二―三四四頁；ヴィンクラー、前掲、一二四―一三二頁、参照。

72 上からの革命とプロイセン自由主義の分裂につき、『ドイツ史』2、三七一―三八三頁；ヴィンクラー、前掲、一九六―二〇四頁、参照。

73 ドイツ統一に対するジーベルやドロイゼンの態度につき、熊谷英人『フランス革命という鏡――十九世紀ドイツ歴史主義の時代』（白水社、二〇一五年）参照。「ホーエンツォレルン家の精神的近衛連隊」というプロイセン歴史家の評価につき、ヴィンクラー、前掲、二七三頁、参照。

74 Fisch, a. a. O., S. 128f.

75 Renan, *op. cit.*, p. 905. 邦訳、六二頁。一八七一年九月一五日のルナン返信につき、ヴィンクラー、前掲、二三一頁、参照。

76 Fisch, a. a. O., S. 71f., 95f.

77 Ebd., S. 72-74, 80ff.

78 Ebd., S. 113ff.

79 L. Kossuth, *Select speeches*, condensed and abridged by F. W. Newman, New York 1854, pp. 15, 50. コシュートによる最初の自決権の用法につき、vgl. Fisch, a. a. O., S. 134.

80 Th. Mommsen, „Die Annexion Schleswig-Holsteins“ (1865), in: ders., *Reden und Aufsätze*, Berlin 1905, S. 386.

81 E. Zeller, „Das Recht der Nationalität und die freie Selbstbestimmung der Völker“, *Preussische Jahrbücher*, Bd. 26, 1870, S. 638-640.

82 *Documents of the First International* I, *The General Council of the First International 1864-1866*, Moscow 1962, p.

246.

83 *Histoire de la IIᵉ Internationale*, tome 10, *Congrès international socialiste des travailleurs et des chambres syndicalistes ouvrières Londres 26. 7. – 2. 8. 1896*, Genève 1980, pp. 478, 223, 455. 議事録間の表記の相違につき、Fisch, a. a. O., S. 302, Anm. 62; 西川正雄『社会主義インターナショナルの群像 1914-1923』（岩波書店、二〇〇七年）三〇五、四二三頁、参照。

84 Fisch, a. a. O., S. 134, 135.

85 オーストリア民族紛争と社会民主労働党の対応につき、矢田俊隆『ハプスブルク帝国史研究——中欧多民族国家の解体過程』（岩波書店、一九七七年）一五六頁以下、二六一頁以下、三〇一頁以下；ジマー、前掲、一〇三、二〇一頁以下、参照。

86 K. Renner, *Das Selbstbestimmungsrecht der Nationen, in besonderer Anwendung auf Österreich*, Leipzig 1918 (1. Aufl. 1902). 邦訳、K・レンナー『諸民族の自決権——特にオーストリアへの適用』（太田仁樹訳、御茶の水書房、二〇〇七年）三四一頁以下；O. Bauer, *Die Nationalitätenfrage und die Sozialdemokratie*, Wien 1907, 2. Aufl. 1924. 邦訳、O・バウアー『民族問題と社会民主主義』（丸山敬一・倉田稔・相田愼一・上条勇・太田仁樹訳、御茶の水書房、二〇〇一年）五〇一頁以下、参照。バウアーの民族理論につき、丸山敬一『民族自決権の意義と限界』（有信堂高文社、二〇〇三年）六頁以下、六七頁以下、一三九頁以下、参照。

87 Fisch, a. a. O., S. 136. レーニン自決権論の以下の解釈は基本的にフィッシュに負っている。

88 B. Meissner (Hg.), *Das Parteiprogramm der KPdSU 1903 bis 1961*, Köln 1962, S. 118; W. I. Lenin, *Über die nationale und die koloniale nationale Frage*, Berlin 1960, S. 539, 15-17, 210. 邦訳、『レーニン全集』（マルクス＝レーニン主義研究所訳、大月書店）第二四巻（一九五七年）、三〇九頁；第六巻（一九五四年）、四六九—四七一頁；第二〇巻（一九五七年）、四二三頁。

89 Lenin, a. a. O., S. 321, 552. 邦訳、第二二巻（一九五七年）、一七五頁；第二六巻（一九五八年）、一七二—一七三頁。

90 Fisch, a. a. O., S. 139; 西川、前掲、三三三頁以下、参照。

91 レーニンの自決権論は、党中央の判断で「プロレタリアートの自決」を優先し、民族自決権を否定できる点で、「戦略戦術論的配慮」の産物であり、「プロレタリアートの自決権」の論理が、一九一八年以後にスターリンに継承されたという批判につき、丸山敬一、前掲、五七―六二、一八五―一八六頁、参照。

［第三章］

1 *Collected Works of John Stuart Mill*, Vol. 19, pp. 549-550. 邦訳、二八二―二八四頁。

2 ヴィンクラー、前掲、二三四頁以下、二三七頁以下、二五〇頁以下。ビスマルクの反ユダヤ主義宣伝に対する態度につき、J・スタインバーグ『ビスマルク』下巻（小原淳訳、白水社、二〇一三年）二三五頁以下、参照。

3 ヴィンクラー、前掲、二五三頁以下、二六一頁以下。同様な通商政策の転換は、同時期のフランス・ロシア・イタリア・アメリカにも見られた。

4 同上、二八四頁以下、二八〇頁以下、三三二頁以下。一九一三年の帝国国籍法は第二次大戦後のドイツでも継承され、一九九九年に国籍法が改正されるまで効力を持った。

5 Th. Nipperdey, „Nationalidee und Nationaldenkmal in Deutschland im 19. Jahrhundert“, in: ders., *Gesellschaft, Kultur, Theorie*, Göttingen 1976, S. 143f., 163ff. ヴィンクラー、前掲、二八五頁以下、三二八頁以下。

6 Marianne Weber, *Max Weber Ein Lebensbild*, Tübingen 1926. 邦訳、マリアンネ・ウェーバー『マックス・ウェーバー』（大久保和郎訳、みすず書房、一九八七年）三四、六六―六七、九四頁以下；W. Mommsen, *Max Weber und die deutsche Politik, 1890-1920*, Tübingen 2. Aufl. 1974. 邦訳、W・J・モムゼン『マックス・ヴェーバーとドイツ政治 1890-1920』I（安世舟・五十嵐一郎・田中浩訳、未來社、一九九三年）二九頁以下、参照。

7 マリアンネ・ウェーバー、前掲、九一―九二、一五六頁；ヴィンクラー、前掲、二五七、二七三、三一四頁；L.

8 Wickert, *Theodor Mommsen Eine Biographie*, Bd. 4, Frankfurt a. M. 1980, S. 93.

9 マリアンネ・ウェーバー、前掲、五四、六七—七〇、九九頁以下、一〇七頁以下；モムゼン、前掲、四七頁以下；マックス・ウェーバー『東エルベ・ドイツにおける農業労働者の状態』（肥前栄一訳、未來社、二〇〇三年）。

10 Max Weber, *Gesamtausgabe*（以下、MWG と略す）I/4, S. 548, 553f., 560. 邦訳、マックス・ヴェーバー『政治論集』I（中村貞二・山田高生・林道義・脇圭平・嘉目克彦訳、全二巻、みすず書房、一九八二年）四一、四五—四六、五一頁。

11 Ebd., S. 555f., 560f. 同上、四七—四八、五一—五二頁。ヴェーバーは、一八八八年夏にポーゼンの将校訓練でプロイセンの入植政策を視察していた。

12 マリアンネ・ウェーバー、前掲、一一七、一六二、一七九—一八〇頁；モムゼン、前掲、六一、一一三—一一五頁；今野元『マックス・ヴェーバーとポーランド問題——ヴィルヘルム期ドイツ・ナショナリズム研究序説』（東京大学出版会、二〇〇三年）一〇四頁以下。

13 MWG I/4, S. 565, 568f., 570, 572. 邦訳、五五—六一頁。

14 トライチュケの権力思想の影響とヴェーバーの客観主義的国民観につき、モムゼン、前掲、一〇五—一〇七頁、参照。

15 今野、前掲、八三頁以下。今野は、ポーランド人学生の抗議は一九〇四年以後もヴェーバーの言動を変えなかったと見るが、以下では、一九〇四年以後のヴェーバーに決定的変化をもたらしたと論証したい。

16 フライブルク就任講演と「客観性」論文の間の思想的相違がリッカート価値哲学の受容から説明できる点につき、向井守『マックス・ウェーバーの科学論——ディルタイからウェーバーへの精神史的考察』（ミネルヴァ書房、一九九七年）一三八頁以下、一六三頁以下、参照。

17 MWG I/7, S. 145-157. 邦訳、マックス・ヴェーバー『社会科学と社会政策にかかわる認識の「客観性」』（富永祐治・立野保男訳、折原浩補訳、岩波書店、岩波文庫、一九九八年）二八—四八頁。

17 MWG I/7, S. 197, 170; I/12, S. 477f., 480f. 同上、一〇五、六七頁；邦訳、マックス・ウェーバー「社会学・経済学における「価値自由」の意味」（中村貞二訳）『ウェーバー　社会科学論集』（河出書房新社、一九八二年）三二五—三二六、三二九頁。

18 MWG I/7, S. 174-185, 188-194, 202-208, 224f., 231-233. 邦訳、『認識の「客観性」』、七三—八八、九二—一〇一、一一一—一一九、一四四—一四七、一五七—一五九頁。ヴェーバーは、最高価値への信仰は観点の変遷を内包すると考える点で、ニーチェと異なり、リッカートと共通する。この点で、向井、前掲、二六八頁以下、は再考の余地がある。

19 Ebd., S. 209f., 228-231. 同上、一二一—一二二、一五一—一五七頁。「理論信仰」と「実感信仰」の用語はヴェーバーの理念型構成を方法論上の前提とする（丸山眞男『日本の思想』（岩波書店、岩波新書、一九六一年）五三—五四、五八—六〇頁）。

20 マリアンネ・ウェーバー、前掲、二二二頁以下。

21 モムゼン、前掲、一一六—一一九頁。

22 MWG I/12, S. 314f. 邦訳、マックス・ウェーバー「ドイツ社会学会討論集」（中村貞二訳）『ウェーバー　社会科学論集』、二八八頁。

23 MWG I/15, S. 91, 187f., 199f. 邦訳、『政治論集』I、一四四、一九七、二〇六—二〇七頁。

24 『経済と社会』旧版（マリアンネ・ヴェーバー編集の初版とヴィンケルマン編集の改訂版）に対する批判として、折原浩『ヴェーバー『経済と社会』の再構成——トルソの頭』（東京大学出版会、一九九六年）参照。

25 MWG I/22-4 2005; I/23 2013. 折原は『経済と社会』新版にも批判を表明するが（折原浩『日独ヴェーバー論争——『経済と社会』（旧稿）全篇の読解による比較歴史社会学の再構築に向けて』（未來社、二〇一三年））、新版は時系列別編集を試みた点で、旧版に比べてはるかに改善された。

26 MWG I/22-4, S. 147f. 481-483. 戦前稿は、カリスマ的支配の革命的性格が官僚制的合理化と共通すると見る点で戦後改訂稿と異なる。

27 ゾームをめぐるカリスマ論争の影響につき、vgl. Th. Kroll, „Max Webers Idealtypus der charismatischen Herrschaft und die zeitgenössische Charisma-Debatte“, in: E. Hanke, W. Mommsen (Hg.), *Max Webers Herrschaftssoziologie*, Tübingen 2001, S. 47ff.; 佐野誠『ヴェーバーとナチズムの間――近代ドイツの法・国家・宗教』（名古屋大学出版会、一九九三年）二一頁以下。

28 MWG I/22-4, S. 462, 735.『マックス・ウェーバー　青年時代の手紙』上巻（マリアンネ・ウェーバー編、阿閉吉男・佐藤自郎訳、全二巻、勁草書房、一九七三年）九五―九六頁（一八八三年一二月二一日）。

29 MWG I/22-4, S. 465. マリアンネ・ウェーバー、前掲、三四三―三五一頁。ゲオルゲとの関係を重視する解釈として、上山安敏『神話と科学――ヨーロッパ知識社会 世紀末～20世紀』（岩波書店、一九八四年）二九頁以下。

30 MWG I/22-4, S. 470f., 499. ナポレオンをめぐるカエサル主義論争の影響につき、vgl. W. Nippel, „Charisma und Herrschaft“, in: ders. (Hg.), *Virtuosen der Macht*, München 2000, S. 12ff.

31 『マックス・ウェーバー　青年時代の手紙』上巻、一五六頁、下巻、三五一、三八四頁。

32 MWG I/22-4, S. 489, 494ff.

33 Ebd., S. 517ff., 525ff., 530f.

34 Ebd., S. 726, 734, 737.

35 Ebd., S. 741f.

36 MWG I/23, S. 449f.

37 Ebd., S. 513, 508.

38 Ebd., S. 535, 555.

39 『レーニン全集』第二七巻（一九五八年）二七〇頁以下。藤田省三「「プロレタリア民主主義」の原型」『現代史断章』（未來社、一九七四年）七五頁以下、参照。

40 Ebd., S. 559, 565.

41 Ebd., S. 555, 559.

42 Ebd., S. 494f.

43 Ebd., S. 497.

44 Ebd., S. 190f. 邦訳、マックス・ヴェーバー『社会学の根本概念』（清水幾太郎訳、岩波書店、岩波文庫、一九七二年）五九頁以下。

45 Ebd., S. 191, MWG I/22-3, S. 611. 同上、六〇頁；邦訳、マックス・ウェーバー『法社会学』（世良晃志郎訳、創文社、一九七四年）五〇一頁以下。

46 MWG I/15, S. 449f., 466ff. 邦訳、『政治論集』II、三四九、三六四—三六七頁。

47 Ebd., S. 472f., 486. 同上、三七一頁以下、三八三頁。

48 Ebd., S. 488ff. 同上、三八六頁以下。

49 Ebd., S. 526ff. 同上、四一八頁以下。

50 Ebd., S. 539f. 同上、四三〇—四三一頁。

51 Ebd., S. 549ff. 同上、四四〇—四四二頁。

52 Ebd., S. 594, 596. 同上、四七九、四八一頁。

53 MWG I/16, S. 103, 107. 同上、四九八、五〇一頁。

54 Ebd., S. 127ff., 132. 同上、五一七—五一九、五二一頁。

55 Ebd., S. 82ff.

56 MWG II/10, S. 357, 374.

57 R. Redslob, *Die parlamentarische Regierung in ihrer wahren und in ihrer unechten Form*, Tübingen 1918; モムゼン、前掲、六三三頁以下。レズロープの議会主義論が英国の議会主義君主像からかけ離れ、コンスタンの「中立権力」

としての立憲君主像に近い点、レズロープがワイマール大統領制の人民投票的規定に批判的だった点につき、vgl. Ch. Schönberger, *Das Parlament im Anstaltsstaat. Zur Theorie parlamentarischer Repräsentation in der Staatsrechtslehre des Kaiserreichs (1871-1918)*, Frankfurt a. M. 1997, S. 388f., 399f.

プロイスの旧憲法改正案の継承につき、遠藤泰弘「フーゴー・プロイスとドイツ革命」『政治思想研究』第一二号、二〇一二年、八七頁以下、参照。ヴェーバーが合衆国大統領制をモデルにしたという説（今野元『マックス・ヴェーバー——ある西欧派ドイツ・ナショナリストの生涯』（東京大学出版会、二〇〇七年）三三一頁）は、ヴェーバーがプロイスの権力均衡モデルを受け入れている点で誤っている。

58　MWG II/10, S. 377.

59　ドイツ民主党支援活動とその挫折につき、マリアンネ・ウェーバー、前掲、四七九頁以下；モムゼン、前掲、五四九頁以下、参照。ドイツ革命でヴェーバーが果たした政治的役割の評価として、vgl. W. Mommsen, *Max Weber und die deutsche Revolution*, 1918/19. Heidelberg 1994.

60　MWG I/16, S. 220ff. 邦訳、『政治論集』Ⅱ、五五〇頁以下。

61　モムゼン、前掲、六五九頁以下。

62　ワイマール憲法の妥協的性格と政治責任の二重化につき、モムゼン、前掲、六六五頁、参照。モムゼンは、プロイスの権力均衡モデルに由来する憲法上の欠陥を論じていない。プロイスの権力均衡モデルの欠陥と制約につき、vgl. Schönberger, a. a. O., S. 385, 400ff.

63　MWG I/16, S. 490. トラーの反応につき、島谷謙『ナチスと最初に闘った劇作家——エルンスト・トラーの生涯と作品』（ミネルヴァ書房、一九九七年）七五頁。

64　マリアンネ・ウェーバー、前掲、四九四、五〇二頁以下。

65　モムゼン、前掲、六六九頁以下、七二六頁。『経済と社会』の「指導者民主政」概念の批判として、W・J・モムゼン『マックス・ヴェーバー——社会・政治・歴史』（中村貞二・米沢和彦・嘉目克彦訳、未來社、一九七七年）

七七頁以下、参照。

66 シュミットの青少年時代につき、vgl. R. Mehring, *Carl Schmitt, Aufstieg und Fall,* München 2009, S. 18ff.

67 カトリシズムの政治的後退につき、ヴィンクラー、前掲、二一一―二一二、二三六、二九二―二九三頁、参照。

68 C. Schmitt, *Der Wert des Staates und die Bedeutung des Einzelnen,* 1914, Berlin 2. Aufl. 2004, S. 26.

69 Ebd., S. 56f., 71, 79f. ヘーゲルの同様な思想につき、『法哲学綱要』二一一節、二一四節（G. W. F. Hegel, *Werke in zwanzig Bänden,* Bd. 7, Frankfurt a. M. 1970, S. 361, 366f.）参照。

70 Ebd., S. 49, 82f. ヘーゲルの政教関係観につき、『法哲学綱要』二七〇節注解（Hegel, a. a. O., S. 428）; 権左『ヘーゲルとその時代』、一四〇―一四一頁、参照。

71 Ebd., S. 76, 102. シュミットにおけるカトリック教会の模範的意義は指摘されてきたが、カリスマ論争への彼の態度は充分に論じられていない（vgl. Mehring, a. a. O., S. 64）。

72 Ebd., S. 87, 93, 89.

73 Ebd., S. 95, 60, 70.

74 Ebd., S. 11, 13f.

75 C. Schmitt, *Tagebücher Oktober 1912 bis Februar 1915,* hg. v. E. Hüsmert, Berlin 2003, S. 215, 347; C. Schmitt, *Die Militärzeit 1915 bis 1919, Tagebuch Februar bis Dezember 1915, Aufsätze und Materialien,* hg. v. E. Hüsmert und G. Giesler, Berlin 2005, S. 24.

76 Schmitt, *Die Militärzeit 1915 bis 1919,* S. 125.

77 C. Schmitt, „Diktatur und Belagerungszustand“, in: ders., *Staat, Großraum, Nomos, Arbeiten aus den Jahren 1916-1969,* hg. v. G. Maschke, Berlin 1995, S. 3ff., bes., S. 17, 19.

78 Ebd., S. 9, 14, 20.

79 Mehring, a. a. O., S. 107f., 114f.

80 シュミットの「社会経済史概要」講義メモと演習参加者カードにつき、vgl. MWG III/6, S. 529ff.; Schmitt, *Die Militärzeit 1915 bis 1919*, S. 15, 495.

81 政治思想史講義録の公表部分につき、vgl. C. Schmitt, *Die Militärzeit 1915 bis 1919*, S. 476ff.; *Schmittiana*, Bd. 7, Berlin 2001, S. 9ff.

82 C. Schmitt, *Die Diktatur*, 1921, 2. Aufl. 1928, Berlin 1994, S. XVII-XIX. 邦訳、C・シュミット『独裁——近代主権論の起源からプロレタリア階級闘争まで』（田中浩・原田武雄訳、未來社、一九九一年）一〇—一二頁。

83 Ebd., S. 1, 7, 25, 47, 59. 邦訳、一六、一九、三九、六四、七七頁。

84 Ebd., S. 117, 121, 127, 140, 143ff. 同上、一三二、一三八、一四八、一六三、一六七頁以下。

85 Ebd., S. 198, 202, XVII. 同上、二二三頁以下、二二九、九頁。

86 G・P・スティーンソン『カール・カウツキー 1854-1938——古典時代のマルクス主義』（時永淑・河野裕康訳、法政大学出版局、一九九〇年）三〇二頁以下；H・ケルゼン「社会主義と国家」（第二版、長尾龍一訳）『ハンス・ケルゼン著作集』II（慈学社、二〇一〇年）参照。両者へのシュミットの反論につき、vgl. ebd., S. XV, 145. 邦訳、六、二九七頁。

87 Mehring, a. a. O., S. 123, 129; R. Mehring (Hg.), *„Auf der gefahrvollen Straße des öffentlichen Rechts“, Briefwechsel Carl Schmitt – Rudolf Smend, 1921-1961*, Berlin 2010, S. 19.

88 C. Schmitt, *Der Schatten Gottes, Introspektionen, Tagebücher und Briefe 1921 bis 1924*, hg. v. G. Giesler, E. Hüsmert und W. H. Spindler, Berlin 2014, S. 64, 98f., 100. Vgl. Mehring, a. a. O., S. 124.

89 C. Schmitt, *Politische Theologie*, 1922, 2. Aufl. 1934, Berlin 1993, S. 13, 18f., 39, 40. 邦訳、C・シュミット『政治神学』（田中浩・原田武雄訳、未來社、一九七一年）一一、二〇—二一、四六、四八頁。戦後復刻された第二版は、初版でE・カウフマンに言及した個所を全て削除しているが、邦訳のある第二版で引用する。

90 シュミットは、ド・メストルの思想を「教会秩序の無謬性は国家秩序の主権と本質的に同一であり、無謬性と主権の二語は完全に同義だ」と要約している（ebd., S. 60. 同上、七一頁）。ド・メストルとシュミットの思想的相似につき、川上洋平『ジョゼフ・ド・メーストルの思想世界——革命・戦争・主権に対するメタポリティークの実践の軌跡』（創文社、二〇一三年）二〇〇頁以下、参照。

91 Ebd., S. 43. 邦訳、四九頁。「世俗化」の用語につき、vgl. „Säkularisation, Säkularisierung", in: O. Brunner, W. Conze, R. Koselleck (Hg.), *Geschichtliche Grundbegriffe*, Bd. 5, 1984, S. 789ff. シュミットによれば、世俗化は、神学概念が国家論に転用された歴史的発展ばかりか、形而上学的世界像が政治組織の形式と同じ構造を持つ相似性（「主権概念の社会学」）を意味する。

92 Schmitt, *Politische Theologie*, S. 52f., 55. 邦訳、六四、六七頁。

93 C. Schmitt, *Römischer Katholizismus und politische Form*, 1923, 2. Aufl. 1925, Stuttgart 1984, S. 32, 49, 53f. 邦訳、C・シュミット『政治神学再論』（長尾龍一ほか訳、福村出版、一九八〇年）一四六、一五八、一六一—一六二頁。

94 Schmitt, *Politische Theologie*, S. 59, 63f., 67. 同上、六九—七〇、七七、八二頁。

95 C. Schmitt, *Politische Romantik*, 1919, 2. Aufl. 1925, Berlin 1991, S. 140f., 175. 邦訳、C・シュミット『政治的ロマン主義』（大久保和郎訳、みすず書房、一九七〇年）一二四—一二五、一六〇頁。

96 Schmitt, *Die Diktatur*, S. 17, 174. 邦訳、三二、三二一頁。

97 C. Schmitt, *Die geistesgeschichtliche Lage des heutigen Parlamentarismus*, 1923, 2. Aufl. 1926, Berlin 1991, S. 43ff., 62f. 邦訳、C・シュミット『現代議会主義の精神史的状況』（樋口陽一訳、岩波書店、岩波文庫、二〇一五年）三五頁以下、六〇頁以下。

98 Ebd., S. 35-37, 41, 20, 22f. 邦訳、二三—二七、三二、一四九、一五三頁以下。

99 Ebd., S. 68, 80f., 88f. 同上、七〇頁以下、九二頁以下、一〇四頁以下。シュミットは、一九二三年四月一七日、二〇日にミュンヘンで副総司令部の元上司ロート大尉と再会し、「国民社会主義者」を話題にしており、メーリングは「ムッソリーニへの言及の背後にドイツ極右主義の評価も隠れている」と見る（vgl. C. Schmitt, *Der Schatten*

Gottes, S. 184, 186; Mehring, a. a. O., S. 156)。

100 Schmitt, *Volksentscheid und Volksbegehren*, S. 50f. 邦訳、五一頁以下。シュミットによるモムゼン『ローマ国法』の受容につき、松本彩花「カール・シュミットにおける民主主義論の成立過程(三)——第二帝政末期からヴァイマル共和政中期まで」『北大法学論集』第六九巻第二号、二〇一八年、二五五頁以下、参照。

101 Ebd., S. 51f., 54. 邦訳、五二頁以下、五四頁。シュミットによるペテルゾン『一つの神』の受容と喝采の定義につき、松本、前掲、二六六頁以下、参照。

102 Ebd., S. 55, 75f. 邦訳、五六、七四頁以下。

103 Ebd., S. 78f., 79ff. 同上、七七、七八頁以下。

104 ヴィンクラー、前掲、四七四、四七六—四七七頁。

105 C. Schmitt, *Tagebücher 1925 bis 1929*, hg. v. M. Tielke und G. Giesler, Berlin 2018, S. 129f., 133, 141, 145, 154, 183, 190; *Schmittiana Neue Folge*, Bd. III, Berlin 2016, S. 81f. 『憲法論』と「政治的なものの概念」の執筆経緯につき、vgl. Mehring, a. a. O., S. 202ff., 214f.

106 C. Schmitt, *Verfassungslehre*, 1928, Berlin 1993, S. 47, 49ff., 58ff. 邦訳、C・シュミット『憲法論』(阿部照哉・村上義弘訳、みすず書房、一九七四年)六七、七〇頁以下、七九頁以下。Vgl. C. Schmitt, „Der Begriff des Politischen“, *Archiv für Sozialwissenschaft und Sozialpolitik*, Bd. 58, 1927, S. 15ff.

107 Schmitt, *Verfassungslehre*, S. 204ff., 208ff., 234f., 242ff. 邦訳、二三九頁以下、二四三頁以下、二七二頁以下、二八一頁以下。ここでシュミットは、カトリシズム論でなく、ホッブズを引用して代表概念を説明している。

108 Ebd., S. 125ff., 200ff., 304f. 同上、一五三頁以下、二三四頁以下、三五四頁以下。

109 Ebd., S. 306f., 335, 341, 347, 350f. 同上、三五六、三八六、三九四、四〇〇、四〇二頁以下。

110 C. Schmitt, „Reichspräsident und Weimarer Verfassung“, in: ders., *Staat, Großraum, Nomos*, S. 25, 27. 「合憲的独裁」はプロイスの論説「合憲的独裁」(一九二四年)を示唆している。

111 C. Schmitt, „Der Hüter der Verfassung", *Archiv des öffentlichen Rechts, Neue Folge*, Bd. 16, 1929, S. 212ff. 邦訳、C・シュミット『大統領の独裁――〔付〕憲法の番人（一九二九年版）』（田中浩・原田武雄訳、未來社、一九七四年）一六九頁以下；C. Schmitt, *Hugo Preuss*, Tübingen 1930, S. 18ff. 邦訳、C・シュミット『危機の政治理論』（長尾龍一ほか訳、ダイヤモンド社、一九七三年）一六三頁以下；C. Schmitt, „Das Zeitalter der Neutralisierungen und Entpolitisierungen", in: ders., *Positionen und Begriffe*, 1940, Berlin 3. Aufl. 1994, S. 145ff. 邦訳、C・シュミット『合法性と正当性――〔付〕中性化と非政治化の時代』（田中浩・原田武雄訳、未來社、一九八三年）一五七頁以下。

112 C. Schmitt, *Der Hüter der Verfassung*, 1931, Berlin 4. Aufl. 1996, S. 78ff. 邦訳、C・シュミット『憲法の番人』（川北洋太郎訳、第一法規出版、一九八九年）一一四頁以下。ここでは、E・ユンガー『総動員』（一九三〇年）が言及されている（『ユンガー政治評論選』（川合全弘編訳、月曜社、二〇一六年）参照）。

113 C. Schmitt, *Tagebücher 1930 bis 1934*, hg. v. W. Schuller, in Zusammenarbeit mit G. Giesler, Berlin 2010, S. 141. ハレ国法学者大会が、シュミットとW・イェリネックの交友の機縁になった点につき、権左武志「ヴァイマル末期の国法学とカール・シュミットの連邦主義批判」権左編『ドイツ連邦主義の崩壊と再建――ヴァイマル共和国から戦後ドイツへ』（岩波書店、二〇一五年）九六頁以下、参照。

114 C. Schmitt, *Der Begriff des Politischen*, Text von 1932 mit einem Vorwort und drei Corollarien, 1963, Berlin 3. Aufl. 1991, S. 24f., 30-32, 46f. 邦訳、C・シュミット『政治的なものの概念』（田中浩・原田武雄訳、未來社、一九七〇年）一〇―一三、二〇―二三、四九―五一頁。『政治的なものの概念』改訂の提案が一九三〇年一〇月一四日のユンガーの返信に始まる点につき、vgl. Mehring, a. a. O., S. 269f.

115 一九三二年一月一三日講演と二月二四日講演の合法性批判がイェリネックの憲法改正限界説と共通する点につき、権左「ヴァイマル末期の国法学とカール・シュミットの連邦主義批判」、九七頁以下、参照。

116 C. Schmitt, *Legalität und Legitimität*, 1932, Berlin 5. Aufl. 1993, S. 28, 31, 13f., 59. 邦訳『合法性と正当性』、三九、四四、一五、八九頁。合法性批判の背景には、一九三〇年九―一〇月裁判でのヒトラーの合法性宣伝があった。

117 Ebd., S. 49, 47, 56, 91. 同上、七四、七一、八五、一三九頁。オーリウへの言及が、一九三一年一一月二三日に来訪したフランス憲法学者R・カピタンとの会話――「彼はオーリウを私と比較した」――に由来する点につき、vgl. Schmitt, *Tagebücher 1930 bis 1934*, S. 147.

118 基本権論文と制度的保障論文につき、権左「ヴァイマル末期の国法学とカール・シュミットの連邦主義批判」、九九頁、参照。

119 シュライヒャーを中心とする非常事態計画につき、ヴィンクラー、前掲、五一二頁以下、五二六、五三二頁以下；E・コルプ、W・ピタ「パーペン、シュライヒャー両内閣における国家非常事態計画」権左武志・福田宏訳、『思想』二〇〇四年第三号（第九五九号）三〇頁以下、参照。シュミットの非常事態計画への関与につき、権左武志「第三帝国の創立と連邦制の問題――カール・シュミットはいかにして国家社会主義者となったか？」『思想』二〇一二年第三号（第一〇五五号）四六頁以下、参照。

120 シュミットの国事裁判所訴訟への関与につき、権左「第三帝国の創立と連邦制の問題」、四三頁以下、「ヴァイマル末期の国法学とカール・シュミットの連邦主義批判」、一〇一頁以下、参照。

121 新たに発見された一九三三年二月二二日講演につき、権左「ヴァイマル末期の国法学とカール・シュミットの連邦主義批判」、一〇九頁以下、参照。

122 シュミットの授権法への対応とライヒ総督法への協力、『政治的なものの概念』の再改訂作業につき、権左「第三帝国の創立と連邦制の問題」、五一頁以下、参照。

123 六月一三日・六月一六日講演につき、権左「ヴァイマル末期の国法学とカール・シュミットの連邦主義批判」、一〇五、一一三頁以下、参照。

124 西川、前掲、二四頁以下、三二頁以下、四八頁、参照。

125 Fisch, a. a. O., S. 148ff.

126 Ebd., S. 152ff. 一九一八年一月五日、英国首相ロイド＝ジョージも「自己支配」を自決の同義語として使用していた（ebd., S. 304, Anm. 30）。

127 Ebd., S. 155f.

128 Ebd., S. 157ff., 161f.

129 Ebd., S. 163, 165f.

130 Ebd., S. 181.

131 Ebd., S. 183ff.

132 ジマー、前掲、一〇六頁以下。Cf. R. Brubaker, *Nationalism reframed*, Cambridge U. P. 1996, pp. 107ff.

133 同上、一二八頁以下。シオニズムの宣言書として、Th・ヘルツル『ユダヤ人国家――ユダヤ人問題の現代的解決の試み』（原著：一八九六年、佐藤康彦訳、法政大学出版局、一九九一年）参照。

134 I・カーショー『ヒトラー』上巻「1889-1936 傲慢」（川喜田敦子訳、白水社、二〇一五年）四五、五九頁以下、六一頁以下、九四頁以下；村瀬興雄『アドルフ・ヒトラー――「独裁者」出現の歴史的背景』（中央公論社、中公新書、一九七七年）二頁以下。これに対し、ウィーン時代のシェーネラーとルエーガーの影響を重視しない別の解釈として、石田勇治『ヒトラーとナチ・ドイツ』（講談社、講談社現代新書、二〇一五年）二六七頁以下、参照。

135 カーショー、前掲、一二八頁以下、一四六頁以下、一五一頁以下、一七〇頁以下；Fisch, a. a. O., S. 190. カーショーによれば、ミュンヘン革命は「背後の一突き」伝説を体現しており、レーテ共和国のユダヤ人支配は極右反動の源泉になった（同上、一三七頁以下、一四〇頁以下）。

136 同上、一九〇、二〇六頁以下、二三二頁以下、二三九頁以下、二六四頁以下。

137 同上、二六六頁以下。ヒトラーは、一九二二年にハウスホーファーと、一九二三年九月末にチェンバレンとそれぞれ面談している（同上、二七五頁、原注六六頁）。

138 ヒトラーを機会主義者と見るラウシュニング・テーゼに対し、ヒトラーの世界観の一貫性を唱えるイェッケルの新たな解釈につき、中村幹雄『ナチ党の思想と運動』（名古屋大学出版会、一九九〇年）二頁以下、参照。

第二帝政期から全ドイツ主義を唱えた全ドイツ連盟と大戦後に現れたナチスとの連続と断絶につき、谷喬夫『ナチ・イデオロギーの系譜――ヒトラー東方帝国の起原』（新評論、二〇一二年）；上岡裕里也「全ドイツ連盟からナチ党へ――ドイツ右翼運動・思想の連続と断絶」『北大法政ジャーナル』第二六号、二〇一九年、二九頁以下、参照。

139 カーショー、前掲、一七八、二七一頁以下。

140 同上、二七七頁以下、三〇四頁以下、三二一頁以下。ヒトラーによれば、議会制民主主義でなく、「行動に対して全ての責任を引き受ける義務を負っている指導者を自由に選ぶ」のが「真のゲルマン的民主主義」である（A・ヒトラー『わが闘争』上巻（平野一郎・将積茂訳、角川書店、角川文庫、二〇〇一年）一二八頁）。

141 カーショー、前掲、九、二四、二七頁。MWG I/22-4, S. 497.「構造派の歴史家」と称するカーショーは、機能派の社会史的方法とプログラム派の伝記的方法の対立を「カリスマ的支配」の概念で橋渡しできると考える（同上、八頁以下）。

142 同上、三九八頁以下、四〇八頁以下、四一九頁以下、四四〇頁以下、四四七頁。カーショーは、ヴィンクラーとコルプに従い、一九三二年八月以後シュライヒャーが試みた非常事態計画を別の選択肢として評価する。これに対し、一九三二年八月以後の非常事態計画を考慮しない旧い解釈として、石田、前掲、一二六頁以下、参照。

143 カーショー、前掲、四七八頁以下、四八六頁以下、四九五頁以下。

144 同上、五二一頁以下、五二九頁以下、五三二頁以下、五四三頁以下。

145 ジマー、前掲、一五八頁以下、一八二頁以下。

146 カーショー、前掲、五一〇頁以下、五六九頁以下、六〇二頁以下。

147 Fisch, a. a. O., S. 191ff.

148 カーショー、前掲、四九五、五七八頁以下；石田、前掲、二六九頁以下、三〇九頁以下。

149 Fisch, a. a. O., S. 201ff.

［第四章］

1　E・ヤング＝ブルーエル『ハンナ・アーレント伝』（荒川幾男・原一子・本間直子・宮内寿子訳、晶文社、一九九九年）一五七頁以下、二二一頁以下。一九三三年一月、アレントは移住の必要に関しK・ヤスパースと激論した（同上、一五九頁）。

2　同上、二八五頁以下。

3　E・トラヴェルソ『全体主義』（柱本元彦訳、平凡社、平凡社新書、二〇一〇年）二八頁以下、六二頁以下、九四頁以下。

4　H. Arendt, *Elemente und Ursprünge totaler Herrschaft*, München 1955, 5. Aufl. 1996. ドイツ語版の邦訳、H・アーレント『全体主義の起原』Ⅰ（新版、大久保和郎・大島通義・大島かおり訳、全三巻、みすず書房、二〇一七年）xxii、一九、二二頁以下、四一、六〇頁以下、七七頁以下、八七頁以下、九七頁以下、二二八頁以下、二四一頁以下、二五八頁以下。

5　アーレント『全体主義の起原』Ⅱ（新版）二五頁以下、五四頁以下、一三五頁以下、一四九、一九五、二〇五頁以下、二一七頁以下。ナチスはオーストリア汎民族運動から決定的影響を受けているというアレント説（同上、一八五頁）は、カーショーの最新研究と一致する（第三章第三節、注(134)、参照）。川崎は、アレントの帝国主義論がホブスン、ルクセンブルクに負っていると指摘するが（川崎修『ハンナ・アレントと現代思想』（岩波書店、二〇一〇年）一五四頁以下）、大陸帝国主義の型を論じていない。

6　アーレント『全体主義の起源』Ⅱ、二四二頁以下、二七一、二七三頁以下、三二七頁、アーレント『全体主義の起原』Ⅲ（新版）二二頁以下。川崎やカノヴァンは、第一巻と第二巻を別々に論じるが（川崎修『アレント――公共性の復権』（講談社、一九九八年）一〇六頁以下、一七〇頁以下；M・カノヴァン『アレント政治思想の再解釈』（寺島俊穂・伊藤洋典訳、未來社、二〇〇四年）四一頁以下、五九頁以下）、第一巻と第二巻は第八章の汎民族運動で重なり合っており、また汎民族運動を全体主義運動の先駆者と捉えるならば、第二巻と第三巻のつながりも明確に認識できる。

7　アーレント『全体主義の起原』Ⅲ、八一頁以下、八六頁以下、一〇七頁以下、一二六頁以下、一三一頁以下、一三七頁以下。

8　同上、一五一頁以下、一六一頁以下、一七二頁以下、一八七、二〇一、二〇六、二〇九頁以下、二一三、二二四頁以下、二七〇頁以下。初版と一九五五年版の間の全体主義論の相違点につき、森川輝一『〈始まり〉のアーレント――「出生」の思想の誕生』（岩波書店、二〇一〇年）一六八頁以下、二三二頁以下、参照。

9　アーレント『全体主義の起原』Ⅲ、二九六頁以下、二八九頁以下、三一二頁以下、三一八頁以下。一九五〇年にハイデガーと再会したアレントが、一九五三年論文で思考を転回する経緯につき、森川、前掲、二〇四頁以下、参照。

10　ヤング＝ブルーエル、前掲、二九四頁以下、三七四―三七八頁。

11　H. Arendt, *The Human Condition*, Chicago 1958, pp. 28-30, 39ff., 57-58. 邦訳、H・アレント『人間の条件』（志水速雄訳、筑摩書房、ちくま学芸文庫、一九九四年）四九頁以下、六二頁以下、八五頁以下。

12　*Ibid.*, pp. 220ff., 109ff., 251ff., 290ff., 306ff. 同上、三四八頁以下、一六七頁以下、四〇七頁以下、四六四頁以下、四七九頁以下。

13　アレントは、目的論とデカルトを批判する二箇所で、ニーチェ『力への意志』に同意している（*Ibid.*, pp. 154, 280. 同上、二四五頁注（19）、四四五頁注（40））。またドイツ語版『活動的生活』でハイデガーに二回言及し、一九六〇年一〇月二八日付書簡でハイデガーに、この書が「最初のフライブルクの日々から直接生まれた本で、あらゆる点でほとんど全てをあなたに負っている」と認めている（H. Arendt, *Vita activa oder Vom tätigen Leben*, München, Neuausgabe 1981, S. 353, 365. 邦訳、H・アーレント『活動的生』（森一郎訳、みすず書房、二〇一五年）四七八、四九六頁；『アーレント＝ハイデガー往復書簡』（U・ルッツ編、大島かおり・木田元訳、みすず書房、二〇〇三年）一二二頁）。

14 アレントは、一九五〇年代に構想された「政治入門」草稿で、政治は生命のためか自由のためかという問題を立てている（H・アレント『政治の約束』（J・コーン編、高橋勇夫訳、筑摩書房、二〇〇八年）一七六頁）。ドストエフスキーも、一六世紀スペインの大審問官に、自由の重荷を放棄すればパンを得て幸福になれると語らせている（ドストエフスキー『カラマーゾフの兄弟』上巻（原卓也訳、新潮社、新潮文庫、一九七八年）四七四頁以下）。

15 H. Arendt, *On Revolution*, pp. 29ff., 42ff. 邦訳、三九頁以下、五七頁以下。アレントはK・グリーヴァンク『近代の革命概念』（一九五五年）に依拠するが、歴史哲学をキリスト教信仰の世俗化と説明するK・レーヴィット『世界史と救済史』（一九五三年）に言及しない。

16 *Ibid.*, pp. 59ff., 76ff., 88ff. 邦訳、八九頁以下、一一四頁以下、一三二頁以下。

17 *Ibid.*, pp. 149ff., 155ff., 165ff., 175ff., 192ff., 196ff., 222ff., 232ff. 同上、二三三頁以下、二四二頁以下、二五五頁以下、二七〇頁以下、三〇九頁以下、三一四頁以下、三六一頁以下、三七五頁以下。アレントは、シィエスの憲法制定権力論を絶対者問題の解決として批判する時、ルソーの社会契約説やシュミットの世俗化テーゼを念頭に置いている。

18 *Ibid.*, pp. 256ff., 261ff. 同上、四〇八頁以下、四一六頁以下。

19 ヤング＝ブルーエル、前掲、一八三頁以下、二〇七頁以下。

20 *Ibid.*, pp. 273ff., 264. 邦訳、四三一頁以下、四一九頁；ヤング＝ブルーエル、前掲、三九五頁以下、五三〇頁以下。アレントは、一九六六年にJ・P・ネットル『ローザ・ルクセンブルク』を書評し、ルクセンブルクのロシア革命批判を称賛した（H・アレント『暗い時代の人々』（阿部斉訳、河出書房新社、一九八六年）七一頁以下；R・ルクセンブルク『ロシア革命論』（伊藤成彦・丸山敬一訳、論創社、一九八五年）四五頁以下）。アレントとルクセンブルクの関連につき、新木隆太「ハンナ・アーレントのロシア革命論——思想の「失われた環」をつなぐ」『北大法政ジャーナル』第二五号、二〇一八年、参照。

21 J. Habermas, *Strukturwandel der Öffentlichkeit*, Frankfurt a. M. Neuauflage 1990. 邦訳、J・ハーバーマス『公共性の構造転換――市民社会の一カテゴリーについての探究』（第二版、細谷貞雄・山田正行訳、未來社、一九九四年）一三頁以下、一八、三一、三六頁以下。

22 同上、四八頁以下、五六頁以下、七三頁。

23 同上、七四頁以下、一一〇頁以下。

24 同上、一一八頁以下。

25 同上、一九八、二三二頁。

26 同上、二一六頁以下、二二七頁以下、二三二頁以下。東欧革命後に書かれた「一九九〇年新版への序言」は、文化を議論する公衆から消費する公衆への転換図式が余りに悲観的な診断だったと回顧している（同上、xxi頁）。

27 同上、二三五頁以下、二六三頁以下、二七二頁以下。

28 J. Habermas, *Theorie und Praxis*, S. 48ff. 邦訳、『理論と実践』、一一頁以下；ders., *Technik und Wissenschaft als ›Ideologie‹*, Frankfurt a. M. 1968, S. 9ff. 邦訳、J・ハーバーマス『イデオロギーとしての技術と科学』（長谷川宏訳、紀伊國屋書店、一九七七年）五頁以下；ders., *Philosophisch-politische Profile*, Frankfurt a. M. 3. Aufl. 1981, S. 228ff. 邦訳、J・ハーバーマス『哲学的・政治的プロフィール――現代ヨーロッパの哲学者たち』上巻（小牧治・村上隆夫訳、未來社、一九八四年）三二四頁以下。

29 J. A. Schumpeter, *Capitalism, Socialism and Democracy*, New York 1975. 邦訳、J・A・シュムペーター『資本主義・社会主義・民主主義』（中山伊知郎・東畑精一訳、東洋経済新報社、一九九五年）三九九頁以下、四一九頁以下、四二九頁以下、四三五、四五一、四五四、四六四頁。

30 ヴェーバーとの出会いにつき、伊東光晴・根井雅弘『シュンペーター――孤高の経済学者』（岩波書店、岩波新書、一九九三年）四三頁以下、五一頁以下、参照。

31 R. A. Dahl, C. E. Lindblom, *Politics, Economics, and Welfare*, New York 1953. 邦訳、R・A・ダール、C・E・リ

ンドブロム『政治・経済・厚生』（磯部浩一訳、東洋経済新報社、一九六一年）九五、一八七頁以下、一九六頁以下、二二三頁以下、二三五頁以下。シュンペーターとダールの継承関係につき、岡田憲治『権利としてのデモクラシー』（勁草書房、二〇〇〇年）一二〇頁以下、参照。

32 R. A. Dahl, *A Preface to Democratic Theory*, Chicago 1956, pp. 22, 30f., 39ff., 48ff., 55, 124ff., 131f. ダール多元主義論とその後の変容につき、早川誠『政治の隘路――多元主義論の20世紀』（創文社、二〇〇一年）九八頁以下、参照。

33 Th. J. Lowi, *The End of Liberalism*, New York 1969, 2nd ed. 1979. 邦訳、Th・ロウィ『自由主義の終焉――現代政府の問題性』（村松岐夫監訳、木鐸社、一九八一年）九五頁以下、三七七頁以下。

34 同上、六九頁以下。早川、前掲、一一三頁以下は、ローウィ多元主義批判の批判的検討を欠いている。

35 ロウィ、前掲、四一二頁以下。

36 Fisch, a. a. O., S. 206ff.

37 Ebd., S. 209ff.

38 Ebd., S. 216, 220ff.

39 M・L・ドックリル、M・F・ホプキンズ『冷戦 1945-1991』（伊藤裕子訳、岩波書店、二〇〇九年）九六、一三一、一四二頁以下、一九三頁以下。

40 同上、八七頁以下、一一〇頁以下、八六頁以下、一〇五頁以下、一一二頁以下。

41 同上、二二六頁以下。独ソ共同声明につき、塩川伸明『冷戦終焉20年――何が、どのようにして終わったのか』（勁草書房、二〇一〇年）一一七頁（ただし、自決権の解釈は異なる）。

42 ドックリル、ホプキンズ、前掲、二三〇頁以下。統一ドイツのNATO加盟条件につき、塩川、前掲、一二一頁以下、二〇一頁以下。

43 田中陽児・倉持俊一・和田春樹編『世界歴史大系 ロシア史』3（山川出版社、一九九七年）四一九頁以下、四三〇頁以下、四四〇頁以下。

44　ジマー、前掲、二〇七頁以下；G・ギル『スターリニズム』（内田健二訳、岩波書店、二〇〇四年）一〇七頁以下。

45　冷戦終結の意味転換が冷戦終結後の世界秩序と歴史認識を左右した点につき、塩川、前掲、一〇八—一二五、一九三—二一六頁。

［結び］

1　MWG I/22-4, S. 499, 504. 最初の引用文は、ルイ・ナポレオンの第二帝政を承認した一八五二年一一月の人民投票と、議会主義的帝政を承認した一八七〇年五月の人民投票を指す。

2　Schmitt, *Legalität und Legitimität*, S. 29, 41. 邦訳、四〇、六一頁。シュミットは、一九三三年三月三〇日の日記帳に、編集者フォイヒトヴァンガーの要求する「少数者保護法」につき、「愚か者の私は気付くのがいつも遅すぎる」と記している（vgl. Schmitt, *Tagebücher 1930 bis 1934, S. 275*）。

3　A. Lijphart, *Patterns of Democracy*, New Haven 1999. 邦訳、A・レイプハルト『民主主義対民主主義——多数決型とコンセンサス型の36ヶ国比較研究』（粕谷祐子訳、勁草書房、二〇〇五年）。

4　小沢一郎『日本改造計画』（講談社、一九九三年）三三頁以下、一〇二頁以下。

5　加藤典洋『敗戦後論』（講談社、一九九七年）一八頁以下、四六頁以下、五二、七三頁以下。憲法選び直し論は、憲法九条に代える代案を述べない点で無責任な言説であり、一〇年後に撤回された（『論座』二〇〇七年六月、参照）。

6　柄谷行人「歴史の終焉について」『終焉をめぐって』（福武書店、一九九〇年）一四四、一五一、一六四頁。

7　小熊英二『〈民主〉と〈愛国〉——戦後日本のナショナリズムと公共性』（新曜社、二〇〇二年）一〇三、五四八、六五五、七九九頁以下、八一二、八二五頁以下。小熊は、ナショナリズムを、「心情の表現手段」として民族や国家の言語が採用された状況または「自己と他者を区分する既存の境界が意味を失う」集団現象と、極めて曖昧にロマン主義的に定義している（同上、八二六頁以下）。

8 市場のグローバル化と第三の道につき、佐々木毅「日本における二〇世紀型体制の解体」「自由主義と民主主義の心象風景」『政治学は何を考えてきたか』（筑摩書房、二〇〇六年）一三二、一六一頁以下、三二三頁以下、参照。グローバル化とガバナンスを提唱した政治学者は、グローバル化の推進力を明確に認識できていない（中村研一『地球的問題の政治学』（岩波書店、二〇一〇年）vii頁以下、三六九頁以下）。

9 大学改革の新自由主義政策的背景につき、山口裕之『「大学改革」という病——学問の自由・財政基盤・競争主義から検証する』（明石書店、二〇一七年）一一九頁以下、参照。

10 佐々木毅『いま政治になにが可能か——政治的意味空間の再生のために』（中央公論社、中公新書、一九八七年）一五〇頁以下：山口二郎『一党支配体制の崩壊』（岩波書店、一九八九年）。

11 K・v・ウォルフレン『日本／権力構造の謎』（篠原勝訳、早川書房、一九九〇年、新版：ハヤカワ文庫、一九九四年）：佐々木毅『いま政治になにが可能か』、一一八頁以下、佐々木毅『政治はどこへ向かうのか』（中央公論社、中公新書、一九九二年）二一四頁以下：小沢、前掲、二一頁以下、四〇頁以下。

12 小沢、前掲、六八頁以下：佐々木毅『政治家の条件』（講談社、一九九五年）二三九頁以下、佐々木毅『政治学講義』（東京大学出版会、一九九九年）一三〇頁以下、一六二頁以下。比例代表制を支持し、二大政党制を批判する論者として、山口二郎『政治改革』（岩波書店、岩波新書、一九九三年）一七〇頁以下（後に小選挙区制・二大政党制の支持者へ転向）。

13 Lijphart, *op. cit.*, pp. 167f., 149. 邦訳、一三一頁以下、一一八頁。

14 大石眞・久保文明・佐々木毅・山口二郎編『首相公選を考える——その可能性と問題点』（中央公論新社、中公新書、二〇〇二年）一六頁以下、一一二頁以下。政治改革派の学者は、政治改革を「政治の構造改革」と呼んだため、小泉の言う「構造改革」が日本型利益政治の解体を意味すると錯覚していた（新しい日本をつくる国民会議（21世紀臨調）編『政治の構造改革——政治主導確立大綱』（東信堂、二〇〇二年）参照）。

15 山口二郎『内閣制度』(東京大学出版会、二〇〇七年)一四頁以下、二一七頁以下;山口二郎『ブレア時代のイギリス』(岩波書店、岩波新書、二〇〇五年)一八八頁。後に山口は、二一世紀臨調の政治学者に見られる「統治形式への関心の偏重」を批判するが(山口二郎『政権交代とは何だったのか』(岩波書店、岩波新書、二〇一二年)一八〇頁以下)、自分自身を除外する点で公正な批判とは言えない。

16 森嶋通夫『サッチャー時代のイギリス——その政治、経済、教育』(岩波書店、岩波新書、一九八八年)二〇六頁以下。森嶋は、二大政党制こそイギリス病の原因だと繰り返し指摘し、ここからサッチャーの「選挙に勝つ」政治手法を説明する(同上、三四頁以下、一一一、一七八頁以下)。

あとがき

最初に書いたように、二〇二〇年は冷戦終結三〇周年に当たる。だが、著者が日頃教えているのは、三〇年前の冷戦終結も知らなければ、二〇〇一年の同時多発テロも知らない若い世代である。こうした読者のため、最後に本書の執筆動機とその時代背景を説明しておきたい。

第一に、民主主義の思想史のような近年珍しい書を執筆する気になったのは、民主主義思想に関する幾つかの初歩的疑問に答えたいという動機からである。例えば、ルソーは、日本では民主主義の使徒と見なされるが、欧米ではなぜ全体主義の思想家とされるのだろうか。カール・シュミットは、ルソーに従い、民主主義を「治者と被治者の同一性」と定義したが、この定義は正しいのだろうか。また、ヴェーバーは、自由主義とナショナリズムという「二つの価値理想」を抱いていたと言われるが(『思想』一九八〇年第八号のW・モムゼン講演、参照)、両者の間の矛盾はいかに解決できるのか。更に、アレントの全体主義論は、その後の高度な政治哲学といかに関係しているのだろうか。私自身、かつて学生時代にこれら思想家を知った時、初学者としてこうした素朴な疑問を感じたが、その後も、残念ながら、疑問に答えてくれる書には出会えなかった。本書は、過去一〇年間に出た新資料(新全集・日記帳・伝記など)をできる限り踏まえ、こうした民主主義論の初心者的疑問に対し答えようとした試みである。

第二に、本書で近代ナショナリズムの一貫した歴史を描いたのは、過去三〇年間に見られたナショナリズムの回帰現象を自覚し、克服したいという動機からである。三〇年前に滞在した統一ドイツでは、外国人・移民への攻撃という過去のナショナリズムの悪夢を目撃し、幻滅して帰った記憶があるが、これは、冷戦終結後のナショナリズム回帰の兆候だと見るならば、決して偶然の現象ではなかった。実際、二〇〇一年以後の新自由主義時代は、市場のグローバル化を通じて、新たなナショナリズムが高まり、噴出した時代と見ることができる。

最近大いに気になるのは、「強力なリーダーシップ」や「決められない政治」という政治改革の標語を得意気に使用する風潮であり、こうした改革信奉者の人々は、無自覚なうちに新型ナショナリズムに感染している疑いがある。本書では、ドイツ思想家が、ドイツ・ナショナリズムに深く制約されており、その思想は、欧州ナショナリズムの歴史の中で初めて理解できることを示そうとした。「指導者」や「決断」の概念が、ドイツ・ナショナリズムの中心的経験、特に一八七〇年の戦勝体験や一九一九年の敗戦・革命体験に由来することを知るならば、新型ナショナリズムの感染症が突然現れて重症化するのを予防できるのではないかと期待している。

第三に、本書のタイトルに「思想と歴史」を掲げたのは、二〇〇一年以後の新自由主義的風潮に応答したいという別の動機からである。国立大学が法人化された二〇〇四年前後、大学で教える知識・教養は役に立たないと一部経営者から批判され、実務家の官僚と協力し、「官民連携」で公共政策に貢献すべきだという風潮が支配的になった。現代は「グローバル化の時代」だと唱え、公共政策大学院を主導した政治学者は、政治思想史を「思想と歴史」と呼び、役立たない教養主義の遺物のように見なした。本書は、二〇〇一年以来、現在まで続く新自由主義時代の風潮に対する私からの返答である。

今回、学説の発展史を描き出すならば、「思想と歴史」こそ、現在をより良く理解でき、将来の指針として役立つことを示そうと試みた。というのも、現実政治に関与する当事者ではなく、観察者の視点に立つ歴史家こそ、現実の意味を正しく理解できるからである。そればかりか、学生時代に繰り返し教わった「価値自由」という社会科学の要請によれば、「グローバル化」の支配的傾向の認識から、環境に適応し、競争力を強化せよという社会ダーウィニズムの価値判断を導き出すことはできないはずだ。洞窟の哲人が外の世界へ出て、シラクサの僭主に赴く時、支配の手段として権力者に都合よく利用されるのは、プラトン以来見られる真理である。大学の知識・教養は役立たないという意見に対して、「真理の価値への信仰は特定文化の所産」であり、「真理の価値を認めない者に、科学は何も提供できない」というヴェーバーの言葉は現在も生きており、至言である。

本書は、二〇一七年から二〇一九年にかけて執筆され、二〇二〇年二月に本文が脱稿された。その直後のコロナ・ショックの混乱のため、各章を執筆した後に出た文献を充分に参照できなかったし、脱稿後に公刊された文献を反映させることもできなかった。同業研究者の方々には、この事情をご容赦いただければ幸いである。

宇野重規氏も書いているように、政治思想史は、過去の思想家のテクストを絶えず読み直し、その解釈を深めるプロセスの繰り返しである（宇野重規『西洋政治思想史』（有斐閣、二〇一三年）「あとがき」参照)。本書も、その元を振り返れば、学生時代に福田歓一氏の「政治学史」の講義を聴いて、ルソー以後の政治思想史も知りたいという知的好奇心を抱いたことが最初の動機になっているだろう。本書では、ルソー以後の民主主義の思想史を描くため、自分の研究分野に当たる第三章の思想家ばかりか、他の章の思想家についても、過去の研究者の読みの水準を超えようと努めたが、ルソー以後の政治思想史の試みがどれほど成功しているかは、他の研究者の方々の批評に委ねたい。

長年の課題を『現代民主主義　思想と歴史』という選書の形にまとめるよう強力に支援してくださったのは講談社編集部の互盛央さんであり、編集作業の実務を担ってくださったのは同編集部の岡林彩子さんである。お二人の助力に心から感謝します。

二〇二〇年八月初旬

権左武志

権左武志（ごんざ・たけし）

一九五九年、京都府生まれ。東京大学法学部卒。北海道大学大学院法学研究科博士課程単位取得退学。法学博士（北海道大学）。現在、北海道大学大学院法学研究科教授。専攻は政治思想史・政治学。

著書に『ヘーゲルにおける理性・国家・歴史』、『ヘーゲルとその時代』、編著に『ドイツ連邦主義の崩壊と再建――ヴァイマル共和国から戦後ドイツへ』（いずれも岩波書店）がある。

現代民主主義思想と歴史《げんだいみんしゅしゅぎしそうとれきし》

二〇二〇年一二月　九日　第一刷発行
二〇二二年　四月　六日　第三刷発行

著者　権左武志《ごんざたけし》

発行者　鈴木章一
発行所　株式会社　講談社
東京都文京区音羽二丁目一二―二一　〒一一二―八〇〇一
電話（編集）〇三―三九四五―四九六三
（販売）〇三―五三九五―四四一五
（業務）〇三―五三九五―三六一五

装幀者　奥定泰之
本文データ制作　講談社デジタル製作
本文印刷　株式会社新藤慶昌堂
カバー・表紙印刷　半七写真印刷工業株式会社
製本所　大口製本印刷株式会社

KODANSHA

定価はカバーに表示してあります。
落丁本・乱丁本は購入書店名を明記のうえ、小社業務あてにお送りください。送料小社負担にてお取り替えいたします。なお、この本についてのお問い合わせは、「選書メチエ」あてにお願いいたします。

ISBN978-4-06-522044-3　Printed in Japan　N.D.C.310　288p　19cm

講談社選書メチエの再出発に際して

講談社選書メチエの創刊は冷戦終結後まもない一九九四年のことである。長く続いた東西対立の終わりはついに世界に平和をもたらすかに思われたが、その期待はすぐに裏切られた。超大国による新たな戦争、吹き荒れる民族主義の嵐……世界は向かうべき道を見失った。そのような時代の中で、書物のもたらす知識が一人一人の指針となることを願って、本選書は刊行された。

それから二五年、世界はさらに大きく変わった。特に知識をめぐる環境は世界史的な変化をこうむったとすら言える。インターネットによる情報化革命は、知識の徹底的な民主化を推し進めた。誰もがどこでも自由に知識を入手でき、自由に知識を発信できる。それは、冷戦終結後に抱いた期待を裏切られた私たちのもとに差した一条の光明でもあった。

その光明は今も消え去ってはいない。しかし、私たちは同時に、知識の民主化が知識の失墜をも生み出すという逆説を生きている。堅く揺るぎない知識も消費されるだけの不確かな情報に埋もれることを余儀なくされ、不確かな情報が人々の憎悪をかき立てる時代が今、訪れている。

この不確かな時代、不確かさが憎悪を生み出す時代にあって必要なのは、一人一人が堅く揺るぎない知識を得、生きていくための道標を得ることである。

フランス語の「メチエ」という言葉は、人が生きていくために必要とする職、経験によって身につけられる技術を意味する。選書メチエは、読者が磨き上げられた経験のもとに紡ぎ出される思索に触れ、生きるための技術と知識を手に入れる機会を提供することを目指している。万人にそのような機会が提供されたとき初めて、知識は真に民主化され、憎悪を乗り越える平和への道が拓けると私たちは固く信ずる。

この宣言をもって、講談社選書メチエ再出発の辞とするものである。

二〇一九年二月　　野間省伸

ヘーゲル『精神現象学』入門　長谷川 宏
カント『純粋理性批判』入門　黒崎政男
知の教科書　ウォーラーステイン　川北 稔編
知の教科書　スピノザ　C・ジャレット　石垣憲一訳
知の教科書　ライプニッツ　F・パーキンズ　梅原宏司・川口典成訳
知の教科書　プラトン　M・エルラー　三嶋輝夫ほか訳
フッサール　起源への哲学　斎藤慶典
トクヴィル　平等と不平等の理論家　宇野重規
完全解読　ヘーゲル『精神現象学』　竹田青嗣　西 研
完全解読　カント『純粋理性批判』　竹田青嗣
本居宣長『古事記伝』を読むI～Ⅳ　神野志隆光
分析哲学入門　八木沢 敬
ドイツ観念論　村岡晋一
ベルクソン＝時間と空間の哲学　中村 昇
精読　アレント『全体主義の起源』　牧野雅彦
九鬼周造　藤田正勝
夢の現象学・入門　渡辺恒夫

ヨハネス・コメニウス　相馬伸一
アダム・スミス　高 哲男
ラカンの哲学　荒谷大輔
記憶術全史　桑木野幸司
オカルティズム　大野英士
新しい哲学の教科書　岩内章太郎

日本語に主語はいらない　金谷武洋
テクノリテラシーとは何か　齊藤了文
どのような教育が「よい」教育か　苫野一徳
感情の政治学　吉田　徹
マーケット・デザイン　川越敏司
「社　会《コンヴィヴィアリテ》」のない国、日本　菊谷和宏
権力の空間／空間の権力　山本理顕
地図入門　今尾恵介
国際紛争を読み解く五つの視座　篠田英朗
中国外交戦略　三船恵美
易、風水、暦、養生、処世　水野杏紀
「こつ」と「スランプ」の研究　諏訪正樹
丸山眞男の敗北　伊東祐吏
新・中華街　山下清海
ノーベル経済学賞　根井雅弘編著
俗語発掘記　消えたことば辞典　米川明彦
氏神さまと鎮守さま　新谷尚紀

日本論　石川九楊
丸山眞男の憂鬱　橋爪大三郎
「幸福な日本」の経済学　石見　徹
危機の政治学　牧野雅彦
主権の二千年史　正村俊之
機械カニバリズム　久保明教
養生の智慧と気の思想　謝心範
暗号通貨の経済学　小島寛之
電鉄は聖地をめざす　鈴木勇一郎
日本語の焦点　日本語「標準形《スタンダード》」の歴史　野村剛史
ヒト、犬に会う　島　泰三
解読　ウェーバー『プロテスタンティズムの倫理と資本主義の精神』　橋本　努
AI時代の労働の哲学　稲葉振一郎
ワイン法　蛯原健介
MMT　井上智洋